수협은행

NCS직업기초능력평가 + 금융경제상식

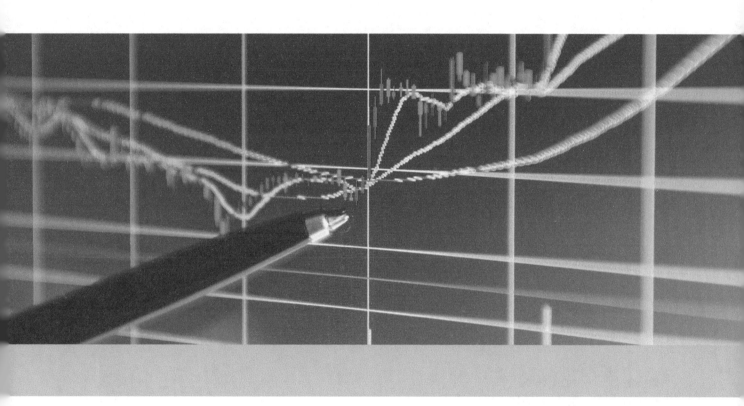

수협은행
NCS직업기초능력평가 + 금융경제상식

개정판 발행 2021년 7월 9일
개정2판 발행 2024년 9월 6일

편 저 자 | 취업적성연구소
발 행 처 | ㈜서원각
등록번호 | 1999-1A-107호
주 소 | 경기도 고양시 일산서구 덕산로 88-45(가좌동)
교재주문 | 031-923-2051
팩 스 | 031-923-3815
교재문의 | 카카오톡 플러스 친구[서원각]
홈페이지 | goseowon.com

PREFACE

우리나라 기업들은 1960대 이후 현재까지 비약적인 발전을 이루었다. 이렇게 급속한 성장을 이룰 수 있었던 배경에는 우리나라 국민들의 근면성 및 도전정신이 있었다. 그러나 빠르게 변화하는 세계 경제의 환경에 적응하기 위해서는 근면성과 도전정신 이외에 또 다른 성장요인이 필요하다.

한국 기업들이 지속적인 성장을 하기 위해서는 혁신적인 제품 및 서비스 개발, 선도 기술을 위한 R&D, 새로운 비즈니스 모델 개발, 효율적인 기업의 합병·인수, 신사업 진출 및 새로운 시장 개발 등 다양한 대안을 구축해 볼 수 있다. 하지만, 이러한 대안들 역시 훌륭한 인적자원을 바탕으로 할 때에 가능하다. 최근 들어 기업들은 자신들만의 기업에 적합한 인재를 채용하기 위해 기존의 학벌 위주의 채용을 탈피하고 기업 고유의 평가 제도를 통해 인재를 선발하고 있다.

수협은행은 인성검사, NCS직업기초능력평가와 금융경제상식 시험을 시행하고 있다.
본서는 수협은행 채용대비를 위한 필독서로 수협은행 필기고시의 출제경향을 철저히 분석하여 응시자들이 보다 쉽게 시험유형을 파악하고 효율적으로 대비할 수 있도록 구성하였다.

신념을 가지고 도전하는 사람은 반드시 그 꿈을 이룰 수 있습니다. 처음에 품은 신념과 열정이 취업 성공의 그 날까지 빛바래지 않도록 서원각이 수험생 여러분을 응원합니다.

STRUCTURE

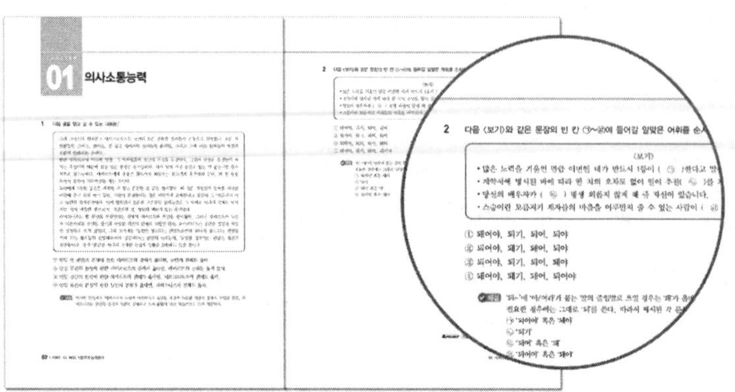

NCS 직업기초능력평가

각 영역별 다양한 유형의 출제예상문제를 다수 수록하여 실전에 완벽하게 대비할 수 있습니다.

금융경제상식

금융상식과 경제상식으로 분류하여 출제가 예상되는 문제를 담아 수월한 학습이 가능합니다.

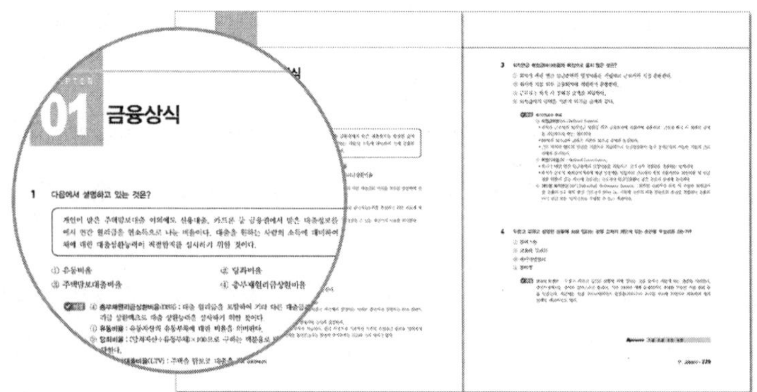

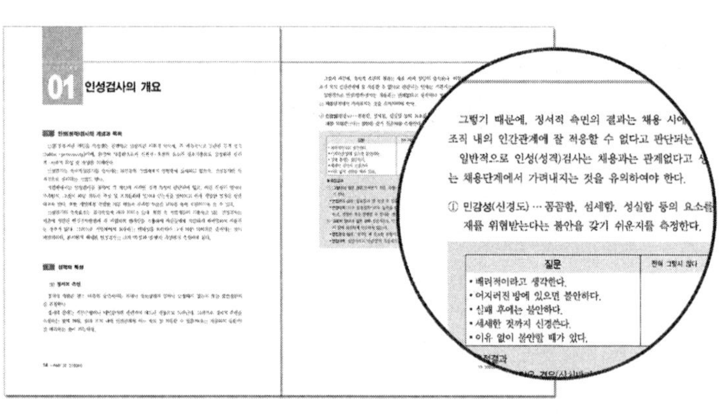

인성검사

취업 성공을 위한 인성검사의 개요와 실전 인성검사를 수록하여 취업의 마무리까지 깔끔하게 책임집니다.

CONTENTS

PART 01 수협은행 안내

01 수협은행 소개 ···· 8
02 채용정보 ···· 11

PART 02 인성검사

01 인성검사의 개요 ···· 14
02 실전 인성검사 ···· 30

PART 03 NCS 직업기초능력평가

01 의사소통능력 ···· 82
02 수리능력 ···· 109
03 문제해결능력 ···· 132
04 자원관리능력 ···· 160
05 정보능력 ···· 181
06 조직이해능력 ···· 199

PART 04 금융경제상식

01 금융상식 ···· 228
02 경제상식 ···· 242

01 수협은행 소개

02 채용정보

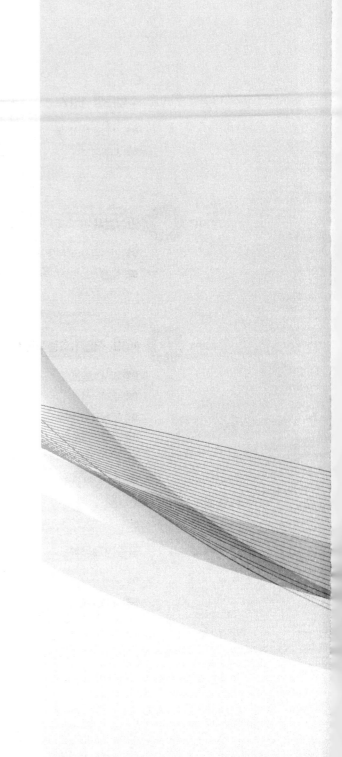

PART 01

수협은행 안내

CHAPTER 01

수협은행 소개

1 은행안내

(1) 미션

국민과 함께, 해양 · 수산인과 더불어, 미래를 열어가는 Sh수협은행

국민과 함께	고객지향적 서비스로 고객의 재정적 성공을 도움으로써 국민경제 활성화에 기여
해양 · 수산인과 더불어	해양 · 수산업의 발전과 해양 · 수산인의 성공을 지원하는 역할 수행
미래를 열어가는 Sh수협은행	해양 · 수산관계자 및 고객과의 동반성장을 통해 밝은 미래를 이끌어 가겠다는 의지 표현

(2) 비전

협동의 가치로 만나는 새로운 금융!

(3) 슬로건

신가치경영, 힘찬비상 2024!

기본가치를 중시하는 신 가치경영	현재가치를 드높이는 신 가치경영	미래가치를 창조하는 신 가치경영

기본가치를 중시하고, 현재가치를 드높이며, 미래가치를 새롭게 창조하자는 뜻을 담은 "3대 新가치경영"을 통해 다시 한번 힘차게 도약하자!

(4) 경영목표

Level up! 강한 수협은행

2 ESG경영

(1) ESG경영체계

① ESG경영전략

수협은행은 지속가능한 경영체계로서 '더 나은 미래로 항해하는 지속가능은행'이라는 목표 아래 '친환경 금융', '동반성장', '책임지는 금융'의 3대 전략방향을 수립하고 이에 부합하는 전략과제를 이행하고 있습니다. 이에 기반하여 ESG 경영 내재화를 위한 ESG 중장기 로드맵을 수립하였으며 지속가능한 금융을 통한 글로벌 수준의 ESG선도를 위해 노력하고 있습니다.

② 전략

비전	더 나은 미래로 항해하는 지속가능은행		
전략목표	친환경금융을 위한 항해	동반성장을 위한 항해	책임지는 금융을 위한 항해
전략과제	• 저탄소 배출 환경 생태계 조성 • 친환경 금융 확대 • 친환경 해양 생태계 선도	• 인권 및 다양성 존중 확대 • 해양수산 사회공헌 활동 확대 • 금융소비자 권익 강화	• ESG거버넌스 체계 확립 • 디지털 혁신금융 추진 • 윤리 및 컴플라이언스 강화

(2) ESG경영활동

① ESG금융

수협은행은 지속가능경영을 위한 환경 및 사회적 책임에 앞장서기 위해 ESG에 기반한 투자와 대출 등의 금융활동을 통해 지속가능한 금융기관으로서의 역할을 다하고 있습니다. 이에, 해양수산 전문기관으로서 해양 · 수산 분야 금융지원을 특화하고 해양 · 수산 관련 친환경 금융을 확대해 나가고 있으며, 사회적 가치 창출을 위한 사회 · 포용적 금융상품도 지속적으로 출시하고 있습니다.

수협은행 ESG금융		
해양 · 수산 금융	친환경 금융	사회 · 포용 금융
• Sh수산물을 좋아海적금 • Sh어촌청년을 응원海 • 독도사랑예금 • 배합사료 구매자금 대출 • 양식시설 현대화자금 대출 • 안전복지형 연근해어선 기반 구축자금 대출 • 연안선박 현대화자금 대출 • 노후 소형유조선 현대화자금 대출 • TAC참여 어업인 경영개선자금	• 신재생에너지투자 • ESG채권 • Sh해양플라스틱Zero!예 · 적금 • Sh해양플라스틱Zero!법인예금	• Sh ESG우수기업대출 • 친환경 실천 기업금융 • 우수기술 보유 대상기업 금융지원 • 취약계층 우대 금융상품 다양화

② 글로벌이니셔티브

수협은행은 ESG경영을 이행하고, 글로벌 요구 사항에 충족시키기 위해 다양한 글로벌 이니셔티브에 참여하고 있습니다.

③ ESG공공금융협약

수협은행은 2021년부터 공공기관/민간기업체와 'ESG공공금융협약'을 체결하여 해양환경보전 및 ESG 동반성장을 위한 상호협력 체계를 구축하고 있습니다. ESG공공금융협약을 통해 지속가능한 해양환경 보호, ESG 기금조성, 탄소배출 저감, 지역 환경 개선을 위한 해양정화 활동 등을 협약기관과 함께 진행하고 있으며, ESG공동 실천 및 확산을 위한 상호 협력체계를 확대하고 있습니다.

CHAPTER

02 채용정보

(1) 수협은행 인재상

① 수협은행 핵심가치

고객신뢰	열정DNA	생산적 소통	내실 있는 지속성장	변화주도

② 수협은행 인재상

㉠ 해양수산의 푸른미래 창출에 앞장서는 사람

㉡ 고객의 행복을 최우선으로 생각하는 사람

㉢ 최고의 금융전문가를 지향하고 준비하는 사람

㉣ 야무진 일처리, 책임과 결과로 평가 받고자 하는 사람

㉤ 정직과 신뢰를 중시하며, 소통하려는 열린 마음을 가진 사람

(2) 채용절차

Sh수협은행은 수협은행의 인재상에 맞는 열정적이고 자신감 있는 인재 모집을 위하여 정기공채와 수시채용을 진행하고 있으며, 필요인력 발생 시 지원자격 및 조건 등을 별도 공지(채용란)하여 진행하고 있습니다.

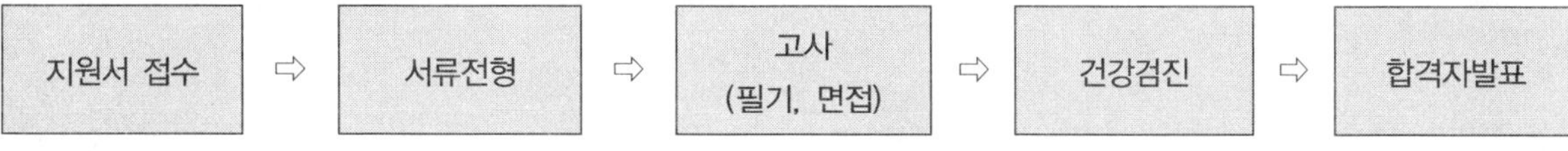

01 인성검사의 개요

02 실전 인성검사

PART 02

인성검사

CHAPTER

01 인성검사의 개요

1 인성(성격)검사의 개념과 목적

인성(성격)이란 개인을 특징짓는 평범하고 일상적인 사회적 이미지, 즉 지속적이고 일관된 공적 성격(Public – personality)이며, 환경에 대응함으로써 선천적 · 후천적 요소의 상호작용으로 결정화된 심리적 · 사회적 특성 및 경향을 의미한다.

인성검사는 직무적성검사를 실시하는 대부분의 기업체에서 병행하여 실시하고 있으며, 인성검사만 독자적으로 실시하는 기업도 있다.

기업체에서는 인성검사를 통하여 각 개인이 어떠한 성격 특성이 발달되어 있고, 어떤 특성이 얼마나 부족한지, 그것이 해당 직무의 특성 및 조직문화와 얼마나 맞는지를 알아보고 이에 적합한 인재를 선발하고자 한다. 또한 개인에게 적합한 직무 배분과 부족한 부분을 교육을 통해 보완하도록 할 수 있다.

인성검사의 측정요소는 검사방법에 따라 차이가 있다. 또한 각 기업체들이 사용하고 있는 인성검사는 기존에 개발된 인성검사방법에 각 기업체의 인재상을 적용하여 자신들에게 적합하게 재개발하여 사용하는 경우가 많다. 그러므로 기업체에서 요구하는 인재상을 파악하여 그에 따른 대비책을 준비하는 것이 바람직하다. 본서에서 제시된 인성검사는 크게 '특성'과 '유형'의 측면에서 측정하게 된다.

2 성격의 특성

(1) 정서적 측면

정서적 측면은 평소 마음의 당연시하는 자세나 정신상태가 얼마나 안정되어 있는지 또는 불안정한지를 측정한다.

정서의 상태는 직무수행이나 대인관계와 관련하여 태도나 행동으로 드러난다. 그러므로 정서적 측면을 측정하는 것에 의해, 장래 조직 내의 인간관계에 어느 정도 잘 적응할 수 있을까(또는 적응하지 못할까)를 예측하는 것이 가능하다.

그렇기 때문에, 정서적 측면의 결과는 채용 시에 상당히 중시된다. 아무리 능력이 좋아도 장기적으로 조직 내의 인간관계에 잘 적응할 수 없다고 판단되는 인재는 기본적으로는 채용되지 않는다.

일반적으로 인성(성격)검사는 채용과는 관계없다고 생각하나 정서적으로 조직에 적응하지 못하는 인재는 채용단계에서 가려내지는 것을 유의하여야 한다.

① **민감성**(신경도) … 꼼꼼함, 섬세함, 성실함 등의 요소를 통해 일반적으로 신경질적인지 또는 자신의 존재를 위협받는다는 불안을 갖기 쉬운지를 측정한다.

질문	전혀 그렇지 않다	그렇지 않다	그렇다	매우 그렇다
• 배려적이라고 생각한다. • 어지러진 방에 있으면 불안하다. • 실패 후에는 불안하다. • 세세한 것까지 신경쓴다. • 이유 없이 불안할 때가 있다.				

▶측정결과

㉠ '그렇다'가 많은 경우(상처받기 쉬운 유형) : 사소한 일에 신경 쓰고 다른 사람의 사소한 한마디 말에 상처를 받기 쉽다.

• 면접관의 심리 : '동료들과 잘 지낼 수 있을까?', '실패할 때마다 위축되지 않을까?'

• 면접대책 : 다소 신경질적이라도 능력을 발휘할 수 있다는 평가를 얻도록 한다. 주변과 충분한 의사소통이 가능하고, 결정한 것을 실행할 수 있다는 것을 보여주어야 한다.

㉡ '그렇지 않다'가 많은 경우(정신적으로 안정적인 유형) : 사소한 일에 신경 쓰지 않고 금방 해결하며, 주위 사람의 말에 과민하게 반응하지 않는다.

• 면접관의 심리 : '계약할 때 필요한 유형이고, 사고 발생에도 유연하게 대처할 수 있다.'

• 면접대책 : 일반적으로 '민감성'의 측정치가 낮으면 플러스 평가를 받으므로 더욱 자신감 있는 모습을 보여준다.

② 자책성(과민도) … 자신을 비난하거나 책망하는 정도를 측정한다.

질문	전혀 그렇지 않다	그렇지 않다	그렇다	매우 그렇다
• 후회하는 일이 많다. • 자신이 하찮은 존재라 생각된다. • 문제가 발생하면 자기의 탓이라고 생각한다. • 무슨 일이든지 끙끙대며 진행하는 경향이 있다. • 온순한 편이다.				

▶측정결과

㉠ '그렇다'가 많은 경우(자책하는 유형) : 비관적이고 후회하는 유형이다.
- 면접관의 심리 : '끙끙대며 괴로워하고, 일을 진행하지 못할 것 같다.'
- 면접대책 : 기분이 저조해도 항상 의욕을 가지고 생활하는 것과 책임감이 강하다는 것을 보여준다.

㉡ '그렇지 않다'가 많은 경우(낙천적인 유형) : 기분이 항상 밝은 편이다.
- 면접관의 심리 : '안정된 대인관계를 맺을 수 있고, 외부의 압력에도 흔들리지 않는다.'
- 면접대책 : 일반적으로 '자책성'의 측정치가 낮아야 좋은 평가를 받는다.

③ 기분성(불안도) … 기분의 굴곡이나 감정적인 면의 미숙함이 어느 정도인지를 측정하는 것이다.

질문	전혀 그렇지 않다	그렇지 않다	그렇다	매우 그렇다
• 다른 사람의 의견에 자신의 결정이 흔들리는 경우가 많다. • 기분이 쉽게 변한다. • 종종 후회한다. • 다른 사람보다 의지가 약한 편이라고 생각한다. • 금방 싫증을 내는 성격이라는 말을 자주 듣는다.				

▶측정결과

㉠ '그렇다'가 많은 경우(감정의 기복이 많은 유형) : 의지력보다 기분에 따라 행동하기 쉽다.
- 면접관의 심리 : '감정적인 것에 약하며, 상황에 따라 생산성이 떨어지지 않을까?'
- 면접대책 : 주변 사람들과 항상 협조한다는 것을 강조하고 한결같은 상태로 일할 수 있다는 평가를 받도록 한다.

㉡ '그렇지 않다'가 많은 경우(감정의 기복이 적은 유형) : 감정의 기복이 없고, 안정적이다.
- 면접관의 심리 : '안정적으로 업무에 임할 수 있다.'
- 면접대책 : 기분성의 측정치가 낮으면 플러스 평가를 받으므로 자신감을 가지고 면접에 임한다.

④ **독자성**(개인도) … 주변에 대한 견해나 관심, 자신의 견해나 생각에 어느 정도의 속박감을 가지고 있는지를 측정한다.

질문	전혀 그렇지 않다	그렇지 않다	그렇다	매우 그렇다
• 창의적 사고방식을 가지고 있다. • 융통성이 없는 편이다. • 혼자 있는 편이 많은 사람과 있는 것보다 편하다. • 개성적이라는 말을 듣는다. • 교제는 번거로운 것이라고 생각하는 경우가 많다.				

▶측정결과

㉠ '그렇다'가 많은 경우 : 자기의 관점을 중요하게 생각하는 유형으로, 주위의 상황보다 자신의 느낌과 생각을 중시한다.
- 면접관의 심리 : '제멋대로 행동하지 않을까?'
- 면접대책 : 주위 사람과 협조하여 일을 진행할 수 있다는 것과 상식에 얽매이지 않는다는 인상을 심어준다.

㉡ '그렇지 않다'가 많은 경우 : 상식적으로 행동하고 주변 사람의 시선에 신경을 쓴다.
- 면접관의 심리 : '다른 직원들과 협조하여 업무를 진행할 수 있겠다.'
- 면접대책 : 협조성이 요구되는 기업체에서는 플러스 평가를 받을 수 있다.

⑤ 자신감(자존심도) … 자기 자신에 대해 얼마나 긍정적으로 평가하는지를 측정한다.

질문	전혀 그렇지 않다	그렇지 않다	그렇다	매우 그렇다
• 다른 사람보다 능력이 뛰어나다고 생각한다. • 다소 반대의견이 있어도 나만의 생각으로 행동할 수 있다. • 나는 다른 사람보다 기가 센 편이다. • 동료가 나를 모욕해도 무시할 수 있다. • 대개의 일을 목적한 대로 헤쳐나갈 수 있다고 생각한다.				

▶측정결과

㉠ '그렇다'가 많은 경우 : 자기 능력이나 외모 등에 자신감이 있고, 비판당하는 것을 좋아하지 않는다.

- 면접관의 심리 : '자만하여 지시에 잘 따를 수 있을까?'
- 면접대책 : 다른 사람의 조언을 잘 받아들이고, 겸허하게 반성하는 면이 있다는 것을 보여주고, 동료들과 잘 지내며 리더의 자질이 있다는 것을 강조한다.

㉡ '그렇지 않다'가 많은 경우 : 자신감이 없고 다른 사람의 비판에 약하다.

- 면접관의 심리 : '패기가 부족하지 않을까?', '쉽게 좌절하지 않을까?'
- 면접대책 : 극도의 자신감 부족으로 평가되지는 않는다. 그러나 마음이 약한 면은 있지만 의욕적으로 일을 하겠다는 마음가짐을 보여준다.

⑥ 고양성(분위기에 들뜨는 정도) … 자유분방함, 명랑함과 같이 감정(기분)의 높고 낮음의 정도를 측정한다.

질문	전혀 그렇지 않다	그렇지 않다	그렇다	매우 그렇다
• 침착하지 못한 편이다. • 다른 사람보다 쉽게 우쭐해진다. • 모든 사람이 아는 유명인사가 되고 싶다. • 모임이나 집단에서 분위기를 이끄는 편이다. • 취미 등이 오랫동안 지속되지 않는 편이다.				

▶측정결과

㉠ '그렇다'가 많은 경우 : 자극이나 변화가 있는 일상을 원하고 기분을 들뜨게 하는 사람과 친밀하게 지내는 경향이 강하다.

- 면접관의 심리 : '일을 진행하는 데 변덕스럽지 않을까?'
- 면접대책 : 밝은 태도는 플러스 평가를 받을 수 있지만, 착실한 업무능력이 요구되는 직종에서는 마이너스 평가가 될 수 있다. 따라서 자기조절이 가능하다는 것을 보여준다.

㉡ '그렇지 않다'가 많은 경우 : 감정이 항상 일정하고, 속을 드러내 보이지 않는다.

- 면접관의 심리 : '안정적인 업무 태도를 기대할 수 있겠다.'
- 면접대책 : '고양성'의 낮음은 대체로 플러스 평가를 받을 수 있다. 그러나 '무엇을 생각하고 있는지 모르겠다' 등의 평을 듣지 않도록 주의한다.

⑦ 허위성(진위성) … 필요 이상으로 자기를 좋게 보이려 하거나 기업체가 원하는 '이상형'에 맞춘 대답을 하고 있는지, 없는지를 측정한다.

질문	전혀 그렇지 않다	그렇지 않다	그렇다	매우 그렇다
• 약속을 깨뜨린 적이 한 번도 없다. • 다른 사람을 부럽다고 생각해 본 적이 없다. • 꾸지람을 들은 적이 없다. • 사람을 미워한 적이 없다. • 화를 낸 적이 한 번도 없다.				

▶측정결과

㉠ '그렇다'가 많은 경우 : 실제의 자기와는 다른, 말하자면 원칙으로 해답할 가능성이 있다.

- 면접관의 심리 : '거짓을 말하고 있다.'
- 면접대책 : 조금이라도 좋게 보이려고 하는 '거짓말쟁이'로 평가될 수 있다. '거짓을 말하고 있다.'는 마음 따위가 전혀 없다 해도 결과적으로는 정직하게 답하지 않는다는 것이 되어 버린다. '허위성'의 측정 질문은 구분되지 않고 다른 질문 중에 섞여 있다. 그러므로 모든 질문에 솔직하게 답하여야 한다. 또한 자기 자신과 너무 동떨어진 이미지로 답하면 좋은 결과를 얻지 못한다. 그리고 면접에서 '허위성'을 기본으로 한 질문을 받게 되므로 당황하거나 또다른 모순된 답변을 하게 된다. 겉치레를 하거나 무리한 욕심을 부리지 말고 '이런 사회인이 되고 싶다.'는 현재의 자신보다, 조금 성장한 자신을 표현하는 정도가 적당하다.

㉡ '그렇지 않다'가 많은 경우 : 냉정하고 정직하며, 외부의 압력과 스트레스에 강한 유형이다. '대쪽 같음'의 이미지가 굳어지지 않도록 주의한다.

(2) 행동적인 측면

행동적 측면은 인격 중에 특히 행동으로 드러나기 쉬운 측면을 측정한다. 사람의 행동 특징 자체에는 선도 악도 없으나, 일반적으로는 일의 내용에 의해 원하는 행동이 있다. 때문에 행동적 측면은 주로 직종과 깊은 관계가 있는데 자신의 행동 특성을 살려 적합한 직종을 선택한다면 플러스가 될 수 있다.

행동 특성에서 보여 지는 특징은 면접장면에서도 드러나기 쉬운데 본서의 모의 TEST의 결과를 참고하여 자신의 태도, 행동이 면접관의 시선에 어떻게 비치는지를 점검하도록 한다.

① 사회적 내향성 … 대인관계에서 나타나는 행동경향으로 '낯가림'을 측정한다.

질문	선택
A : 파티에서는 사람을 소개받은 편이다. B : 파티에서는 사람을 소개하는 편이다.	
A : 처음 보는 사람과는 어색하게 시간을 보내는 편이다. B : 처음 보는 사람과는 즐거운 시간을 보내는 편이다.	
A : 친구가 적은 편이다. B : 친구가 많은 편이다.	
A : 자신의 의견을 말하는 경우가 적다. B : 자신의 의견을 말하는 경우가 많다.	
A : 사교적인 모임에 참석하는 것을 좋아하지 않는다. B : 사교적인 모임에 항상 참석한다.	

▶측정결과

㉠ 'A'가 많은 경우 : 내성적이고 사람들과 접하는 것에 소극적이다. 자신의 의견을 말하지 않고 조심스러운 편이다.

- 면접관의 심리 : '소극적인데 동료와 잘 지낼 수 있을까?'
- 면접대책 : 대인관계를 맺는 것을 싫어하지 않고 의욕적으로 일을 할 수 있다는 것을 보여준다.

㉡ 'B'가 많은 경우 : 사교적이고 자기의 생각을 명확하게 전달할 수 있다.

- 면접관의 심리 : '사교적이고 활동적인 것은 좋지만, 자기주장이 너무 강하지 않을까?'
- 면접대책 : 협조성을 보여주고, 자기주장이 너무 강하다는 인상을 주지 않도록 주의한다.

② 내성성(침착도) … 자신의 행동과 일에 대해 침착하게 생각하는 정도를 측정한다.

질문	선택
A : 시간이 걸려도 침착하게 생각하는 경우가 많다. B : 짧은 시간에 결정을 하는 경우가 많다.	
A : 실패의 원인을 찾고 반성하는 편이다. B : 실패를 해도 그다지(별로) 개의치 않는다.	
A : 결론이 도출되어도 몇 번 정도 생각을 바꾼다. B : 결론이 도출되면 신속하게 행동으로 옮긴다.	
A : 여러 가지 생각하는 것이 능숙하다. B : 여러 가지 일을 재빨리 능숙하게 처리하는 데 익숙하다.	
A : 여러 가지 측면에서 사물을 검토한다. B : 행동한 후 생각을 한다.	

▶측정결과

㉠ 'A'가 많은 경우 : 행동하기 보다는 생각하는 것을 좋아하고 신중하게 계획을 세워 실행한다.

- 면접관의 심리 : '행동으로 실천하지 못하고, 대응이 늦은 경향이 있지 않을까?'
- 면접대책 : 발로 뛰는 것을 좋아하고, 일을 더디게 한다는 인상을 주지 않도록 한다.

㉡ 'B'가 많은 경우 : 차분하게 생각하는 것보다 우선 행동하는 유형이다.

- 면접관의 심리 : '생각하는 것을 싫어하고 경솔한 행동을 하지 않을까?'
- 면접대책 : 계획을 세우고 행동할 수 있는 것을 보여주고 '사려깊다'라는 인상을 남기도록 한다.

③ **신체활동성** … 몸을 움직이는 것을 좋아하는가를 측정한다.

질문	선택
A : 민첩하게 활동하는 편이다. B : 준비행동이 없는 편이다.	
A : 일을 척척 해치우는 편이다. B : 일을 더디게 처리하는 편이다.	
A : 활발하다는 말을 듣는다. B : 얌전하다는 말을 듣는다.	
A : 몸을 움직이는 것을 좋아한다. B : 가만히 있는 것을 좋아한다.	
A : 스포츠를 하는 것을 즐긴다. B : 스포츠를 보는 것을 좋아한다.	

▶측정결과

㉠ 'A'가 많은 경우 : 활동적이고, 몸을 움직이게 하는 것이 컨디션이 좋다.

- 면접관의 심리 : '활동적으로 활동력이 좋아 보인다.'
- 면접대책 : 활동하고 얻은 성과 등과 주어진 상황의 대응능력을 보여준다.

㉡ 'B'가 많은 경우 : 침착한 인상으로, 차분하게 있는 타입이다.

- 면접관의 심리 : '좀처럼 행동하려 하지 않아 보이고, 일을 빠르게 처리할 수 있을까?'

④ **지속성(노력성)** … 무슨 일이든 포기하지 않고 끈기 있게 하려는 정도를 측정한다.

질문	선택
A : 일단 시작한 일은 시간이 걸려도 끝까지 마무리한다. B : 일을 하다 어려움에 부딪히면 단념한다.	
A : 끈질긴 편이다. B : 바로 단념하는 편이다.	
A : 인내가 강하다는 말을 듣는다. B : 금방 싫증을 낸다는 말을 듣는다.	
A : 집념이 깊은 편이다. B : 담백한 편이다.	
A : 한 가지 일에 구애되는 것이 좋다고 생각한다. B : 간단하게 체념하는 것이 좋다고 생각한다.	

▶측정결과

㉠ 'A'가 많은 경우 : 시작한 것은 어려움이 있어도 포기하지 않고 인내심이 높다.

- 면접관의 심리 : '한 가지의 일에 너무 구애되고, 업무의 진행이 원활할까?'
- 면접대책 : 인내력이 있는 것은 플러스 평가를 받을 수 있지만 집착이 강해 보이기도 한다.

㉡ 'B'가 많은 경우 : 뒤끝이 없고 조그만 실패로 일을 포기하기 쉽다.

- 면접관의 심리 : '질리는 경향이 있고, 일을 정확히 끝낼 수 있을까?'
- 면접대책 : 지속적인 노력으로 성공했던 사례를 준비하도록 한다.

⑤ 신중성(주의성) … 자신이 처한 주변상황을 즉시 파악하고 자신의 행동이 어떤 영향을 미치는지를 측정한다.

질문	선택
A : 여러 가지로 생각하면서 완벽하게 준비하는 편이다. B : 행동할 때부터 임기응변적인 대응을 하는 편이다.	
A : 신중해서 타이밍을 놓치는 편이다. B : 준비 부족으로 실패하는 편이다.	
A : 자신은 어떤 일에도 신중히 대응하는 편이다. B : 순간적인 충동으로 활동하는 편이다.	
A : 시험을 볼 때 끝날 때까지 재검토하는 편이다. B : 시험을 볼 때 한 번에 모든 것을 마치는 편이다.	
A : 일에 대해 계획표를 만들어 실행한다. B : 일에 대한 계획표 없이 진행한다.	

▶측정결과

㉠ 'A'가 많은 경우 : 주변 상황에 민감하고, 예측하여 계획 있게 일을 진행한다.

- 면접관의 심리 : '너무 신중해서 적절한 판단을 할 수 있을까?', '앞으로의 상황에 불안을 느끼지 않을까?'
- 면접대책 : 예측을 하고 실행을 하는 것은 플러스 평가가 되지만, 너무 신중하면 일의 진행이 정체될 가능성을 보이므로 추진력이 있다는 강한 의욕을 보여준다.

㉡ 'B'가 많은 경우 : 주변 상황을 살펴보지 않고 착실한 계획 없이 일을 진행시킨다.

- 면접관의 심리 : '사려 깊지 않고, 실패하는 일이 많지 않을까?', '판단이 빠르고 유연한 사고를 할 수 있을까?'
- 면접대책 : 사전준비를 중요하게 생각하고 있다는 것 등을 보여주고, 경솔한 인상을 주지 않도록 한다. 또한 판단력이 빠르거나 유연한 사고 덕분에 일 처리를 잘 할 수 있다는 것을 강조한다.

(3) 의욕적인 측면

의욕적인 측면은 의욕의 정도, 활동력의 유무 등을 측정한다. 여기서의 의욕이란 우리들이 보통 말하고 사용하는 '하려는 의지'와는 조금 뉘앙스가 다르다. '하려는 의지'란 그 때의 환경이나 기분에 따라 변화하는 것이지만, 여기에서는 조금 더 변화하기 어려운 특징, 말하자면 정신적 에너지의 양으로 측정하는 것이다.

의욕적 측면은 행동적 측면과는 다르고, 전반적으로 어느 정도 점수가 높은 쪽을 선호한다. 모의검사의 의욕적 측면의 결과가 낮다면, 평소 일에 몰두할 때 조금 의욕 있는 자세를 가지고 서서히 개선하도록 노력해야 한다.

① **달성의욕** … 목적의식을 가지고 높은 이상을 가지고 있는지를 측정한다.

질문	선택
A : 경쟁심이 강한 편이다. B : 경쟁심이 약한 편이다.	
A : 어떤 한 분야에서 제1인자가 되고 싶다고 생각한다. B : 어느 분야에서든 성실하게 임무를 진행하고 싶다고 생각한다.	
A : 규모가 큰 일을 해보고 싶다. B : 맡은 일에 충실히 임하고 싶다.	
A : 아무리 노력해도 실패한 것은 아무런 도움이 되지 않는다. B : 가령 실패했을 지라도 나름대로의 노력이 있었으므로 괜찮다.	
A : 높은 목표를 설정하여 수행하는 것이 의욕적이다. B : 실현 가능한 정도의 목표를 설정하는 것이 의욕적이다.	

▶측정결과

㉠ 'A'가 많은 경우 : 큰 목표와 높은 이상을 가지고 승부욕이 강한 편이다.
- 면접관의 심리 : '열심히 일을 해줄 것 같은 유형이다.'
- 면접대책 : 달성의욕이 높다는 것은 어떤 직종이라도 플러스 평가가 된다.

㉡ 'B'가 많은 경우 : 현재의 생활을 소중하게 여기고 비약적인 발전을 위하여 기를 쓰지 않는다.
- 면접관의 심리 : '외부의 압력에 약하고, 기획입안 등을 하기 어려울 것이다.'
- 면접대책 : 일을 통하여 하고 싶은 것들을 구체적으로 어필한다.

② **활동의욕** … 자신에게 잠재된 에너지의 크기로, 정신적인 측면의 활동력이라 할 수 있다.

질문	선택
A : 하고 싶은 일을 실행으로 옮기는 편이다. B : 하고 싶은 일을 좀처럼 실행할 수 없는 편이다.	
A : 어려운 문제를 해결해 가는 것이 좋다. B : 어려운 문제를 해결하는 것을 잘하지 못한다.	
A : 일반적으로 결단이 빠른 편이다. B : 일반적으로 결단이 느린 편이다.	
A : 곤란한 상황에도 도전하는 편이다. B : 사물의 본질을 깊게 관찰하는 편이다.	
A : 시원시원하다는 말을 잘 듣는다. B : 꼼꼼하다는 말을 잘 듣는다.	

▶측정결과

㉠ 'A'가 많은 경우 : 꾸물거리는 것을 싫어하고 재빠르게 결단해서 행동하는 타입이다.

- 면접관의 심리 : '일을 처리하는 솜씨가 좋고, 일을 척척 진행할 수 있을 것 같다.'
- 면접대책 : 활동의욕이 높은 것은 플러스 평가가 된다. 사교성이나 활동성이 강하다는 인상을 준다.

㉡ 'B'가 많은 경우 : 안전하고 확실한 방법을 모색하고 차분하게 시간을 아껴서 일에 임하는 타입이다.

- 면접관의 심리 : '재빨리 행동을 못하고, 일의 처리속도가 느린 것이 아닐까?'
- 면접대책 : 활동성이 있는 것을 좋아하고 움직임이 더디다는 인상을 주지 않도록 한다.

3 성격의 유형

(1) 인성검사유형의 4가지 척도

정서적인 측면, 행동적인 측면, 의욕적인 측면의 요소들은 성격 특성이라는 관점에서 제시된 것들로 각 개인의 장 · 단점을 파악하는 데 유용하다. 그러나 전체적인 개인의 인성을 이해하는 데는 한계가 있다.

성격의 유형은 개인의 '성격적인 특색'을 가리키는 것으로, 사회인으로서 적합한지, 아닌지를 말하는 관점과는 관계가 없다. 따라서 채용의 합격 여부에는 사용되지 않는 경우가 많으며, 입사 후의 적정 부서 배치의 자료가 되는 편이라 생각하면 된다. 그러나 채용과 관계가 없다고 해서 아무런 준비도 필요없는 것은 아니다. 자신을 아는 것은 면접 대책의 밑거름이 되므로 모의검사 결과를 충분히 활용하도록 하여야 한다.

본서에서는 4개의 척도를 사용하여 기본적으로 16개의 패턴으로 성격의 유형을 분류하고 있다. 각 개인의 성격이 어떤 유형인지 재빨리 파악하기 위해 사용되며, '적성'에 맞는지, 맞지 않는지의 관점에 활용된다.

- 흥미 · 관심의 방향 : 내향형 ←――――→ 외향형
- 사물에 대한 견해 : 직관형 ←――――→ 감각형
- 판단하는 방법 : 감정형 ←――――→ 사고형
- 환경에 대한 접근방법 : 지각형 ←――――→ 판단형

(2) 성격유형

① **흥미 · 관심의 방향(내향⇆외향)** … 흥미 · 관심의 방향이 자신의 내면에 있는지, 주위환경 등 외면에 향하는 지를 가리키는 척도이다.

질문	선택
A : 내성적인 성격인 편이다. B : 개방적인 성격인 편이다.	
A : 항상 신중하게 생각을 하는 편이다. B : 바로 행동에 착수하는 편이다.	
A : 수수하고 조심스러운 편이다. B : 자기 표현력이 강한 편이다.	
A : 다른 사람과 함께 있으면 침착하지 않다. B : 혼자서 있으면 침착하지 않다.	

▶측정결과

㉠ 'A'가 많은 경우(내향) : 관심의 방향이 자기 내면에 있으며, 조용하고 낯을 가리는 유형이다. 행동력은 부족하나 집중력이 뛰어나고 신중하고 꼼꼼하다.

㉡ 'B'가 많은 경우(외향) : 관심의 방향이 외부환경에 있으며, 사교적이고 활동적인 유형이다. 꼼꼼함이 부족하여 대충하는 경향이 있으나 행동력이 있다.

② 일(사물)을 보는 방법(직감 ⇆ 감각) … 일(사물)을 보는 법이 직감적으로 형식에 얽매이는지, 감각적으로 상식적인지를 가리키는 척도이다.

질문	선택
A : 현실주의적인 편이다. B : 상상력이 풍부한 편이다.	
A : 정형적인 방법으로 일을 처리하는 것을 좋아한다. B : 만들어진 방법에 변화가 있는 것을 좋아한다.	
A : 경험에서 가장 적합한 방법으로 선택한다. B : 지금까지 없었던 새로운 방법을 개척하는 것을 좋아한다.	
A : 성실하다는 말을 듣는다. B : 호기심이 강하다는 말을 듣는다.	

▶측정결과

㉠ 'A'가 많은 경우(감각) : 현실적이고 경험주의적이며 보수적인 유형이다.

㉡ 'B'가 많은 경우(직관) : 새로운 주제를 좋아하며, 독자적인 시각을 가진 유형이다.

③ 판단하는 방법(감정 ⇆ 사고) … 일을 감정적으로 판단하는지, 논리적으로 판단하는지를 가리키는 척도이다.

질문	선택
A : 인간관계를 중시하는 편이다. B : 일의 내용을 중시하는 편이다.	
A : 결론을 자기의 신념과 감정에서 이끌어내는 편이다. B : 결론을 논리적 사고에 의거하여 내리는 편이다.	
A : 다른 사람보다 동정적이고 눈물이 많은 편이다. B : 다른 사람보다 이성적이고 냉정하게 대응하는 편이다.	
A : 남의 이야기를 듣고 감정몰입이 빠른 편이다. B : 고민 상담을 받으면 해결책을 제시해주는 편이다.	

▶측정결과

㉠ 'A'가 많은 경우(감정) : 일을 판단할 때 마음 · 감정을 중요하게 여기는 유형이다. 감정이 풍부하고 친절하나 엄격함이 부족하고 우유부단하며, 합리성이 부족하다.

㉡ 'B'가 많은 경우(사고) : 일을 판단할 때 논리성을 중요하게 여기는 유형이다. 이성적이고 합리적이나 타인에 대한 배려가 부족하다.

④ 환경에 대한 접근방법 … 주변상황에 어떻게 접근하는지, 그 판단기준을 어디에 두는지를 측정한다.

질문	선택
A : 사전에 계획을 세우지 않고 행동한다. B : 반드시 계획을 세우고 그것에 의거해서 행동한다.	
A : 자유롭게 행동하는 것을 좋아한다. B : 조직적으로 행동하는 것을 좋아한다.	
A : 조직성이나 관습에 속박당하지 않는다. B : 조직성이나 관습을 중요하게 여긴다.	
A : 계획 없이 낭비가 심한 편이다. B : 예산을 세워 물건을 구입하는 편이다.	

▶측정결과

㉠ 'A'가 많은 경우(지각) : 일의 변화에 융통성을 가지고 유연하게 대응하는 유형이다. 낙관적이며 질서보다는 자유를 좋아하나 임기응변식의 대응으로 무계획적인 인상을 줄 수 있다.

㉡ 'B'가 많은 경우(판단) : 일의 진행시 계획을 세워서 실행하는 유형이다. 순차적으로 진행하는 일을 좋아하고 끈기가 있으나 변화에 대해 적절하게 대응하지 못하는 경향이 있다.

4 인성검사의 대책

(1) 미리 알아두어야 할 점

① 출제 문항 수 … 인성검사의 출제 문항 수는 특별히 정해진 것이 아니며 각 기업체의 기준에 따라 달라질 수 있다. 보통 100문항 이상에서 500문항까지 출제된다고 예상하면 된다.

② 출제형식

㉠ 1Set로 묶인 세 개의 문항 중 자신에게 가장 가까운 것(Most)과 가장 먼 것(Least)을 하나씩 고르는 유형 (72Set, 1Set당 3문항)

다음 세 가지 문항 중 자신에게 가장 가까운 것은 Most, 가장 먼 것은 Least에 체크하시오.

질문	Most	Least
① 자신의 생각이나 의견은 좀처럼 변하지 않는다.	✔	
② 구입한 후 끝까지 읽지 않은 책이 많다.		✔
③ 여행가기 전에 계획을 세운다.		

㉡ '예' 아니면 '아니오'의 유형(178문항)

다음 문항을 읽고 자신에게 해당되는지 안 되는지를 판단하여 해당될 경우 '예'를, 해당되지 않을 경우 '아니오'를 고르시오.

질문	예	아니오
① 걱정거리가 있어서 잠을 못 잘 때가 있다.	✔	
② 시간에 쫓기는 것이 싫다.		✔

㉢ 그 외의 유형

다음 문항에 대해서 평소에 자신이 생각하고 있는 것이나 행동하고 있는 것에 체크하시오.

질문	전혀 그렇지 않다	그렇지 않다	그렇다	매우 그렇다
① 머리를 쓰는 것보다 땀을 흘리는 일이 좋다.			✔	
② 자신은 사교적이 아니라고 생각한다.	✔			

(2) 임하는 자세

① **솔직하게 있는 그대로 표현한다** … 인성검사는 평범한 일상생활 내용들을 다룬 짧은 문장과 어떤 대상이나 일에 대한 선로를 선택하는 문장으로 구성되었으므로 평소에 자신이 생각한 바를 너무 골똘히 생각하지 말고 문제를 보는 순간 떠오른 것을 표현한다.

② **모든 문제를 신속하게 대답한다** … 인성검사는 시간 제한이 없는 것이 원칙이지만 기업체들은 일정한 시간 제한을 두고 있다. 인성검사는 개인의 성격과 자질을 알아보기 위한 검사이기 때문에 정답이 없다. 다만, 기업체에서 바람직하게 생각하거나 기대되는 결과가 있을 뿐이다. 따라서 시간에 쫓겨서 대충 대답을 하는 것은 바람직하지 못하다.

CHAPTER

02 실전 인성검사

▌1~250▐ 다음 각 문제의 A와 B에 주어진 문장을 읽고 자신의 생각과 일치하거나 자신과 더 가까운 것을 고르시오.

1

질문	선택
A. 침울하다가도 신나는 일이 생기면 언제나 기분이 좋아진다.	( )
B. 길을 걸을 때 길바닥의 금을 밟지 않으려고 매우 신경을 쓴다.	( )

2

질문	선택
A. 신경이 예민하고 마음의 안정이 힘들다.	( )
B. 쓸데없는 생각이 머리에서 떠나지 않는다.	( )

3

질문	선택
A. 가끔 어지럽거나 현기증을 느낀다.	( )
B. 조심성이 없어 걱정이 된다.	( )

4

질문	선택
A. 기억력이 별로 좋지 못하다.	( )
B. 사소한 일에도 짜증을 잘 낸다.	( )

5

질문	선택
A. 넓은 장소나 거리에 나가기가 두렵다.	( )
B. 가끔 죽고 싶다는 생각을 한다.	( )

6

질문	선택
A. 다른 사람들이 듣지 못하는 헛소리가 들린다.	( )
B. 이성을 대하면 어색하거나 부끄럽다.	( )

7

질문	선택
A. 쉽게 화내고 쉽게 풀어진다.	( )
B. 스스로 걷잡을 수 없는 울화가 치민 적이 없다.	( )

8

질문	선택
A. 외롭다는 생각을 자주 한다.	( )
B. 나의 사사로운 생각도 남들이 아는 것 같다.	( )

9

질문	선택
A. 아침에 일어나면 허리가 아프다.	( )
B. 사랑에 실망한 적이 있다.	( )

10

질문	선택
A. 가끔 이유 없이 구역질이 나거나 게운다.	( )
B. 가끔 근육통 및 신경통을 느낀다.	( )

11

질문	선택
A. 잘못된 행동을 하는 사람과도 친해질 수 있다.	(　)
B. 어떤 물건이나 장소 또는 행위가 겁나서 피한 적이 있다.	(　)

12

질문	선택
A. 마음속이 늘 텅 빈 것만 같다.	(　)
B. 장래에 희망이 보이지 않는다.	(　)

13

질문	선택
A. 혼자 속으로만 간직해야 할 일들이 자주 꿈에 나타난다.	(　)
B. 여러 사람과 함께 있을 때 적절한 화제 거리를 생각하기 어렵다.	(　)

14

질문	선택
A. 남들이 나를 쳐다보거나 나에 대해 이야기를 하면 거북하다.	(　)
B. 다른 사람과 이야기를 할 때 늘 언행에 신경이 쓰인다.	(　)

15

질문	선택
A. 내가 생각하는 것이 내 생각 같지 않을 때가 있다.	(　)
B. 이유 없이 누군가를 때리고 싶거나 해치고 싶다.	(　)

16

질문	선택
A. 혼자 있으면 늘 불안하다. B. 극장에 가면 거북하다.	( ) ( )

17

질문	선택
A. 낯익은 것도 생소하거나 비현실적인 것처럼 느껴진다. B. 가끔 고함을 지르거나 물건을 던진다.	( ) ( )

18

질문	선택
A. 내 몸 어딘가 병들었다고 생각한다. B. 성에 대한 집착이 강하다.	( ) ( )

19

질문	선택
A. 남이 내게 말을 걸어오기 전에는 내가 먼저 말을 하지 않는다. B. 법적인 일로 말썽이 난 적이 없다.	( ) ( )

20

질문	선택
A. 나는 약도를 구체적으로 상세하게 그린다. B. 새로운 길을 가는 것이 즐겁다.	( ) ( )

21

질문	선택
A. 어떤 문제에 대해서는 이야기조차 할 수 없을 정도로 예민하다.	( )
B. 상처를 받으면 조용해지고 오랫동안 아무 말도 하지 못한다.	( )

22

질문	선택
A. 나에게 무서운 일이 일어나리라는 것을 확신한다.	( )
B. 나는 나 자신을 좋아한다.	( )

23

질문	선택
A. 이 일 저 일로 늘 성가시다.	( )
B. 어떤 일에 대한 결정을 내리기가 어렵다.	( )

24

질문	선택
A. 나는 쉽게 당황한다.	( )
B. 일할 때 굉장히 긴장된다.	( )

25

질문	선택
A. 나는 언쟁을 하면 쉽게 진다.	( )
B. 사람들이 나에 대해 모욕적이고 야비한 말을 한다.	( )

26

질문	선택
A. 나는 친구가 많다.	(　)
B. 자주 외롭다고 느낀다.	(　)

27

질문	선택
A. 나는 다른 사람들처럼 착할 수가 없다.	(　)
B. 나를 진심으로 좋아하는 사람은 아무도 없다.	(　)

28

질문	선택
A. 나는 사람들과 만나면 늘 싸운다.	(　)
B. 사람들이 내게 한 말을 금방 잊어버린다.	(　)

29

질문	선택
A. 불치병에 걸릴까봐 걱정된다.	(　)
B. 하루에 손을 10번 이상 씻는다.	(　)

30

질문	선택
A. 계산에 밝은 사람이 꺼려진다.	(　)
B. 동료들과 식사를 할 때에는 더치페이가 좋다.	(　)

31

질문	선택
A. 자신의 실수나 잘못된 행동을 남의 탓으로 돌린 적이 없다.	( )
B. 쉽게 화내고 다른 사람을 원망한다.	( )

32

질문	선택
A. 나는 매사에 자신이 없다.	( )
B. 나는 타인의 시선을 많이 의식한다.	( )

33

질문	선택
A. 친구들과 같이 있으면 어색하고 마음이 불편하다.	( )
B. 혼자 있을 때 불안하고 두려운 생각이 든다.	( )

34

질문	선택
A. 처음 보는 사람 앞에서는 긴장이 심하다.	( )
B. 권위 있는 사람들을 대할 때 두려운 생각이 든다.	( )

35

질문	선택
A. 질문이 끝나기도 전에 대답을 한 적이 없다.	( )
B. 대화를 하다보면 지나치게 수다스럽게 변한다.	( )

36

질문	선택
A. 일을 할 때 부주의 하게 실수를 많이 한다.	( )
B. 일을 끝내지 못하고 도중에 포기해 버리는 게 많다.	( )

37

질문	선택
A. 지속적인 노력이 필요한 일은 싫다.	( )
B. 외부의 자극에 쉽게 산만해진다.	( )

38

질문	선택
A. 일하는 도중에 쉴 시간이 없다.	( )
B. 마감시간이 임박해야 더 힘이 난다.	( )

39

질문	선택
A. 대인관계에서 상황을 빨리 파악하는 편이다.	( )
B. 남의 기분이 상하지 않기 위해 끊임없이 신경을 쓴다.	( )

40

질문	선택
A. 나는 허세를 부리는 사람이 싫다.	( )
B. 나는 허세가 있다.	( )

41

질문	선택
A. 타인의 충고를 기꺼이 받아들인다.	( )
B. 친구에게 영향을 받기 쉽다.	( )

42

질문	선택
A. 나는 동정심이 강하다.	( )
B. 나는 동정심이 약하다.	( )

43

질문	선택
A. 규칙적으로 하고 있는 운동이 없다.	( )
B. 스케줄에 맞춰 계획한 모든 것을 성취하려고 노력한다.	( )

44

질문	선택
A. 친구로서 항상 완벽해야 한다고 다짐한다.	( )
B. 연인으로써 항상 완벽해야 한다고 다짐한다.	( )

45

질문	선택
A. 문제는 시간이 해결해 준다고 믿는다.	( )
B. 자아의 가치는 스스로 만드는 것이다.	( )

46

질문	선택
A. 나는 변화를 주는 것을 싫어한다.	( )
B. 나는 혼자 여행하기를 좋아한다.	( )

47

질문	선택
A. 남의 도움을 얻기 위해 마음에도 없는 말을 하곤 한다.	( )
B. 어려운 사람들을 돕기 위해 자원봉사활동에 참여하고 싶다.	( )

48

질문	선택
A. 남과 다투면 내가 먼저 사과하는 편이다.	( )
B. 어려운 일에 부딪혀도 좀처럼 좌절하지 않는다.	( )

49

질문	선택
A. 매사에 빈틈이 없는 편이다.	( )
B. 경험으로 모든 것을 판단하는 편이다.	( )

50

질문	선택
A. 조직적인 분위기에 잘 적응한다.	( )
B. 나는 갈등해소와 극복을 위해 노력을 많이 한다.	( )

51

질문	선택
A. 조용하고 조심스러운 편이다.	( )
B. 나는 성급하다고 생각한다.	( )

52

질문	선택
A. 활기찬 편이라고 생각한다.	( )
B. 소극적인 편이라고 생각한다.	( )

53

질문	선택
A. 과감하게 도전하는 타입이다.	( )
B. 쉽게 뜨거워지고 쉽게 식는 편이다.	( )

54

질문	선택
A. 생각하고 나서 행동하는 편이다.	( )
B. 행동하고 나서 생각하는 편이다.	( )

55

질문	선택
A. 남을 잘 배려하는 편이다.	( )
B. 빨리 결정하고 과감하게 행동하는 편이다.	( )

56

질문	선택
A. 돈이 없으면 걱정이 된다. B. 자존심이 강하다고 생각한다.	( ) ( )

57

질문	선택
A. 결론이 나도 여러 번 생각을 하는 편이다. B. 걱정이 별로 없는 편이다.	( ) ( )

58

질문	선택
A. 매일 매일 새로운 음식을 먹어보고 싶다. B. 음식점에 가면 늘 먹는 음식만 시킨다.	( ) ( )

59

질문	선택
A. 늘 계획만 거창하다. B. 현실 인식을 잘 하는 편이다.	( ) ( )

60

질문	선택
A. 보수적인 면을 추구한다. B. 내가 즐거운 것이 최고다.	( ) ( )

61

질문	선택
A. 지나간 일에는 연연하지 않는다.	( )
B. 이것저것 평하는 것이 싫다.	( )

62

질문	선택
A. 단체 생활을 잘 한다.	( )
B. 혼자 자유롭게 생활하는 것이 편하다.	( )

63

질문	선택
A. 즉흥적으로 약속을 잡는다.	( )
B. 여유 있게 약속을 잡는다.	( )

64

질문	선택
A. 사람들이 붐비는 도시보다 한적한 시골이 좋다.	( )
B. 많은 사람들과 왁자지껄하게 식사하는 것을 좋아한다.	( )

65

질문	선택
A. 걸음걸이가 빠른 편이다.	( )
B. 걸음걸이가 느린 편이다.	( )

66

질문	선택
A. 전자기기를 잘 다루지 못하는 편이다.	( )
B. 인터넷 사용이 아주 능숙하다.	( )

67

질문	선택
A. 맑은 날보다 흐린 날을 더 좋아한다.	( )
B. 흐린 날보다 맑은 날을 더 좋아한다.	( )

68

질문	선택
A. 많은 친구들을 만나는 것보다 단 둘이 만나는 것이 더 좋다.	( )
B. 술자리나 모임에 억지로 참여하는 경우가 많다.	( )

69

질문	선택
A. 전통에 얽매인 습관은 버리는 것이 적절하다.	( )
B. 발상의 전환을 할 수 있는 타입이라고 생각한다.	( )

70

질문	선택
A. 반성하는 시간에 차라리 실수를 만회할 방법을 구상한다.	( )
B. 큰일을 먼저하고 세세한 일을 나중에 하는 편이다.	( )

71

질문	선택
A. 의리, 인정이 두터운 상사를 만나고 싶다.	( )
B. 후배들은 무섭게 가르쳐야 따라온다.	( )

72

질문	선택
A. 단체 규칙에 그다지 구속받지 않는다.	( )
B. 불만이 생기면 즉시 말해야 한다.	( )

73

질문	선택
A. 내 인생에 절대로 포기하는 경우는 없다.	( )
B. 단념하기보다는 실패하는 것이 낫다고 생각한다.	( )

74

질문	선택
A. 계획을 세워야만 실천할 수 있다.	( )
B. 예상하지 못한 일도 해보고 싶다.	( )

75

질문	선택
A. 피곤하더라고 웃으면서 일하는 편이다.	( )
B. 과중한 업무를 할당받으면 포기해 버린다.	( )

76

질문	선택
A. 나에게 손해인지 이익인지를 생각하며 결정할 때가 많다.	( )
B. 주관적인 판단으로 실수를 한 적이 있다.	( )

77

질문	선택
A. 안정적인 방법보다는 위험성이 있더라도 높은 이익을 추구한다.	( )
B. 상식적인 판단을 할 수 있는 타입이라 생각한다.	( )

78

질문	선택
A. 선물은 상대방에게 필요한 것을 사줘야 한다.	( )
B. 선물은 무엇이든 마음이 제일 중요하다.	( )

79

질문	선택
A. 사실 돈이면 안 될 것이 없다고 생각한다.	( )
B. 욕심이 없는 편이라고 생각한다.	( )

80

질문	선택
A. 차가 없으면 빨간 신호라도 횡단보도를 건넌다.	( )
B. 법에도 융통성이 필요하다고 생각한다.	( )

81

질문	선택
A. 동료와의 경쟁심으로 불법을 저지른 적이 있다. B. 목표 달성을 위해서라면 타인을 이용할 수 있다.	( ) ( )

82

질문	선택
A. 시작하기 전에 정보를 수집하고 계획하는 시간이 더 많다. B. 복잡하게 오래 생각하기보다 일단 해나가며 수정하는 것이 좋다.	( ) ( )

83

질문	선택
A. 남의 의견에 순정적이며 지시받는 것이 편안하다. B. 리더십이 있는 사람이 되고 싶다.	( ) ( )

84

질문	선택
A. 업무가 진행 중이어도 야근은 하지 않는다. B. 막판에 몰아서 일을 처리하는 경우가 있다.	( ) ( )

85

질문	선택
A. 새로운 친구를 사귀는 것보다 현재의 친구들을 유지하는 것이 좋다. B. 누구와도 편하게 대화할 수 있다.	( ) ( )

86

질문	선택
A. 학급에서는 존재가 두드러졌다.	( )
B. 나서는 것을 좋아하지 않는다.	( )

87

질문	선택
A. 업무는 매뉴얼대로 철저히 수행한다.	( )
B. 매사 새로운 시도를 즐긴다.	( )

88

질문	선택
A. 활동범위가 좁은 편이다.	( )
B. 발이 넓다는 말을 많이 듣는다.	( )

89

질문	선택
A. 가끔 자신이 속이 좁은 행동을 한다고 느낀다.	( )
B. 나는 시원시원한 사람이다.	( )

90

질문	선택
A. 내일의 계획은 머릿속에 기억해 둔다.	( )
B. 반복되는 일상보다 새로운 경험을 좋아한다.	( )

91

질문	선택
A. 전통을 견실히 지키는 것이 적절하다.	( )
B. 요즘 신세대를 보면 부러움을 느끼는 편이다.	( )

92

질문	선택
A. 지하철의 걸인에게 적선한 경우가 많다.	( )
B. 지나친 도움에는 자존심이 상한다.	( )

93

질문	선택
A. 동료가 자신을 싫어한다고 느낄 때가 많다.	( )
B. 동료들의 자신에 대한 생각이 궁금하다.	( )

94

질문	선택
A. 죄송하다는 말을 자주 한다.	( )
B. 자신이 괜찮은 사람이라고 느낄 때가 많다.	( )

95

질문	선택
A. 혼자 있어도 외로움을 느낀 적이 거의 없다.	( )
B. 다양한 사람들과 사귀는 것을 즐긴다.	( )

96

질문	선택
A. 농담을 자주 하는 사람은 가벼워 보인다.	( )
B. 고지식하다는 말을 자주 듣는다.	( )

97

질문	선택
A. 냉철한 사람을 보면 거부감이 든다.	( )
B. 슬픔이나 감동으로 인해 눈물을 흘리기도 한다.	( )

98

질문	선택
A. 시끄럽게 짖는 개에게는 폭력을 쓰고 싶다.	( )
B. 무례한 사람을 보면 화가 날 때가 많다.	( )

99

질문	선택
A. 자주 샤워를 하는 편이다.	( )
B. 잘 씻지 않는 사람을 보면 불쾌하다.	( )

100

질문	선택
A. 상상력과 호기심이 많은 편이다.	( )
B. 비현실적인 것에 시간을 허비하지 않는다.	( )

101

질문	선택
A. 모임에서 회장에 어울리지 않는다고 생각한다.	( )
B. 어떠한 일에도 의욕이 없이 임하는 편이다.	( )

102

질문	선택
A. 싫은 사람이 있으면 표정관리가 안 된다.	( )
B. 아무 것도 생각하지 않을 때가 많다.	( )

103

질문	선택
A. 착실한 노력의 이야기를 좋아한다.	( )
B. 좀 더 노력하란 이야길 많이 듣는다.	( )

104

질문	선택
A. 비가 오지 않는다면 우산을 가지고 가지 않는다.	( )
B. 여유 있게 대비하는 타입이다.	( )

105

질문	선택
A. 화가 나는 상황에서도 할 말은 한다.	( )
B. 화가 나면 아무 말도 하지 않는 편이다.	( )

106

질문	선택
A. 업무를 같이 하지 싫은 사람과는 절대 일을 같이 못한다.	( )
B. 모두와 일을 같이 할 수 있다.	( )

107

질문	선택
A. 노력하는 과정이 중요하고 결과는 중요하지 않다.	( )
B. 과정이 어떻게 되든 결과가 좋으면 된다.	( )

108

질문	선택
A. 유행에 민감하다고 생각한다.	( )
B. 자유보다는 질서를 중시한다.	( )

109

질문	선택
A. 정해진 대로 움직이는 편이 안심된다.	( )
B. 나만의 방식대로 움직이는 것이 편하다.	( )

110

질문	선택
A. 기분 변화가 매우 뚜렷한 편이다.	( )
B. 다른 사람의 기분은 중요하지 않다.	( )

111

질문	선택
A. 비교적 냉정한 편이다.	( )
B. 따뜻하단 소릴 자주 듣는다.	( )

112

질문	선택
A. 드센 성격의 사람과는 맞지 않는다.	( )
B. 고압적인 태도의 사람과는 일하고 싶지 않다.	( )

113

질문	선택
A. 환경은 변하지 않는 것이 좋다.	( )
B. 환경은 변해야 한다고 생각한다.	( )

114

질문	선택
A. 성격이 밝은 편이다.	( )
B. 성격이 어두운 편이다.	( )

115

질문	선택
A. 상대방의 잘못에 관대한 편이다.	( )
B. 나의 잘못에 관대한 편이다.	( )

116

질문	선택
A. 나는 시원시원한 성격의 사람이다.	( )
B. 나는 작은 일에도 상처를 잘 받는다.	( )

117

질문	선택
A. 활동범위가 좁은 편이다.	( )
B. 활동범위가 넓은 편이다.	( )

118

질문	선택
A. 좋은 사람이 되고 싶다는 생각을 한다.	( )
B. 화가 나면 나도 모르게 욕을 한다.	( )

119

질문	선택
A. 취미 생활에 많은 시간을 할애하는 편이다.	( )
B. 취미 생활을 가져본 적이 없다.	( )

120

질문	선택
A. 질문을 받으면 그때의 느낌으로 대답한다.	( )
B. 질문을 받으면 생각을 오래 하는 편이다.	( )

121

질문	선택
A. 땀을 흘리는 것보다 머리를 쓰는 일이 좋다. B. 머리를 쓰는 것보다 몸을 쓰는 일이 좋다.	(　) (　)

122

질문	선택
A. 회사 사람과 사적으로 연락하고 싶지 않다. B. 모든 사람들과 잘 지내는 편이다.	(　) (　)

123

질문	선택
A. 외출 시 문을 잠갔는지 확인하지 않는다. B. 외출 시 문을 잠갔는지 여러 번 확인한다.	(　) (　)

124

질문	선택
A. 복장은 지위에 어울리면 된다고 생각한다. B. 복장은 유행을 따라가는 편이다.	(　) (　)

125

질문	선택
A. 날씨가 흐리거나 비가 오면 몸이 아프다. B. 나는 건강한 편이다.	(　) (　)

126

질문	선택
A. 다수결의 의견에 따르는 편이다.	( )
B. 내 방식대로 일을 한다.	( )

127

질문	선택
A. 언제나 실패가 걱정이 되어 어쩔 줄 모른다.	( )
B. 끙끙대며 고민하는 타입이다.	( )

128

질문	선택
A. 감정적인 사람이라고 생각한다.	( )
B. 승부근성이 강하다.	( )

129

질문	선택
A. 자주 흥분해서 침착하지 못하다.	( )
B. 신중한 편이라고 생각한다.	( )

130

질문	선택
A. 고독을 즐기는 편이다.	( )
B. 자존심이 강하다고 생각한다.	( )

131

질문	선택
A. 자신만의 신념을 가지고 있다.	( )
B. 다른 사람을 바보 같다고 생각한 적이 있다.	( )

132

질문	선택
A. 금방 말해버리는 편이다.	( )
B. 싫어하는 사람이 없다.	( )

133

질문	선택
A. 대재앙이 오지 않을까 걱정을 한다.	( )
B. 쓸데없는 고생을 하는 일이 많다.	( )

134

질문	선택
A. 문제를 해결하기 위해 여러 사람과 상의한다.	( )
B. 사소한 충고에도 걱정을 하는 편이다.	( )

135

질문	선택
A. 영화를 보고 운 적이 많다.	( )
B. 어떤 것에 대해서도 화낸 적이 없다.	( )

136

질문	선택
A. 나는 개성적인 사람이라고 생각한다.	( )
B. 무엇이든 자신이 나쁘다고 생각하는 편이다.	( )

137

질문	선택
A. 금방 싫증을 내는 편이다.	( )
B. 끈기 있는 편이다.	( )

138

질문	선택
A. 인생의 목표는 큰 것이 좋다.	( )
B. 낯가림을 하는 편이다.	( )

139

질문	선택
A. 몸을 움직이는 것을 좋아한다.	( )
B. 시작한 일은 반드시 완성시킨다.	( )

140

질문	선택
A. 생각하고 나서 행동하는 편이다.	( )
B. 어떤 일이라도 바로 시작하는 타입이다.	( )

141

질문	선택
A. 면밀한 계획을 세운 여행을 좋아한다.	( )
B. 돈을 허비한 적이 없다.	( )

142

질문	선택
A. 하나의 취미에 열중하는 타입이다.	( )
B. 스포츠는 보는 것보다 하는 게 좋다.	( )

143

질문	선택
A. 너무 신중해서 기회를 놓친 적이 많다.	( )
B. 시원시원하게 움직이는 타입이다.	( )

144

질문	선택
A. 무조건 행동해야 한다.	( )
B. 정해진 대로 움직이는 것은 시시하다.	( )

145

질문	선택
A. 질서보다 자유를 중요시한다.	( )
B. 직관적으로 판단하는 편이다.	( )

146

질문	선택
A. 다른 사람의 소문에는 관심이 없다.	( )
B. 다른 사람의 소문에 관심이 많다.	( )

147

질문	선택
A. 친구의 휴대전화 번호를 잘 모른다.	( )
B. 내 가족의 휴대전화 번호를 전부 외운다.	( )

148

질문	선택
A. 변화를 추구하는 편이다.	( )
B. 환경이 변하는 것에 구애를 받는다.	( )

149

질문	선택
A. 인생은 살 가치가 없다고 생각한다.	( )
B. 의지가 약한 편이다.	( )

150

질문	선택
A. 사람을 설득시키는 일은 쉽지 않다.	( )
B. 사람을 설득시키는 일은 어렵지 않다.	( )

151

질문	선택
A. 나의 결정에 대해 잘 변경하지 않는 편이다.	( )
B. 나는 사건의 원인과 결과를 쉽게 파악한다.	( )

152

질문	선택
A. 밥맛이 없다.	( )
B. 종종 폭식을 하는 습관이 있다.	( )

153

질문	선택
A. 공공장소보다 폐쇄된 공간을 좋아한다.	( )
B. 작음 소음에도 잘 놀라며, 심장이 잘 두근거린다.	( )

154

질문	선택
A. 무슨 일이든 1인자가 되어야 한다고 생각한다.	( )
B. 1인자 보다 조력자의 역할이 어울린다고 생각한다.	( )

155

질문	선택
A. 스트레스를 받으면 반드시 술을 마셔야 한다.	( )
B. 혼자서 술집에서 술을 마셔본 적이 있다.	( )

156

질문	선택
A. 약속시간은 반드시 여유 있게 도착한다. B. 약속시간에 늦는 사람을 보면 이해를 할 수가 없다.	( ) ( )

157

질문	선택
A. 사람들과 대화를 할 때 한 번도 흥분해 본 적이 없다. B. 내가 납득을 하지 못하는 일이 생기면 화부터 난다.	( ) ( )

158

질문	선택
A. 휴일에는 반드시 집에 있어야 한다. B. 휴일에는 반드시 어디론가 나가야 한다.	( ) ( )

159

질문	선택
A. 위험을 무릅쓰면서 성공을 해야 한다고 생각하지 않는다. B. 어려운 일에 봉착하면 늘 다른 사람들이 도와줄 거라 믿는다.	( ) ( )

160

질문	선택
A. 독서를 많이 하는 편이다. B. 쇼핑을 하는 것을 좋아한다.	( ) ( )

161

질문	선택
A. 세상에서 가장 중요한 것은 돈이라고 생각한다. B. 세상에서 가장 중요한 것은 건강이라고 생각한다.	( ) ( )

162

질문	선택
A. 자유분방한 삶을 살고 싶다. B. 틀에 박힌 생각을 고수하는 편이다.	( ) ( )

163

질문	선택
A. 나보다 나이가 많은 사람에게는 의지하는 편이다. B. 나보다 나이가 어리면 우스워 보인다.	( ) ( )

164

질문	선택
A. 감격을 잘 하는 편이다. B. 후회를 자주 하는 편이다.	( ) ( )

165

질문	선택
A. 나의 주변은 항상 정리가 잘 되어 있지 않다. B. 주변이 어지럽게 정리가 되어 있지 않으면 늘 불안하다.	( ) ( )

166

질문	선택
A. 나는 나의 능력 이상의 일을 해낸다.	(　)
B. 하기 싫은 일을 하게 되면 반드시 사고를 치게 된다.	(　)

167

질문	선택
A. 나는 착한 사람보다는 성공한 사람으로 불리고 싶다.	(　)
B. 나는 성공한 사람보다 성실한 사람으로 불리고 싶다.	(　)

168

질문	선택
A. 남들보다 촉이 발달하지 못한 것 같다.	(　)
B. 나의 예감은 한 번도 틀린 적이 없다.	(　)

169

질문	선택
A. 다른 사람들과 다툼이 발생해도 조율을 잘 하는 편이다.	(　)
B. 논리적인 원칙을 따져 가며 말하는 것을 좋아한다.	(　)

170

질문	선택
A. 모든 일은 빠르게 처리하는 편이다.	(　)
B. 남들에게 복잡한 문제도 나에게는 간단한 일일 때가 많다.	(　)

171

질문	선택
A. 나는 단호하며 통솔력이 강하다.	( )
B. 나는 겸손한 사람이다.	( )

172

질문	선택
A. 나는 나이에 비해 성숙한 편이다.	( )
B. 나는 철이 없다는 소릴 자주 듣는다.	( )

173

질문	선택
A. 나는 지식에 대한 욕구가 강하다.	( )
B. 나는 돈에 대한 욕구가 강하다.	( )

174

질문	선택
A. 나는 불의를 보면 못 참는다.	( )
B. 나는 불이익을 당하면 못 참는다.	( )

175

질문	선택
A. 위기의 상황에서 순간 대처능력이 강하다.	( )
B. 항상 상황에 정면으로 맞서서 도전하는 것을 즐긴다.	( )

176

질문	선택
A. 약자를 괴롭히는 사람을 보면 참을 수 없다.	( )
B. 강자에게 아부하는 사람을 보면 참을 수 없다.	( )

177

질문	선택
A. 권위나 예의를 따지는 것보다 격의 없이 지내는 것이 좋다.	( )
B. 나는 공사구분이 확실한 편이다.	( )

178

질문	선택
A. 대를 위해 소를 희생하는 것은 당연하다고 생각한다.	( )
B. 회사를 위해 직원들이 희생하는 것은 옳지 않다고 생각한다.	( )

179

질문	선택
A. 나는 객관적이고 공정한 사람이다.	( )
B. 다른 사람들의 부탁을 쉽게 거절하지 못하는 편이다.	( )

180

질문	선택
A. 다른 동료보다 돋보이는 사람이 되고자 노력한다.	( )
B. 상사가 지시하는 일은 무조건 복종해야 한다고 생각한다.	( )

181

질문	선택
A. 일주일에 월요일은 항상 피곤하다.	( )
B. 쉽게 무기력해 지는 편이다.	( )

182

질문	선택
A. 나의 노후에 대해 생각해 본 적이 없다.	( )
B. 나의 노후생활에 대한 대비책을 준비하고 있다.	( )

183

질문	선택
A. 정치인들은 모두 이기적이라고 생각한다.	( )
B. 리더십이 있는 사람이 되고 싶다.	( )

184

질문	선택
A. 말과 행동은 늘 일치해야 한다고 생각한다.	( )
B. 말을 해 놓고 지키지 못한 경우가 많다.	( )

185

질문	선택
A. 마음에도 없는 말을 상대방에게 해 본적이 있다.	( )
B. 주변 사람들에게 근심을 털어 놓은 적이 없다.	( )

186

질문	선택
A. 가치의 기준은 항상 자신에게 있다고 생각한다.	( )
B. 부정적으로 말하는 편이다.	( )

187

질문	선택
A. 나는 종교에 얽매이는 사람이 싫다.	( )
B. 종교인은 직업이 아니라고 생각한다.	( )

188

질문	선택
A. 사람은 발전적이어야 한다고 생각한다.	( )
B. 모르는 것이 있어도 남들에게는 물어보지 않는다.	( )

189

질문	선택
A. 상처를 주는 것도 받는 것도 싫다.	( )
B. 이론만 내세우는 사람을 보면 짜증이 난다.	( )

190

질문	선택
A. 나에게 나쁜 짓을 하는 사람에게는 반드시 보복을 해야 한다.	( )
B. 곤경에 처했을 때에는 입을 다물고 있는 것이 상책이다.	( )

191

질문	선택
A. 무언가를 하기보다는 가만히 앉아 공상에 잠긴 적이 많다.	( )
B. 한 가지 일에 몰두하여 남들이 내게 화를 낸 적이 있다.	( )

192

질문	선택
A. 대부분의 법률은 없애버리는 편이 더 낫다.	( )
B. 법률은 지켜져야 하며 어긴 사람은 벌 받아 마땅하다.	( )

193

질문	선택
A. 게임에서 지기보다는 이기고 싶다.	( )
B. 경기나 게임은 내기를 해야 더 재미있다.	( )

194

질문	선택
A. 아침에 넘어가기 쉬운 편이다.	( )
B. 주변 사람들의 말에 잘 흔들리지 않는다.	( )

195

질문	선택
A. 오늘 해야 할 일을 내일로 미룬 적이 없다.	( )
B. 오늘 하지 않아도 되는 일은 내일 하는 편이다.	( )

196

질문	선택
A. 적은 친구랑 깊게 사귀는 편이다.	( )
B. 친구가 많은 편이다.	( )

197

질문	선택
A. 초면인 사람을 만나는 일을 잘 하지 못한다.	( )
B. 새로운 사람을 만나는 것은 즐겁다.	( )

198

질문	선택
A. 계획을 정확하게 세워서 행동하는 것을 못한다.	( )
B. 돌다리는 두들겨 보지 않고 건너도 된다.	( )

199

질문	선택
A. 새로운 제품이 출시되면 가장 먼저 구매하고 싶다.	( )
B. 항상 안전책을 고르는 편이다.	( )

200

질문	선택
A. 착한 사람이라는 말을 들을 때가 많다.	( )
B. 개성 있는 사람이라는 말을 들을 때가 많다.	( )

201

질문	선택
A. 다른 사람을 욕한 적이 한 번도 없다.	( )
B. 다른 사람에게 어떻게 보일지 신경을 쓴다.	( )

202

질문	선택
A. 금방 낙심하는 편이다.	( )
B. 낙천적인 편이다.	( )

203

질문	선택
A. 다른 사람에게 의존하는 경향이 강하다.	( )
B. 다른 사람이 내 의견에 간섭하는 것이 싫다.	( )

204

질문	선택
A. 나는 유치한 사람이다.	( )
B. 나는 융통성이 있는 편이 아니다.	( )

205

질문	선택
A. 술자리에서 술을 마시지 않아도 흥을 돋을 수 있다.	( )
B. 금세 무기력해지는 편이다.	( )

206

질문	선택
A. 독자적으로 행동하는 편이다. B. 적극적으로 행동하는 편이다.	( ) ( )

207

질문	선택
A. 밤에 잠을 잘 못잘 때가 많다. B. 밤길에는 발소리만 들려도 불안하다.	( ) ( )

208

질문	선택
A. 지금까지 살면서 타인에게 폐를 끼친 적이 없다. B. 소곤소곤 이야기하는 것을 보면 자기에 대해 험담하고 있는 것으로 생각된다.	( ) ( )

209

질문	선택
A. 때때로 나의 미래에 대해 생각해 본다. B. 때때로 무엇인가를 부셔버리고 싶어진다.	( ) ( )

210

질문	선택
A. 어렸을 때 가끔 물건을 훔쳤다. B. 감정표현이 과장스럽다.	( ) ( )

211

질문	선택
A. 대체로 고민하거나 걱정을 하지 않는다.	( )
B. 비판적인 말을 들어도 쉽게 상처받지 않는다.	( )

212

질문	선택
A. 중요한 일이 생기면 소변이 마렵다.	( )
B. 나는 거의 언제나 우울하다.	( )

213

질문	선택
A. 상대방의 말에 민감하나 기분이 나쁘지 않은 척을 한다.	( )
B. 나는 논쟁에서 쉽사리 궁지에 몰린다.	( )

214

질문	선택
A. 나는 확실히 자신감이 부족하다.	( )
B. 타인을 기쁘게 하는 능력이 있다.	( )

215

질문	선택
A. 남보다 앞서기 위해서라면 거짓말도 할 것이다.	( )
B. 멋 내는 것을 좋아한다.	( )

216

질문	선택
A. 집안 식구들과 거의 말다툼을 하지 않는다.	( )
B. 양보를 잘 하고 싸움을 하려면 심장이 먼저 뛴다.	( )

217

질문	선택
A. 단순 암기에 약하다.	( )
B. 가끔 해롭거나 충격적인 일을 하고 싶은 충동을 강하게 느낀다.	( )

218

질문	선택
A. 나는 아버지를 사랑한다.	( )
B. 나는 어머니를 사랑한다.	( )

219

질문	선택
A. 나는 인내력이 부족하다.	( )
B. 나에게 무슨 일이 일어나건 상관하지 않는다.	( )

220

질문	선택
A. 거의 언제나 나는 행복하다.	( )
B. 거의 언제나 머리나 코가 꽉 막혀 있는 것 같다.	( )

221

질문	선택
A. 반복적인 일상이 힘들다.	( )
B. 스릴을 맛보기 위해 위험한 행동을 해본 적이 없다.	( )

222

질문	선택
A. 언제나 일등이 되어야 하며 최고가 되고 싶다.	( )
B. 남을 도와 준 것에 대해서는 자랑을 해야 한다.	( )

223

질문	선택
A. 사람들은 대부분 들키는 게 무서워서 정직한 것이다.	( )
B. 남에게 약하게 보이는 것이 싫다.	( )

224

질문	선택
A. 조직의 일원으로 별로 안 어울린다.	( )
B. 세상의 일에 별로 관심이 없다.	( )

225

질문	선택
A. 능력도 있고 열심히 일한다면 누구나 성공할 것이라 생각한다.	( )
B. 언제 어디서나 잘못된 것은 바로 잡아야 직성이 풀린다.	( )

226

질문	선택
A. 나는 강한 사람이라고 생각한다.	( )
B. 나의 감정이나 생각을 숨기지 않는다.	( )

227

질문	선택
A. 연극을 좋아한다.	( )
B. 영화를 좋아한다.	( )

228

질문	선택
A. 대화를 하다 궁지에 몰리면 공격적으로 변한다.	( )
B. 질투심이나 독점욕이 강하다.	( )

229

질문	선택
A. 내가 한 일에 평가를 받는 것에 민감하다.	( )
B. 사회를 비판하는 것이 좋다.	( )

230

질문	선택
A. 구속받는 삶은 싫다.	( )
B. 스트레스를 거의 받지 않는다.	( )

231

질문	선택
A. 법률은 지켜야 하며 어긴 사람은 벌 받아 마땅하다.	( )
B. 비판이나 꾸지람을 들으면 몹시 속이 상한다.	( )

232

질문	선택
A. 내 행동은 주로 주위 사람들의 행동에 의해 좌우된다.	( )
B. 내 주위 사람들은 항상 즐겁다.	( )

233

질문	선택
A. 모든 일에 의구심을 갖는다.	( )
B. 내 능력의 한계를 자주 느낀다.	( )

234

질문	선택
A. 상상력이 매우 풍부하다.	( )
B. 쉽게 유혹에 넘어가지 않는 편이다.	( )

235

질문	선택
A. 내 마음대로 못할 때 화가 난다.	( )
B. 내가 좋아하는 일만 하고 싶다.	( )

236

질문	선택
A. 내 이익을 위해 다른 사람을 이용할 수 있다.	( )
B. 지난 몇 년간 대체로 건강했다.	( )

237

질문	선택
A. 나는 정신적으로 건강한 사람이다.	( )
B. 사람을 괴롭히는 것이 즐겁다.	( )

238

질문	선택
A. 나는 웃음이 많다.	( )
B. 나는 호기심이 많다.	( )

239

질문	선택
A. 윗사람에게 아첨을 하면서라도 원하는 것을 얻어야 한다.	( )
B. 나는 다른 사람을 원망해 본 적이 없다.	( )

240

질문	선택
A. 특별한 이유 없이 울고 싶을 때가 있다.	( )
B. 높은 곳에서 아래를 보면 겁이 난다.	( )

241

질문	선택
A. 칭찬을 받는 것보다 하는 것이 좋다. B. 남이 나를 어떻게 생각하든 신경 쓰지 않는다.	( ) ( )

242

질문	선택
A. 욕구를 통제하기가 어렵다. B. 수줍음을 탄다는 것을 나타내지 않으려고 자주 애써야 한다.	( ) ( )

243

질문	선택
A. 누군가 나를 독살하려는 생각을 가진 적이 있다. B. 파티나 모임에서 장기자랑을 하는 게 불편하다.	( ) ( )

244

질문	선택
A. 나는 애국심이 강하다. B. 나는 상대방을 쉽게 신뢰하지 않는다	( ) ( )

245

질문	선택
A. 처음 만나는 사람과 대화하기가 어렵다. B. 행동한 후에 내가 무엇을 했는지 기억하지 못할 때가 있다.	( ) ( )

246

질문	선택
A. 나는 공정한 사람이다.	( )
B. 나는 인정이 많은 사람이다.	( )

247

질문	선택
A. 정신이 나가거나 자제력을 잃을까봐 두렵다.	( )
B. 감정의 기복이 전혀 없다.	( )

248

질문	선택
A. 언제나 나의 실수를 시인한다.	( )
B. 필요 이상으로 사람을 만나는 것은 싫다.	( )

249

질문	선택
A. 아침에 일어나면 대게 기분이 좋고 상쾌하다.	( )
B. 조그만 소리에도 쉽게 잠에서 깬다.	( )

250

질문	선택
A. 나는 신문의 범죄기사를 주로 읽는다.	( )
B. 나는 신문의 경제기사를 주로 읽는다.	( )

01 의사소통능력

02 수리능력

03 문제해결능력

04 자원관리능력

05 정보능력

06 조직이해능력

PART

03

NCS 직업기초능력평가

CHAPTER

01 의사소통능력

1 다음 글을 읽고 알 수 있는 내용은?

> 고대 그리스의 원자론자 데모크리토스는 자연의 모든 변화를 원자들의 운동으로 설명했다. 모든 자연현상의 근거는, 원자들, 빈 공간 속에서의 원자들의 움직임, 그리고 그에 따른 원자들의 배열과 조합의 변화라는 것이다.
> 한편 데카르트에 따르면 연장, 즉 펴져있음이 공간의 본성을 구성한다. 그런데 연장은 물질만이 가지는 속성이기 때문에 물질 없는 연장은 불가능하다. 다시 말해 아무 물질도 없는 빈 공간이란 원리적으로 불가능하다. 데카르트에게 운동은 물속에서 헤엄치는 물고기의 움직임과 같다. 꽉 찬 물질 속에서 물질이 자리바꿈을 하는 것이다.
> 뉴턴에게 3차원 공간은 해체할 수 없는 튼튼한 집 같은 것이었다. 이 집은 사물들이 들어올 자리를 마련해 주기 위해 비어 있다. 사물이 존재한다는 것은 어딘가에 존재한다는 것인데 그 '어딘가'가 바로 뉴턴의 절대공간이다. 비어 있으면서 튼튼한 구조물인 절대공간은 그 자체로 하나의 실체는 아니지만 '실체 비슷한 것'으로서, 객관적인 것, 영원히 변하지 않는 것이었다.
> 라이프니츠는 빈 공간을 부정한다는 점에서 데카르트와 의견을 같이했다. 그러나 데카르트가 뉴턴과 마찬가지로 공간을 정신과 독립된 객관적 실재로 보았던 반면, 라이프니츠는 공간을 정신과 독립된 실재라고 보지 않았다. 그가 보기에는 '동일한 장소'라는 관념으로부터 '하나의 장소'라는 관념을 거쳐 모든 장소들의 집합체로서의 '공간'이라는 관념이 나오는데, '동일한 장소'라는 관념은 정신의 창안물이다. 결국 '공간'은 하나의 거대한 관념적 상황을 표현하고 있을 뿐이다.

① 만일 빈 공간의 존재에 관한 데카르트의 견해가 옳다면, 뉴턴의 견해도 옳다.
② 만일 공간의 본성에 관한 라이프니츠의 견해가 옳다면, 데카르트의 견해는 옳지 않다.
③ 만일 공간의 본성에 관한 데카르트의 견해가 옳다면, 데모크리토스의 견해도 옳다.
④ 만일 공간의 본성에 관한 뉴턴의 견해가 옳다면, 라이프니츠의 견해도 옳다.

✔ 해설 마지막 문단에서 '데카르트가 뉴턴과 마찬가지로 공간을 정신과 독립된 객관적 실재로 보았던 반면, 라이프니츠는 공간을 정신과 독립된 실재라고 보지 않았다.'라고 하였으므로 ②가 적절하다.

2 다음 〈보기〉와 같은 문장의 빈 칸 ㉠~㉣에 들어갈 알맞은 어휘를 순서대로 나열한 것은 어느 것인가?

〈보기〉

- 많은 노력을 기울인 만큼 이번엔 네가 반드시 1등이 (㉠)한다고 말씀하셨다.
- 계약서에 명시된 바에 따라 한 치의 오차도 없이 일이 추진(㉡)를 기대한다.
- 당신의 배우자가 (㉢) 평생 외롭지 않게 해 줄 자신이 있습니다.
- 스승이란 모름지기 제자들의 마음을 어루만져 줄 수 있는 사람이 (㉣)한다.

① 돼어야, 되기, 되어, 되야
② 되어야, 돼기, 돼어, 되야
③ 되어야, 되기, 되어, 돼야
④ 돼어야, 돼기, 돼어, 되어야

✔ 해설 '되~'에 '아/어라'가 붙는 말의 줄임말로 쓰일 경우는 '돼'가 올바른 표현이며, '(으)라'가 붙으며 '아/어'가 불필요한 경우에는 그대로 '되'를 쓴다. 따라서 제시된 각 문장에는 다음의 어휘가 올바른 사용이다.
㉠ '되어야' 혹은 '돼야'
㉡ '되기'
㉢ '되어' 혹은 '돼'
㉣ '되어야' 혹은 '돼야'

Answer 1.② 2.③

3 다음은 안전한 스마트뱅킹을 위한 스마트폰 정보보호 이용자 6대 안전수칙이다. 다음 안전수칙에 따르지 않은 행동은?

> 1. 의심스러운 애플리케이션 다운로드하지 않기
> 스마트폰용 악성코드는 위·변조된 애플리케이션에 의해 유포될 가능성이 있습니다. 따라서 의심스러운 애플리케이션의 다운로드를 자제하시기 바랍니다.
> 2. 신뢰할 수 없는 사이트 방문하지 않기
> 의심스럽거나 알려지지 않은 사이트를 방문할 경우 정상 프로그램으로 가장한 악성 프로그램이 사용자 몰래 설치될 수 있습니다. 인터넷을 통해 단말기가 악성코드에 감염되는 것을 예방하기 위해서 신뢰할 수 없는 사이트에는 방문 하지 않도록 합니다.
> 3. 발신인이 불명확하거나 의심스러운 메시지 및 메일 삭제하기
> 멀티미디어메세지(MMS)와 이메일은 첨부파일 기능을 제공하기 때문에 스마트폰 악성코드를 유포하기 위한 좋은 수단으로 사용되고 있습니다. 해커들은 게임이나 공짜 경품지급, 혹은 유명인의 사생활에 대한 이야기 등 자극적이거나 흥미로운 내용을 전달하여 사용자를 현혹하는 방법으로 악성코드를 유포하고 있습니다. 발신인이 불명확하거나 의심스러운 메시지 및 메일은 열어보지 마시고 즉시 삭제하시기 바랍니다.
> 4. 블루투스 등 무선인터페이스는 사용 시에만 켜놓기
> 지금까지 국외에서 발생한 스마트폰 악성코드의 상당수가 무선인터페이스의 일종인 블루투스(Bluetooth) 기능을 통해 유포된 것으로 조사되고 있습니다. 따라서 블루투스나 무선랜을 사용하지 않을 경우에는 해당 기능을 비활성화(꺼놓음) 하는 것이 필요합니다. 이로써 악성코드 감염 가능성을 줄일 뿐만 아니라 단말기의 불필요한 배터리 소모를 막을 수 있습니다.
> 5. 다운로드한 파일은 바이러스 유무를 검사한 후 사용하기
> 스마트폰용 악성프로그램은 인터넷을 통해 특정 프로그램이나 파일에 숨겨져 유포될 수 있으므로, 프로그램이나 파일을 다운로드하여 실행하고자 할 경우 가급적 스마트폰용 백신프로그램으로 바이러스 유무를 검사한 후 사용하는 것이 좋습니다.
> 6. 비밀번호 설정 기능을 이용하고 정기적으로 비밀번호 변경하기
> 단말기를 분실 혹은 도난당했을 경우 개인정보가 유출되는 것을 방지하기 위하여 단말기 비밀번호를 설정하여야 합니다. 또한 단말기를 되찾은 경우라도 악의를 가진 누군가에 의해 악성코드가 설치될 수 있기 때문에 비밀번호 설정은 중요합니다. 제품출시 시 기본으로 제공되는 비밀번호(예 : "0000")를 반드시 변경하여 사용하시기 바라며, 비밀번호를 설정할 때에는 유추하기 쉬운 비밀번호(예 : "1111", "1234"등)는 사용하지 않도록 합니다.

① 봉순이는 유명인 A씨에 대한 사생활 내용이 담긴 MMS를 받아서 열어보고선 삭제했다.
② 형식이는 개인정보 유출을 방지하기 위해 1개월에 한 번씩 비밀번호를 변경하고 있다.
③ 음악을 즐겨듣는 지수는 블루투스를 사용하지 않을 때에는 항상 블루투스를 꺼놓는다.
④ 평소 의심이 많은 봉기는 신뢰할 수 없는 사이트는 절대 방문하지 않는다.

해설 ① 발신인이 불명확하거나 의심스러운 메시지 및 메일은 열어보지 말고 즉시 삭제해야 한다.

4 다음 글의 내용으로 옳지 않은 것은?

> 걷기는 현대사회에서 새로운 웰빙 운동으로 각광받고 있다. 장소나 시간에 신경 쓸 필요 없이 언제 어디서든 쉽게 할 수 있기 때문이다. 하지만 사람들은 걷기가 너무 쉬운 운동인 탓에 걷기의 중요성을 망각하기 일쑤이다. 서울의 한 대형병원의 이모 교수는 "걷기는 남녀노소 누구나 아무런 장비도 없이 언제 어디서든 쉽게 할 수 있는 가장 좋은 운동이다. 특히 걷기는 최근 연구에 따르면 전속력으로 빨리 달리며 운동하는 것보다 몸의 무리는 적게 주면서 더 많은 칼로리를 소모할 수 있는 운동"이라며 걷기 예찬을 하고 있다. 하지만 걷기도 나름대로의 규칙을 가지고 있다. 걸을 때 허리는 꼿꼿이 펴고, 팔은 앞뒤로 힘차게 움직이고 속도는 자신이 걸을 수 있는 최대한 빠른 속도여야 한다. 이런 규칙을 어기고 그냥 평소처럼 걷는다면 그건 단순한 산책일 뿐이다.

① 걷기는 남녀노소 누구나 쉽게 할 수 있는 운동이다.
② 사람들은 걷기가 너무 쉽다는 이유로 걷기의 중요성을 쉽게 생각한다.
③ 제대로 걸을 경우 걷기는 빨리 달리며 운동하는 것보다 더 많은 칼로리를 소모할 수 있다.
④ 걷기는 규칙에 상관없이 평소 그냥 걷는 대로 걸으면 저절로 운동이 된다.

✔ 해설 ④ 제시된 지문 중 밑에서 셋째 줄에 있는 '하지만 걷기도 나름대로의 규칙을 가지고 있다.'라는 내용을 통해 걷기에도 엄연히 규칙이 존재함을 알 수 있다.

Answer 3.① 4.④

5 다음 자료는 K전자 50주년 기념 프로모션에 대한 안내문이다. 안내문을 보고 이해한 내용으로 틀린 사람을 모두 고른 것은?

K전자 50주년 기념행사 안내

50년이라는 시간동안 저희 K전자를 사랑해주신 고객여러분들께 감사의 마음을 전하고자 아래와 같이 행사를 진행합니다. 많은 이용 부탁드립니다.

-아래-

1. 기간 : 20××년 12월 1일~ 12월 15일
2. 대상 : 전 구매고객
3. 내용 : 구매 제품별 혜택 상이

제품명		혜택	비고
노트북	K-100 K-105	• 15% 할인 • 2년 무상 A/S • 사은품 : 노트북 파우치 or 5GB USB(택1)	현금결제 시 할인 금액의 5% 추가 할인
세탁기	K 휘롬	• 20% 할인 • 사은품 : 세제 세트, 고급 세탁기커버	전시상품 구매 시 할인 금액의 5% 추가 할인
TV	스마트 K TV	• 46in 구매시 LED TV 21.5in 무상 증정	
스마트폰	K-Tab20	• 10만 원 할인(K카드 사용 시) • 사은품 : 샤오밍 10000mAh 보조배터리	-
	K-V10	• 8만 원 할인(K카드 사용 시) • 사은품 : 샤오밍 5000mAh 보조배터리	-

4. 기타 : 기간 내에 K카드로 매장 방문 20만 원 이상 구매고객에게 1만 서비스 포인트를 더 드립니다.
5. 추첨행사 안내 : 매장 방문고객 모두에게 추첨권을 드립니다(1인 1매).

등수	상품
1등상(1명)	K캠-500D
2등상(10명)	샤오밍 10000mAh 보조배터리
3등상(500명)	스타베네 상품권(1만 원)

※ 추첨권 당첨자는 20××년 12월 25일 www.K-digital.co.kr에서 확인하실 수 있습니다.

㉠ 수미 : K-100 노트북을 현금으로 사면 20%나 할인 받을 수 있구나.
㉡ 병진 : 스마트폰 할인을 받으려면 K카드가 있어야 해.
㉢ 지수 : 46in 스마트 K TV를 사면 같은 기종의 작은 TV를 사은품으로 준대.
㉣ 효정 : K전자에서 할인 혜택을 받으려면 K카드나 현금만 사용해야 하나봐.

① 수미
② 병진, 지수
③ 수미, 병진, 효정
④ 수미, 지수, 효정

✔ 해설 ㉠ 15% 할인 후 가격에서 5%가 추가로 할인되는 것이므로 20%보다 적게 할인된다.
㉡ 위 안내문과 일치한다.
㉢ 같은 기종이 아닌 LED TV가 증정된다.
㉣ 노트북, 세탁기, TV는 따로 K카드를 사용해야 한다는 항목이 없으므로 옳지 않다.

6 다음 문장이 들어갈 알맞은 곳은?

원체는 작가가 당대(當代)의 정치적 쟁점이 되는 핵심 개념을 액자화하여 새롭게 의미를 환기하려는 의도를, 과학적 방식에 의거하여 설득하려는 정치 · 과학적 글쓰기라고 할 수 있다.

(가)글쓰기 양식은 글 내용을 담는 그릇으로 내용을 강제한다. 이런 측면에서 다산 정약용이 '원체(原體)'라는 문체를 통해 정치라는 내용을 담고자 했던 '양식 선택의 정치학'은 특별한 의미를 갖는다. (나)당나라 한유(韓愈)가 다섯 개의 원체 양식의 문장을 지은 이후 후대의 학자들은 이를 모범을 삼았다. (다)원체는 고문체는 아니지만 새롭게 부상한 문체로서, 당대 사상의 핵심 개념에 대해 정체성을 추구하는 분석적이고 학술적인 글쓰기이자 정치적 글쓰기로 정립되었다. (라)다산은 원체가 가진 이러한 정치 · 과학적 힘을 인식하고 원정(原政)이라는 글을 남겼다.

① (가)
② (나)
③ (다)
④ (라)

✔ 해설 (나)의 앞부분에서 '원체'가 등장했고 (나)의 뒷부분에는 당나라 한유의 사례를 들어 원체 양식에 대한 부연 설명을 하고 있다. 그러므로 (나)부분에 '원체'의 개념 설명이 들어가는 것이 논리적으로 적합하다.

Answer 5.④ 6.②

7 다음은 은행을 사칭한 대출 주의 안내문이다. 이에 대한 설명으로 옳지 않은 것은?

항상 OO은행을 이용해 주시는 고객님께 감사드립니다.
최근 OO은행을 사칭하면서 대출 협조문이 Fax로 불특정 다수에게 발송되고 있어 각별한 주의가 요망됩니다. OO은행은 절대로 Fax를 통해 대출 모집을 하지 않으니 아래의 Fax 발견시 즉시 폐기하시기 바랍니다.

아래 내용을 검토하시어 자금문제로 고민하는 대표이하 직원 여러분들에게 저의 은행의 금융정보를 공유할 수 있도록 업무협조 부탁드립니다.

수신 : 직장인 및 사업자
발신 : OO은행 여신부
여신상담전화번호 : 070-xxxx-xxxx

대상	직장인 및 개인/법인 사업자
금리	개인신용등급적용 (최저 4.8~)
연령	만 20세~만 60세
상환 방식	1년만기일시상환, 원리금균등분할상환
대출 한도	100만원~1억원
대출 기간	12개월~최장 60개월까지 설정가능
서류 안내	공통서류-신분증 직장인-재직, 소득서류 사업자-사업자 등록증, 소득서류

※ 기타사항
- 본 안내장의 내용은 법률 및 관련 규정 변경시 일부 변경될 수 있습니다.
- 용도에 맞지 않을 시, 연락 주시면 수신거부 처리 해드리겠습니다.

현재 OO은행을 사칭하여 문자를 보내는 불법업체가 기승입니다. OO은행에서는 본 안내장 외엔 문자를 발송치 않으니 이점 유의하시어 대처 바랍니다.

① Fax 수신문에 의하면 최대 대출 한도는 1억원까지이다.
② Fax로 수신되는 대출 협조문은 OO은행에서 보낸 것이 아니다.
③ 대출 주의 안내문은 수신거부 처리가 가능하다.
④ OO은행에서는 대출 협조문을 문자로 발송한다.

해설 ④ OO은행에서는 본 안내장 외엔 문자를 발송하지 않는다.

8 다음의 개요를 수정 · 보완하기 위한 방안으로 적절하지 않은 것은?

> 제목 : 정규직 파트타임제의 도입을 위한 제안
> Ⅰ. 정규직 파트타임제의 의미 : 하나의 일자리를 두 명의 정규직 근로자가 나누어 갖는 제도
> Ⅱ. 정규직 파트타임제의 장점
>   1. 기업
>   가. 집중력의 향상으로 인한 효율성 증대
>   나. 아이디어의 다양화로 인한 업무의 활력 증가
>   2. 개인
>   가. 건강 증진 및 자기 계발 시간의 확보
>   나. 육아 및 가사 문제의 해결
>   3. 정부
>   가. 고용 창출 효과
>   나. 소득세원의 증가
> Ⅲ. 정규직 파트타임제의 도입 시 예상되는 문제점
>   1. 기업
>   가. 업무와 연속성 저해 가능성
>   나. 인력 관리 부담의 증가
>   2. 개인
>   가. 적은 보수로 인한 불만
>   나. 가사 노동 증가 우려
> Ⅳ. 정규직 파트타임제의 필요성
>   1. 기업 : 직원들의 요구를 적극적으로 수용하려는 태도
>   2. 개인
>   가. 보수에 대한 인식의 전환
>   나. 업무의 연속성을 확보하려는 노력
>   3. 정부 : 정규직 파트타임제의 도입을 장려하는 법률 제정
> Ⅴ. 정규직 파트타임제 도입의 의의 : 육아 및 가사 문제로 인한 저출산 문제의 해결

① Ⅱ의 구조에 대응하여 Ⅲ에 '정부 : 비정규직의 증가로 인한 고용 불안 가능성'이라는 항목을 추가한다.
② Ⅲ-2의 '가사 노동 증가 우려'는 개요의 통일성을 해치므로 삭제한다.
③ Ⅳ는 하위 항목들의 내용을 아우르지 못하므로 '정규직 파트타임제 정착의 요건'으로 고친다.
④ Ⅳ-2의 '인식의 전환'을 '보수보다는 삶의 질에 가치를 두는 태도'로 구체화한다.

Answer 7.④ 8.①

✔ 해설 Ⅱ의 구조에 대응하여 Ⅲ에 정부 차원에서의 문제점을 추가하는 것은 바람직하지만, 정규직 파트타임제에 관해 다루고 있으므로 '비정규직의 증가로 인한 고용 불안 가능성'이라는 내용은 적절하지 않다.

9 아웃도어 업체에 신입사원으로 입사한 박 사원이 다음의 기사를 요약하여 상사에게 보고해야 할 때 적절하지 못한 내용은?

> 아웃도어 브랜드 '기능성 티셔츠' 허위 · 과대광고 남발
>
> 국내에서 판매되고 있는 유명 아웃도어 브랜드의 반팔 티셔츠 제품들이 상당수 허위 · 과대 광고를 하고 있는 것으로 나타났다. 소비자시민모임은 30일 서울 신문로 ㅇㅇ타워에서 기자회견을 열고 '15개 아웃도어 브랜드의 등산용 반팔 티셔츠 품질 및 기능성 시험 통과 시험 결과'를 발표했다. 소비자 시민모임은 2015년 신상품을 대상으로 아웃도어 의류 매출 상위 7개 브랜드 및 중소기업 8개 브랜드 총 15개 브랜드의 제품을 선정해 시험 · 평가했다. 시험결과 '자외선 차단' 기능이 있다고 표시 · 광고하고 있는 A사, B사 제품은 자외선 차단 가공 기능이 있다고 보기 어려운 수준인 것으로 드러났다. C사, D사 2개 제품은 제품상에 별도 부착된 태그에서 표시 · 광고하고 있는 기능성 원단과 실제 사용된 원단에 차이가 있는 것으로 확인됐다. D사, E사, F사 등 3개 제품은 의류에 부착된 라벨의 혼용율과 실제 혼용율에 차이가 있는 것으로 조사됐다. 또 일부 제품의 경우 '자외선(UV) 차단 기능 50+'라고 표시 · 광고했지만 실제 테스트 결과는 이에 못 미치는 것으로 나타났다. 반면, 기능성 품질 비교를 위한 흡수성, 건조성, 자외선차단 시험 결과에서는 G사, H사 제품이 흡수성이 좋은 것으로 확인되었다.
> 소비자시민모임 관계자는 "일부 제품에서는 표시 · 광고하고 있는 기능성 사항이 실제와는 다르게 나타났다."며 "무조건 제품의 광고를 보고 고가 제품의 품질을 막연히 신뢰하기 보다는 관련 제품의 라벨 및 표시 정보를 꼼꼼히 확인해야 한다."고 밝혔다. 이어 "소비자의 합리적인 선택을 유도할 수 있도록 기능성 제품에 대한 품질 기준 마련이 필요하다."며 "표시 광고 위반 제품에 대해서는 철저한 관리 감독을 요구한다."고 촉구했다.

① A사와 B사 제품은 자외선 차단 효과가 낮고, C사와 D사는 태그에 표시된 원단과 실제 원단이 달랐다.
② 소비자 시민모임은 '15개 아웃도어 브랜드의 등산용 반팔티셔츠 품질 및 기능성 시험 결과'를 발표했다.
③ G사와 H사 제품은 흡수성이 좋은 것으로 확인되었다.
④ 거의 모든 제품에서 표시 · 광고하고 있는 기능성 사항이 실제와는 다르게 나타났다.

✔ 해설 일부 제품에서 표시 · 광고하고 있는 사항이 실제와 다른 것이며 G사와 H사의 경우 제품의 흡수성이 좋은 것으로 확인되었기 때문에 거의 모든 제품이라고 단정하면 안 된다.

10 다음 글의 중심 내용으로 가장 적절한 것은?

> 전통은 물론 과거로부터 이어 온 것을 말한다. 이 전통은 대체로 그 사회 및 그 사회의 구성원인 개인의 몸에 배어 있는 것이다. 그러므로 스스로 깨닫지 못하는 사이에 전통은 우리의 현실에 작용하는 경우가 있다. 그러나 과거에서 이어 온 것을 무턱대고 모두 전통이라고 한다면, 인습이라는 것과의 구별이 서지 않을 것이다. 우리는 인습을 버려야 할 것이라고는 생각하지만, 계승해야 할 것이라고는 생각하지 않는다. 여기서 우리는, 과거에서 이어 온 것을 객관화하고, 이를 비판하는 입장에 서야 할 필요를 느끼게 된다. 그 비판을 통해서 현재의 문화 창조에 이바지할 수 있다고 생각되는 것만을 우리는 전통이라고 불러야 할 것이다. 이같이, 전통은 인습과 구별될뿐더러, 또 단순한 유물과도 구별되어야 한다. 현재의 문화를 창조하는 일과 관계가 없는 것을 우리는 문화적 전통이라고 부를 수가 없기 때문이다.

① 전통의 본질

② 인습의 종류

③ 문화 창조의 본질

④ 외래 문화 수용 자세

✔ 해설 전통은 과거로부터 이어온 것 중 현재의 문화 창조에 이바지할 수 있는 것만을 말한다. 인습이나 유물은 현재 문화 창조에 이바지할 수 없으므로 전통과는 구별되어야 한다는 것이 글의 중심 내용이다.

Answer 9.④ 10.①

11 다음 글의 제목으로 가장 적절한 것은?

> 새로운 지식의 발견은 한 학문 분과 안에서만 영향을 끼치지 않는다. 가령 뇌 과학의 발전은 버츄얼 리얼리티라는 새로운 현상을 가능하게 하고 이것은 다시 영상공학의 발전으로 이어진다. 이것은 새로운 인지론의 발전을 촉발시키는 한편 다른 쪽에서는 신경경제학, 새로운 마케팅 기법의 발견 등으로 이어진다. 이것은 다시 새로운 윤리적 관심사를 촉발하며 이에 따라 법학적 논의도 이루어지게 된다. 다른 쪽에서는 이러한 새로운 현상을 관찰하며 새로운 문학, 예술 형식이 발견되고 콘텐츠가 생성된다. 이와 같이 한 분야에서의 지식의 발견과 축적은 계속적으로 마치 도미노 현상처럼 인접 분야에 영향을 끼칠 뿐 아니라 예측하기 어려운 방식으로 환류한다. 이질적 학문에서 창출된 지식들이 융합을 통해 기존 학문은 변혁되고 새로운 학문이 출현하며 또다시 이것은 기존 학문의 발전을 이끌어내고 있는 것이다.

① 학문의 복잡성
② 이질적 학문의 상관관계
③ 지식의 상호 의존성
④ 신지식 창출의 형태와 변화 과정

✔해설 주어진 글에서는 하나의 지식이 탄생하여 다른 분야에 연쇄적인 영향을 미치게 되는 것을 뇌과학 분야의 사례를 통해 조명하고 있다. 이러한 모습은 학문이 그만큼 복잡하다거나, 서로 다른 학문들이 어떻게 상호 연관을 맺는지를 규명하는 것이 아니며, 지식이나 학문의 발전은 독립적인 것이 아닌 상호 의존성을 가지고 있다는 점을 강조하는 것이 글의 핵심 내용으로 가장 적절할 것이다.

12 다음의 글을 읽고 박 대리가 저지른 실수를 바르게 이해한 것은?

> 김 대리는 이번 입사 후 처음으로 입원들 앞에서 프레젠테이션을 하게 되었다. 김 대리는 최대한 간결한 글로 기획안을 만들었고 회의에서 자신의 발표를 시작하였다. 그러나 시간분배를 잘못한 나머지 회의시간이 길어졌다. 결국 발표를 급하게 마무리 지었고 생각보다 만족스럽지 못한 발표였다.

① 박 대리의 기획안에는 첨부파일이 없었다.
② 박 대리의 발표는 간결하지 못하고 시각적인 부분이 부족했다.
③ 박 대리의 발표는 너무 시간이 길었다.
④ 박 대리의 기획안에는 참신한 아이디어가 없었다.

✔해설 기획안의 설명도 중요하나 발표시 문서의 내용을 간결하게 전달하는 것이 무엇보다 중요하다. 그리고 청자를 고려하여 적절하게 시간 배분을 해야 한다.

13 다음 문장들을 순서에 맞게 배열한 것은?

> (가) 이보다 발달된 차원의 경험적 방법은 관찰이며, 지식을 얻기 위해 외부 자연 세계를 관찰하는 것이다.
> (나) 가장 발달된 것은 실험이며 자연 세계에 변형을 가하거나 제한된 조건하에서 살펴보는 것이다.
> (다) 우선 가장 초보적인 차원이 일상 경험이다.
> (라) 자연과학의 경험적 방법은 세 가지 차원에서 생각해볼 수 있다.

① (가) — (라) — (나) — (다)
② (가) — (나) — (라) — (다)
③ (라) — (다) — (나) — (가)
④ (라) — (다) — (가) — (나)

해설 (라) 자연 과학의 경험적 방법에는 세 가지 차원이 있다고 전제하고, (다) 가장 초보적인 차원(일상경험) →(가) 이보다 발달된 차원(관찰) →(나) 가장 발달된 차원(실험)으로 설명이 전개되고 있다.

14 다음을 읽고, 빈칸에 들어갈 내용으로 가장 알맞은 것은?

> 언어와 사고의 관계를 연구한 사피어(Sapir)에 의하면 우리는 객관적인 세계에 살고 있는 것이 아니다. 우리는 언어를 매개로 하여 살고 있으며, 언어가 노출시키고 분절시켜 놓은 세계를 보고 듣고 경험한다. 워프(Whorf) 역시 사피어와 같은 관점에서 언어가 우리의 행동과 사고의 양식을 주조(鑄造)한다고 주장한다. 예를 들어 어떤 언어에 색깔을 나타내는 용어가 다섯 가지밖에 없다면, 그 언어를 사용하는 사람들은 수많은 색깔을 결국 다섯 가지 색 중의 하나로 인식하게 된다는 것이다. 이는 ____________________는 주장과 일맥상통한다.

① 언어와 사고는 서로 영향을 주고받는다.
② 언어가 우리의 사고를 결정한다.
③ 인간의 사고는 보편적이며 언어도 그러한 속성을 띤다.
④ 사용언어의 속성이 인간의 사고에 영향을 줄 수는 없다.

해설 '워프(Whorf) 역시 사피어와 같은 관점에서 언어가 우리의 행동과 사고의 양식을 주조(鑄造)한다고 주장한다'라는 문장을 통해 빈칸에도 워프가 사피어와 같은 주장을 하는 내용이 나와야 자연스럽다.

Answer 11.③ 12.③ 13.④ 14.②

15 다음 글을 읽고 ㉠㉡에 대해 바르게 이해한 내용으로 적절하지 않은 것은?

소비자는 구매할 제품을 선택하기 위해 자신의 평가 기준에 따라 그 제품의 여러 브랜드 대안들을 비교 · 평가하게 된다. 이를 대안 평가라 하는데, 그 방식에는 크게 보완적 방식과 비보완적 방식이 있다. 〈표〉는 소비자가 호텔을 선택하기 위해 몇 개의 브랜드 대안을 비교 · 평가하는 상황을 가정해 본 것으로, 호텔을 선택하는 평가 기준의 항목과 그것의 순위, 중요도, 평가 점수를 보여주고 있다.

〈표〉 브랜드에 대한 기준별 평가 점수

평가 기준			평가 점수			
항목	순위	중요도	A	B	C	D
위치	1	50%	4	6	6	5
가격	2	30%	5	4	6	7
서비스	3	20%	5	3	1	3

(점수가 클수록 만족도가 높음.)

㉠ 보완적 방식은 브랜드의 어떤 약점이 다른 강점에 의해 보완될 수 있다는 전제 하에 여러 브랜드의 다양한 측면들을 고려하는 방식으로, 브랜드 대안이 적을 때나 고가의 제품을 구매할 때 많이 쓰인다. 각 브랜드의 기준별 평가 점수에 각 기준의 중요도를 곱하여 합산한 뒤 가장 점수가 큰 대안을 선택한다. 예를 들어 〈표〉에서 A는 $(4 \times 0.5) + (5 \times 0.3) + (5 \times 0.2) = 4.5$이고 같은 방식으로 B는 4.8, C는 5, D는 5.2이므로 D가 최종 선택될 것이다. 반면, ㉡ 비보완적 방식은 어떤 브랜드의 약점이 다른 장점에 의해 상쇄될 수 없다는 전제 하에 대안을 결정하는 방식으로, 브랜드 대안이 많을 때나 저가의 제품을 구매할 때 많이 쓰인다. 비보완적 방식은 다시 사전편집, 순차적 제거, 결합, 분리 방식으로 구분된다.

첫째, 사전편집 방식은 1순위 기준에서 가장 우수한 대안을 선택하는 것이다. 만일 1순위 기준에서 두 개 이상의 브랜드가 동점이라면 2순위 기준에서 다시 우수한 브랜드를 선택하면 된다. 〈표〉에서 본다면, 1순위 기준인 '위치'에서 B와 C가 동점이므로 2순위 기준인 '가격'에서 C를 선택하는 식이다. 둘째, 순차적 제거 방식은 1순위 기준에서부터 순차적으로, 어느 수준 이상이면 구매하겠다는 허용 수준을 설정하고 이와 비교하여 마지막까지 남은 브랜드 대안을 선택하는 방식이다.

예를 들어 〈표〉에서 1순위 기준인 '위치'의 허용 수준이 5라면 이 수준에 미달되는 A가 일단 제외되고, 2순위인 '가격'의 허용 수준이 6이라면 B가 다시 제외되고, 3순위인 '서비스'의 허용 수준이 2라면 다시 C가 제외됨으로써 결국 D가 선택될 것이다. 셋째, 결합 방식은 각 기준별로 허용 수준을 결정한 다음 기준별 브랜드 평가 점수가 어느 한 기준에서라도 허용 수준에 미달하면 이를 제외하는 방식이다. 〈표〉에서 평가 기준별 허용 수준을 각 4라고 가정한다면 허용 수준에 미달되는 속성이 하나도 없는 A가 선택될 것이다. 넷째, 분리 방식은 평가 기준별 허용 수준을 잡은 뒤 어느 한 기준에서라도 이를 만족시키는 브랜드를 선택하는 방식이다. 〈표〉에서 평가 기준별 허용 수준을 7로 잡는다면 가격 면에서 7 이상인 D만 선택될 것이다.

이와 같이 소비자는 상황에 따라 적절한 대안 평가 방식을 사용함으로써 구매할 제품을 합리적으로 선택할 수 있다. 또한 마케터는 소비자들의 대안 평가 방식을 파악함으로써 자사 제품의 효과적인 마케팅 전략을 세울 수 있다.

① ㉠은 브랜드 대안이 적을 때에 주로 사용된다.
② ㉠은 고가의 제품을 구매하는 상황에 주로 사용된다.
③ ㉡은 평가 기준 항목을 모두 사용하지 않고도 브랜드를 선택할 수 있는 경우가 있다.
④ ㉡은 하나의 평가 기준으로 브랜드 간의 평가 점수를 비교하는 방식이다.

✔ 해설 비보완적 방식 가운데 결합 방식과 분리 방식은 서로 다른 평가 기준에서도 브랜드 평가 점수를 비교하고 있음을 알 수 있다.

Answer 15.④

16 다음 글에서 언급된 밑줄 친 '합리적 기대이론'에 대한 설명으로 적절하지 않은 것은 무엇인가?

> 과거에 중앙은행들은 자신이 가진 정보와 향후의 정책방향을 외부에 알리지 않는 이른바 비밀주의를 오랜 기간 지켜왔다. 통화정책 커뮤니케이션이 활발하지 않았던 이유는 여러 가지가 있었지만 무엇보다도 통화정책 결정의 영향이 파급되는 경로가 비교적 단순하고 분명하여 커뮤니케이션의 필요성이 크지 않았기 때문이었다. 게다가 중앙은행에게는 권한의 행사와 그로 인해 나타난 결과에 대해 국민에게 설명할 어떠한 의무도 부과되지 않았다.
>
> 중앙은행의 소극적인 의사소통을 옹호하는 주장 가운데는 비밀주의가 오히려 금융시장의 발전을 가져올 수 있다는 견해가 있었다. 중앙은행이 모호한 표현을 이용하여 자신의 정책의도를 이해하기 어렵게 설명하면 금리의 변화 방향에 대한 불확실성이 커지고 그 결과 미래 금리에 대한 시장의 기대가 다양하게 형성된다. 이처럼 미래의 적정금리에 대한 기대의 폭이 넓어지면 금융거래가 더욱 역동적으로 이루어짐으로써 시장의 규모가
>
> 커지는 등 금융시장이 발전하게 된다는 것이다. 또한 통화정책의 효과를 극대화하기 위해 커뮤니케이션을 자제해야 한다는 생각이 통화정책 비밀주의를 오래도록 유지하게 한 요인이었다. <u>합리적 기대이론</u>에 따르면 사전에 예견된 통화정책은 경제주체의 기대 변화
>
> 를 통해 가격조정이 정책의 변화 이전에 이루어지기 때문에 실질생산량, 고용 등의 변수에 변화를 가져올 수 없다. 따라서 단기간 동안이라도 실질변수에 변화를 가져오기 위해서는 통화정책이 예상치 못한 상황에서 수행되어야 한다는 것이다.
>
> 이 외에 통화정책결정에 있어 중앙은행의 독립성이 확립되지 않은 경우 비밀주의를 유지하는 것이 외부의 압력으로부터 중앙은행을 지키는 데 유리하다는 견해가 있다. 중앙은행의 통화정책이 공개되면 이해관계가 서로 다른 집단이나 정부 등이 정책결정에 간섭할 가능성이 커지고 이들의 간섭이 중앙은행의 독립적인 정책수행을 어렵게 할 수 있다는 것이다.

① 사람들은 현상을 충분히 합리적으로 판단할 수 있으므로 어떠한 정책 변화도 미리 합리적으로 예상하여 행동한다.

② 경제주체들이 자신의 기대형성 방식이 잘못되었다는 것을 알면서도 그런 방식으로 계속 기대를 형성한다고 가정하는 것이다.

③ 예상하지 못한 정책 충격만이 단기적으로 실질변수에 영향을 미친다.

④ 1년 후의 물가가 10% 오를 것으로 예상될 때 10% 이하의 금리로 돈을 빌려 주면 손실을 보게 되기 때문에, 대출 금리를 10% 이상으로 인상시켜 놓게 된다.

✔ 해설 제시 글을 통해 알 수 있는 합리적 기대이론의 의미는, 가계나 기업 등 경제주체들은 활용가능한 모든 정보를 활용해 경제상황의 변화를 합리적으로 예측한다는 것으로, 이에 따르면 공개된 금융, 재정 정책은 합리적 기대이론에 의한 경제주체들의 선제적 반응으로 무력화되고 만다. 보기 ②에서 언급된 내용은 이와 정반대로 움직이는 경제주체의 모습을 설명한 것으로, 경제주체들이 드러난 정보를 무시하고 과거의 실적치만으로 기대를 형성하는 기대오류를 범한다고 보는 견해이다.

17 다음에 제시된 글의 목적에 대해 바르게 나타낸 것은?

> 제목 : 사내 신문의 발행
>
> 1. 우리 회사 직원들의 원만한 커뮤니케이션과 대외 이미지를 재고하기 위하여 사내 신문을 발간하고자 합니다.
>
> 2. 사내 신문은 홍보지와 달리 새로운 정보와 소식지로써의 역할이 기대되오니 아래의 사항을 검토하시고 재가해주시기 바랍니다.
>
> -아래-
>
> ㉠ 제호 : We 서원인
> ㉡ 판형 : 140 × 210mm
> ㉢ 페이지 : 20쪽
> ㉣ 출간 예정일 : 2017. 1. 1
>
> 별첨 견적서 1부

① 회사에서 정부를 상대로 사업을 진행하려고 작성한 문서이다.
② 회사의 업무에 대한 협조를 구하기 위하여 작성한 문서이다.
③ 회사의 업무에 대한 현황이나 진행상황 등을 보고하고자 하는 문서이다.
④ 회사 상품의 특성을 소비자에게 설명하기 위하여 작성한 문서이다.

✔ 해설 위 문서는 기안서로 회사의 업무에 대한 협조를 구하거나 의견을 전달할 때 작성하며, 흔히 사내 공문서라고도 한다.

Answer 16.② 17.②

18 다음 글을 읽고 잘못된 부분을 바르게 설명한 것은?

> 기획사 편집부에 근무하는 박 대리는 중요 출판사로부터 출간기획서를 요청받았다. 그 출판사 대표는 박 대리가 근무하는 회사와 오랫동안 좋은 관계를 유지하며 큰 수익을 담당하던 사람이었다. 박 대리는 심혈을 기울인 끝에 출간기획서를 완성하였고 개인적인 안부와 함께 제안서 초안을 이메일로 송부하였다.
> 한편 그 대표의 비서는 여러 군데 기획사에 맡긴 출간기획서를 모두 취합하여 간부회의에 돌려볼 수 있도록 모두 출력하였다. 그러나 박 대리가 보낸 이메일 내용이 간부회의때 큰 파장을 일으켰다. 이메일에는 이전 룸싸롱 접대자리가 만족스러웠는지를 묻고 다음에는 더 좋은 곳으로 모시겠다는 지극히 개인적인 내용이 들어 있었던 것이었다.
> 며칠 후 박 대리는 그 대표로부터 제안서 탈락과 동시에 거래처 취소 통보를 받았다. 박 대리는 밀접한 인간관계를 믿고 이메일을 보냈다가 공과 사를 구분하지 못한다는 대표의 불만과 함께 거래처고 개인적인 만남이고 모든 관계가 끝이 나 버리게 되었다.

① 이메일을 송부했다는 연락을 하지 못한 것이 실수이다.
② 출간기획서 초안을 보낸 것이 실수이다.
③ 공과 사를 엄격하게 구분하지 못한 것이 실수이다.
④ 대표의 요구사항을 반영하지 못한 기획서를 보낸 것이 실수이다.

✔ 해설 위 내용을 보면 박 대리는 공적인 업무를 처리하는 과정에서 출판사 대표와의 사적인 내용을 담아 출판사 대표와 자신이 근무하는 회사에 피해를 안겨준 사례이다.

19 다음의 글을 읽고 박 대리가 저지른 실수를 바르게 이해한 것은?

> 직장인 박 대리는 매주 열리는 기획회의에서 처음으로 발표를 할 기회를 얻었다. 박 대리는 자신이 할 수 있는 문장실력을 총 동원하여 4페이지의 기획안을 작성하였다. 기획회의가 열리고 박 대리는 기획안을 당당하게 읽기 시작하였다. 2페이지를 막 읽으려던 때, 부장이 한 마디를 했다. “박 대리, 그걸 전부 읽을 셈인가? 결론이 무엇인지만 말하지.” 그러자 박 대리는 자신이 작성한 기획안을 전부 발표하지 못하고 중도에 대충 결론을 맺어 발표를 마무리하게 되었다.

① 박 대리의 기획안에는 첨부파일이 없었다.
② 박 대리의 발표는 너무 시간이 길었다.
③ 박 대리의 기획안에는 참신한 아이디어가 없었다.
④ 박 대리의 발표는 간결하지 못하고 시각적인 부분이 부족했다.

✔ 해설 기획안의 작성도 중요하나 발표시 문서의 내용을 효과적으로 전달하는 것이 무엇보다 중요하다. 문서만 보면 내용을 이해하기 어렵고 의도한 내용을 바로 파악할 수 없기 때문에 간결하고 시각적인 문서작성이 중요하다.

20 다음 상황에서 작용한 경청의 방해요인으로 적절한 것은?

> 직장에서 돌아온 김 씨는 씻고 저녁을 먹으며 아내에게 오늘 회사에서 있었던 이야기를 늘어놓게 되었다. "나는 늘 김 부장이랑 트러블이 생겨. 아무 이유도 없는데 김 부장은 날 늘 갈구고 멸시하는 느낌이 들어. 똑같은 보고서를 올렸는데도 나한테만 베꼈느니 뭐니 하며 뭐라 하는 거야. 정작 내 보고서를 베낀 것은 남 사원인데 말이야."
> "당신은 윗사람을 다루는 기술이 부족해요. 그리고 당신의 성격에도 문제가 있어요. 당신 자신을 개조하기 위해 당장 성격 개조 프로그램을 신청해서 고쳐보도록 해요."
> 아내는 지체 없이 이렇게 말을 하였다.
> 김 씨는 서운한 마음에 저녁을 먹다 말고 방 안으로 들어가 버렸다.

① 짐작하기　　② 조언하기
③ 언쟁하기　　④ 판단하기

✔ 해설 조언하기는 지나치게 상대방의 문제를 본인이 해결해 주고자 하는 것이다.
위 글에서 김 씨는 아내가 자신과 서로 공감하면서 맞장구를 쳐주기를 바란 의도였지만 아내는 조언하기를 사용한 것이다. 김 씨는 무시당한 느낌이 들고 이런 식으로 대화가 계속되면 김 씨는 결국 아내에게 마음의 문을 닫아 버리게 될 것이다.

Answer 18.③ 19.④ 20.②

21 다음 공문서에서 잘못된 부분을 수정한 것으로 옳지 않은 것은?

> 대한인재개발원
>
> 수신자 : 한국대학, 미래대학, 대한개발주식회사
> (경유)
> 제목 : 2016년 창의 인재 전문직업인 교육 과정 안내
>
> 〈중략〉
>
> \- 아래 -
>
> ① 교육과정 : 2016년 창의 인재 전문직업인 교육
> ② 교육장소 : 대한인재개발원(서울 서초구 양재동 소재)
> ③ 교육기간 : 2016년 12월 2일 ~ 12월 20일
> ④ 신청방법 : 각 대학 취업지원센터에서 신청서 접수
> 붙임 : 창의 인재 전문직업인 교육 과정 신청서 1부
>
> 대한인재개발원장
>
> 대리 김성수　　　　이사 이동근 부원장　　　　대결 김서원
> 협조자
> 시행 : 교육개발팀-150620(2015.10.1)
> 접수 : 서울 서초구 양재동 11 / http://www.dh.co.kr
> 전화 : 02-3476-0000 팩스 : 02-3476-0001 / serum@dh.co.kr / 공개

① 붙임 항목의 맨 뒤에 "."을 찍고 1자 띄우고 '끝.'을 기입하여야 한다.
② 교육기간의 연월일을 온점(.)으로 변경하여야 한다.
③ 수신자 목록을 발신명의 아래에 수신처 참조 목록으로 내려 기입하여야 한다.
④ 시행 항목의 시행일자 뒤에 수신기관의 문서보존기간 3년을 삽입하여야 한다.

✔해설 공문서는 시행일자 뒤에 수신처에서 문서를 보존할 기간을 기입하여야 하며, 행정기관이 아닌 경우 기재하지 않아도 된다. 보존기간의 표시는 영구, 준영구, 10년, 5년, 3년, 1년 등을 사용한다.

22 다음은 주식회사 서원각 편집팀의 주간회의 일부이다. 회의 참여자들의 말하기 방식에 대한 설명으로 옳지 않은 것은?

> 김대리 : 요즘 날씨가 더워지면서 에너지 절약에 대한 문제가 심각한 거 다들 알고 계시죠? 작년에도 블랙아웃을 겪을 정도로 이 문제가 심각했습니다. 그래서 이번에는 사무실에서 할 수 있는 에너지 절약 방안에 대해 논의하고자 합니다. 에너지 절약에 대해 좋은 의견이 있으면 말씀해 주시기 바랍니다.
>
> 현진 : 가끔 점심식사를 하고 들어오면 아무도 없는 사무실에 에어컨이 켜져 있는 것을 볼 수 있습니다. 사소한 것이지만 이런 것도 문제가 될 수 있다고 생각합니다.
>
> 지은 : 맞아요. 전 오늘 아주 일찍 출근을 했는데 아무도 없는데 사무실의 에어컨이 켜져 있는 것을 보았습니다.
>
> 병근 : 진짜입니까? 그렇다면 정말 위험할 뻔 했습니다. 자칫 과열되어 불이라도 났으면 어쩔 뻔 했습니까?
>
> 효미 : 지금 에너지 절약 방안에 대한 회의를 하자고 한 것 아닙니까? 그에 맞는 논의를 했으면 좋겠습니다. 저는 담당자를 지정하여 사무실에 대한 에너지 관리를 하였으면 좋겠습니다. 예를 들어 에어컨이나 컴퓨터, 소등 등을 점검하고 확인하는 것입니다.
>
> 갑순 : 저는 에어컨 온도를 적정 수준 이상으로 올리지 않도록 규정온도를 정했으면 합니다.
>
> 을동 : 그건 안됩니다. 집도 덥고, 아침에 출근하고 나면 엄청 더운데 사무실에서까지 덥게 지내라는 것은 말이 안됩니다. 사무실 전기세를 내가 내는 것도 아닌데 사무실에서 만이라도 시원하게 지내야 된다고 생각합니다.
>
> 김실 : 왜 그렇게 이기적이십니까? 에너지 문제는 우리 전체의 문제입니다.
>
> 을동 : 뭐 제가 이기적이라고 말씀하신 겁니까?
>
> 미연 : 감정적으로 대응하지 마시고 우리가 할 수 있는 방안을 생각해 보도록 하는 것이 좋을 것 같습니다.
>
> 하정 : 전 지금까지 나온 의견을 종합하는 것이 좋다고 생각합니다. 에너지 절약 담당자를 지정하여 에어컨 온도를 유지하고, 퇴근할 때 사무실 소등 및 점검을 하는 것이 좋다고 생각합니다.

① 김대리 : 참여자의 적극적인 참여를 위해 화제의 필요성을 강조하며 회의를 시작하고 있다.

② 병근 : 상대의 말에 동의하며 의사소통 상황에 맞게 의견을 개진하고 있다.

③ 효미 : 잘못된 방향으로 흘러가는 화제를 조정하며 회의에 적극적으로 참여하고 있다.

④ 미연 : 다수가 참여하는 의사소통에서 참여자의 갈등을 중재하여 담화의 흐름을 돕고 있다.

✔해설 회의의 화제는 에너지 절약에 관한 것이므로 의사소통 상황에 맞게 의견을 개진한다면 에너지 절약의 측면에서 말을 해야 한다. 여기서 병근은 화제에 대한 걱정만을 하고 있고 의사소통 상황에 맞게 의견을 개진한다고 보기는 어렵다.

Answer 21.④ 22.②

23 다음 내용은 방송 대담의 한 장면이다. 이를 통해 알 수 있는 것은?

사회자 : '키워드로 알아보는 사회' 시간입니다. 의료 서비스 시장 개방이 눈앞의 현실로 다가오고 있습니다. 이와 관련하여 오늘은 먼저 의료 서비스 시장의 특성에 대해서 알아보겠습니다. 김 박사님 말씀해주시죠.

김 박사 : 일반적인 시장에서는 소비자가 선택할 수 있는 상품의 폭이 넓습니다. 목이 말라 사이다를 마시고 싶은데, 사이다가 없다면 대신 콜라를 마시는 식이지요. 하지만 의료 서비스 시장은 다릅니다. 의료 서비스 시장에서는 음료수를 고르듯 아무 병원이나, 아무 의사에게 갈 수는 없습니다.

사회자 : 의료 서비스는 일반 시장의 상품과 달리 쉽게 대체할 수 있는 상품이 아니라는 말씀이군요.

김 박사 : 예, 그렇습니다. 의료 서비스라는 상품은 한정되어 있다는 특성이 있습니다. 우선 일정한 자격을 가진 사람만 의료 행위를 할 수 있기 때문에 의사의 수는 적을 수밖에 없습니다. 의사의 수가 충분하더라도 소비자, 즉 환자가 만족할 만한 수준의 병원을 설립하는 데는 더 큰 비용이 들죠. 그래서 의사와 병원의 수는 의료 서비스를 받고자 하는 사람보다 항상 적을 수밖에 없습니다.

사회자 : 그래서 종합 병원에 항상 그렇게 많은 환자가 몰리는군요. 저도 종합 병원에 가서 진료를 받기 위해 오랜 시간을 기다린 적이 많습니다. 그런데 박사님…… 병원에 따라서는 환자에게 불필요한 검사까지 권하는 경우도 있다고 하던데요…….

김 박사 : 그것은 '정보의 비대칭성'이라는 의료 서비스 시장의 특성과 관련이 있습니다. 의료 지식은 매우 전문적이어서 환자들이 자신의 증상에 관한 정보를 얻기가 어렵습니다. 그래서 환자는 의료 서비스를 수동적으로 받아들일 수밖에 없습니다. 중고차 시장을 생각해보시면 될 텐데요, 중고차를 사려는 사람이 중고차 판매자를 통해서만 차에 관한 정보를 얻을 수 있는 것과 마찬가지입니다.

사회자 : 중고차 판매자는 중고차의 좋지 않은 점을 숨길 수 있으니 정보가 판매자에게 집중되는 비대칭성을 나타낸다고 보면 될까요?

김 박사 : 맞습니다. 의료 서비스 시장도 중고차 시장과 마찬가지로 소비자의 선택에 불리한 구조로 이루어져 있습니다. 따라서 의료 서비스 시장을 개방하기 전에는 시장의 특수한 특성을 고려해 소비자가 피해보는 일이 없도록 많은 논의가 이루어져야 할 것입니다.

① 의료서비스 수요자의 증가와 의료 서비스의 질은 비례한다.
② 의료서비스 시장에서는 공급자 간의 경쟁이 과도하게 나타난다.
③ 의료서비스 시장에서는 소비자의 의료서비스 선택의 폭이 좁다.
④ 의료서비스 공급자와 수요자 사이에는 정보의 대칭성이 존재한다.

✔ 해설 의료 서비스 시장에서는 의료 행위를 하기 위한 자격이 필요하고, 환자가 만족할 만한 수준의 병원을 설립하는 데 비용이 많이 들어 의사와 병원의 수가 적어 소비자의 선택의 폭이 좁다고 하였다.

24 다음 밑줄 친 부분과 같은 의미로 쓰인 것은?

> 범인은 경찰의 손이 미치지 않는 곳으로 도망갔다.

① 요즘에는 손이 부족하다.
② 그 일은 손이 많이 간다.
③ 그는 두 손 모아 기도한다.
④ 그 일은 선배의 손에 떨어졌다.

✔ 해설 ④ '어떤 사람의 영향력이나 권한이 미치는 범위'라는 뜻으로 쓰여, 주어진 문장에서 사용된 의미와 동일하다. 나머지 보기에서는 각각 ①에서는'일손', ②에서는 ' 어떤 일을 하는 데 드는 사람의 힘, 노력, 기술', ③에서는 ' 사람의 팔목 끝에 달린 부분'의 뜻으로 쓰였다.

25 다음은 2016년 연말 우수사원 시상식에서 최우수 사원을 받은 장그래씨의 감사 인사말이다. 밑줄 친 단어 중 잘못 고쳐 쓴 것을 고르면?

> 사실 입사 후 저는 실수투성이로 아무 것도 모르는 풋나기였습니다. 그런 제가 최우수 사원에 선정되어 상을 받을 수 있게 된 것은 오차장님을 비롯한 영업3팀의 여러 선배님들 탓이라고 생각합니다. 어색하게 있던 제게 친근히 말을 부쳐주시던 김대리님, 묵묵히 지켜봐주셨던 천과장님, 그리고 그밖에 도움을 주셨던 영업팀 팀원들에게 이 자리를 빌려서 감사의 말씀 드리고 싶습니다.
>
> …〈중략〉…

① 풋나기 → 풋내기
② 탓 → 덕분
③ 부쳐 → 붙여
④ 빌려서 → 빌어서

✔ 해설 어떤 기회를 이용해서 감사나 사과의 의미를 전달할 때는 '이 자리를 빌려서 감사드린다.'라는 표현을 쓰는 것이 적절하다.

※ 빌다
㉠ 바라는 바를 이루게 하여 달라고 신이나 사람, 사물 따위에 간청하다.
㉡ 잘못을 용서하여 달라고 호소하다.
㉢ 생각한 대로 이루어지길 바라다.

※ 빌리다
㉠ 남의 물건이나 돈 따위를 나중에 도로 돌려주거나 대가를 갚기로 하고 얼마 동안 쓰다.
㉡ 남의 도움을 받거나 사람이나 물건 따위를 믿고 기대다.
㉢ 일정한 형식이나 이론, 또는 남의 말이나 글 따위를 취하여 따르다.

Answer 23.③ 24.④ 25.④

26 다음은 사내홍보물에 사용하기 위한 인터뷰 내용이다. ㉠~㉣에 대한 설명으로 적절하지 않은 것을 고르면?

> 지성준 : 안녕하세요. 저번에 인사드렸던 홍보팀 대리 지성준입니다. 바쁘신 데도 이렇게 인터뷰에 응해주셔서 감사합니다. ㉠ 이번 호 사내 홍보물 기사에 참고하려고 하는데 혹시 녹음을 해도 괜찮을까요?
>
> 김혜진 : 네, 그렇게 하세요.
>
> 지성준 : 그럼 ㉡ 우선 사랑의 도시락 배달이란 무엇이고 어떤 목적을 갖고 있는지 간단히 말씀해주시겠어요?
>
> 김혜진 : 사랑의 도시락 배달은 끼니를 챙겨 드시기 어려운 독거노인분들을 찾아가 사랑의 도시락을 전달하는 일이에요. 이 활동은 공단 이미지를 홍보하는데 기여할 뿐만 아니라 개인적으로는 마음 따뜻해지는 보람을 느끼게 된답니다.
>
> 지성준 : 그렇군요, ㉢ 한번 봉사를 할 때에는 하루에 몇 십 가구를 방문하신다고 들었는데요, 어떻게 그렇게 많은 가구들을 다 방문할 수가 있나요?
>
> 김혜진 : 아, 비결이 있다면 역할을 분담한다는 거예요.
>
> 지성준 : 어떻게 역할을 나누나요?
>
> 김혜진 : 도시락을 포장하는 일, 배달하는 일, 말동무 해드리는 일 등을 팀별로 분산해서 맡으니 효율적으로 운영할 수 있어요.
>
> 지성준 : ㉣ (고개를 끄덕이며) 그런 방법이 있었군요. 마지막으로 이런 봉사활동에 관심 있는 사원들에게 한 마디 해주세요.
>
> 김혜진 : 주중 내내 일을 하고 주말에 또 봉사활동을 가려고 하면 몸은 굉장히 피곤합니다. 하지만 거기에서 오는 보람은 잠깐의 휴식과 비교할 수 없으니 꼭 한번 참석해보시라고 말씀드리고 싶네요.
>
> 지성준 : 네, 그렇군요. 오늘 귀중한 시간을 내어 주셔서 감사합니다.

① ㉠ : 기록을 위한 보조기구를 사용하기 위해서 사전에 허락을 구하고 있다.
② ㉡ : 면담의 목적을 분명히 밝히면서 동의를 구하고 있다.
③ ㉢ : 미리 알고 있던 정보를 바탕으로 질문을 하고 있다.
④ ㉣ : 적절한 비언어적 표현을 사용하며 상대방의 말에 반응하고 있다.

✔ 해설 지성준은 사랑의 도시락 배달에 대한 정보를 얻기 위해 김혜진과 면담을 하고 있다. 그러므로 ㉡은 면담의 목적에 대한 동의를 구하는 질문이 아니라 알고 싶은 정보를 얻기 위한 질문에 해당한다고 할 수 있다.

27 다음 글의 내용과 일치하지 않는 것은 어느 것인가?

> 인문학이 기업 경영에 도움을 주는 사례는 대단히 많다. 휴렛패커드의 칼리 피오리나는 중세에서 르네상스로 전환하는 시기에 대한 관심이 디지털시대로 전환하는 시대를 이해하는 데 큰 도움을 주고 있다는 말을 하곤 한다. 또 마이클 아이스너 디즈니 CEO는 자신의 인문학적 소양이 국제 관계를 다루는데 큰 도움이 되었다고 한다.
> 역사나 문학은 인간과 사회에 대한 다양한 사례를 제공함으로써 인간과 사회를 깊이 이해하게 한다. 철학이 인간과 사회에 대한 본질적인 문제를 다루고 우리가 무엇을 지향해야 할 것인가 하는 가치의 문제를 다루게 하는 것과 함께 고려하면 문학, 역사, 철학은 인간과 사회에 대한 다양한 경험과 깊은 통찰을 알려주고 연마하는 중요한 학문임을 알게 된다. 그 핵심은 소통하고 공감하는 능력이다.
> 사회 환경 변화에 민감할 수밖에 없는 기업이 이를 가장 예민하게 받아들이고 있다. 현재는 경영 환경이 이전과 달리 복합적이고 복잡하다. 소비 자체가 하나의 문화적 현상이 되면서 기업도 물건을 파는 것이 아니라 문화를 함께 제공하여야 한다. 당연한 말이지만 이를 해결하기 위해서는 단편적인 지식이 아니라 인간을 이해하고 사회 문화를 파악할 수 있는 통찰력과 복합적 사고력이 요구된다.
> 게다가 요즈음은 새로운 기술이 개발되었다고 해도 복제나 다른 방법을 통해 곧 평준화된다. 신기술의 생명이 점점 짧아지는 것이 바로 이러한 추세를 반영한다. 그렇다면 후발 기업이나 선진 기업의 기술 격차가 난다고 해도 그것이 못 따라갈 정도는 아니라는 말이다. 지금의 차이도 시간의 문제일 뿐 곧 평준화된다고 보아야 한다. 이제 기술을 통해서 차별을 할 수 있는 시기는 지난 것이다.
> 이런 때 요구되는 것은 인간에 대한 깊은 이해로부터 만들어진 차별이다. 문화를 통한 기술이라는 것이 바로 이런 점이다. 어느 기업이든 인간을 어떻게 보느냐에 따라서 생산물에 그 철학이 담기게 되고 이것은 독특한 색채가 된다.

① 인문학적 소양은 인간과 사회를 깊이 이해하게 한다.
② 문학, 역사, 철학이 인간 사회에 주는 영향의 핵심은 소통과 공감 능력이다.
③ 소비자의 소비 행위는 단순히 물건을 구매하는 것을 넘어 하나의 문화적 현상이 되었다.
④ 기술 개발력의 향상으로 기업 간 격차와 차별화는 날로 심해진다.

✔ 해설 필자는 주어진 글을 통해 복제나 다른 방법으로 신기술의 생명이 점점 짧아지고 있으며, 기업 간 기술 격차의 해소는 시간의 문제일 뿐 곧 평준화될 것이라는 점을 강조하며, 그러한 현상에 대한 대안적인 차별화 전략으로 인문학의 중요성을 이야기하고 있는 것이다.

Answer 26.② 27.④

28 다음 공고를 보고 잘못 이해한 것을 고르면?

신입사원 정규채용 공고

분야	인원	응시자격	연령	비고
콘텐츠 기획	5	• 해당분야 유경험자(3년 이상) • 외국어 사이트 운영 경력자 우대 • 외국어(영어/일어) 전공자	제한 없음	정규직
제휴마케팅	3	• 해당분야 유경험자(5년 이상) • 웹 프로모션 경력자 우대 • 콘텐츠산업(온라인) 지식 보유자	제한 없음	정규직
웹디자인	2	• 응시제한 없음 • 웹디자인 유경험자 우대	제한 없음	정규직

입사지원서 및 기타 구비서류

(1) 접수방법
- 인터넷(www.seowon.co.kr)을 통해서만 접수(우편 이용 또는 방문접수 불가)
- 채용분야별 복수지원 불가

(2) 입사지원서 접수 시 유의사항
- 입사지원서는 인터넷 접수만 가능함
- 접수 마감일에는 지원자 폭주 및 서버의 네트워크 사정에 따라 접속이 불안정해 질 수 있으니 가급적 마감일 1~2일 전까지 입사지원서 작성바람
- 입사지원서를 작성하여 접수하고 수험번호가 부여된 후 재입력이나 수정은 채용 공고 종료일 18:00까지만 가능하오니, 기재내용 입력에 신중을 기하여 정확하게 입력하기 바람

(3) 구비서류 접수
- 접수방법 : 최종면접 전형 당일 시험장에서만 접수하며, 미제출자는 불합격 처리

−최종학력졸업증명서 1부
−자격증 사본 1부(해당자에 한함)

기타 사항
- 상기 모집분야에 대해 최종 전형결과 적격자가 없는 것으로 판단될 경우, 선발하지 아니 할 수 있으며, 추후 입사지원서의 기재사항이나 제출서류가 허위로 판명될 경우 합격 또는 임용을 취소함
- 최종합격자라도 신체검사에서 불합격 판정을 받거나 공사 인사규정상 채용 결격사유가 발견될 경우 임용을 취소함
- 3개월 인턴 후 평가(70점 이상)에 따라 정식 고용 여부를 결정함

문의 및 접수처
- 기타 문의사항은 (주)서원 홈페이지(www.seowon.co.kr) 참고

① 우편 및 방문접수는 불가하며 입사지원은 인터넷 접수만 가능하다.
② 지원서 수정은 마감일 이후 불가능하다.
③ 최종합격자라도 신체검사에서 불합격 판정을 받으면 임용이 취소된다.
④ 3개월 인턴과정을 거치고 나면 별도의 제약 없이 정식 고용된다.

✔ 해설 기타사항에 3개월 인턴 후 평가(70점 이상)에 따라 정식 고용 여부를 결정한다고 명시되어 있다.

29 다음 말하기의 문제점을 해결하기 위한 의사소통 전략으로 적절한 것은?

- (부장님이 팀장님께) "어이, 김팀장 이번에 성과 오르면 내가 술 사줄게."
- (팀장님이 거래처 과장에게) "그럼 그렇게 일정을 맞혀보도록 하죠."
- (뉴스에서 아나운서가) "이번 부동산 정책은 이전과 비교해서 많이 틀려졌습니다."

① 청자의 배경지식을 고려해서 표현을 달리한다.
② 문화적 차이에서 비롯되는 갈등에 효과적으로 대처한다.
③ 상대방의 공감을 이끌어 낼 수 있는 전략을 효과적으로 활용한다.
④ 상황이나 어법에 맞는 적절한 언어표현을 사용한다.

✔ 해설 제시된 글들은 모두 상황이나 어법에 맞지 않는 표현을 사용한 것이다. 상황에 따라 존대어, 겸양어를 적절히 사용하고 의미가 분명하게 드러나도록 어법에 맞는 적절한 언어표현이 필요하다.

Answer 28.④ 29.④

30 다음 글의 내용이 참일 때, 반드시 참인 것은?

> 전 세계적 금융위기로 인해 그 위기의 근원지였던 미국의 경제가 상당한 피해를 입었다. 미국에서는 경제 회복을 위해 통화량을 확대하는 양적완화 정책을 실시할 것인지를 두고 논란이 있었다. 미국의 양적완화는 미국 경제회복에 효과가 있겠지만, 국제 경제에 적지 않은 영향을 줄 수 있기 때문이다. 미국이 양적완화를 실시하면, 달러화의 가치가 하락하고 우리나라의 달러 환율도 하락한다. 우리나라의 달러 환율이 하락하면 우리나라의 수출이 감소한다. 우리나라 경제는 대외 의존도가 높기 때문에 경제의 주요지표들이 개선되기 위해서는 수출이 감소하면 안 된다.
> 또 미국이 양적완화를 중단하면 미국 금리가 상승한다. 미국 금리가 상승하면 우리나라 금리가 상승하고, 우리나라 금리가 상승하면 우리나라에 대한 외국인 투자가 증가한다. 또한 우리나라 금리가 상승하면 우리나라의 가계부채 문제가 심화된다. 가계부채 문제가 심화되는 나라의 국내소비는 감소한다. 국내소비가 감소하면, 경제의 전망이 어두워진다.

① 우리나라의 수출이 증가했다면 달러화 가치가 하락했을 것이다.
② 우리나라의 가계부채 문제가 심화되었다면 미국이 양적완화를 중단했을 것이다.
③ 우리나라에 대한 외국인 투자가 감소하면 우리나라 경제의 전망이 어두워질 것이다.
④ 우리나라 경제의 주요지표들이 개선되었다면 우리나라의 달러 환율이 하락하지 않았을 것이다.

✔ 해설 두 번째 문단에서 '우리나라의 달러 환율이 하락하면 우리나라의 수출이 감소한다'고 언급하였는데, 이 명제의 대우는 '우리나라의 수출이 감소하지 않으면 우리나라의 달러 환율이 하락하지 않는다'이다. 두 번째 문단 마지막에서 '우리나라 경제의 주요지표들이 개선되기 위해서는 수출이 감소하면 안 된다'고 하였으므로, 우리나라 경제의 주요지표들이 개선→수출이 감소하면 안 됨→우리나라의 달러 환율이 하락하지 않음의 관계가 성립한다. 따라서 지문의 내용이 참일 때 ④는 반드시 참이다.

CHAPTER

02 수리능력

1 형이 학교를 향해 분속 50m로 걸어간 지 24분 후에 동생이 자전거를 타고 분속 200m로 학교를 향해 출발하여 학교 정문에서 두 사람이 만났다. 형이 학교까지 가는 데 걸린 시간은?

① 24분 ② 26분

③ 30분 ④ 32분

✔ 해설 형이 학교까지 가는 데 걸린 시간 x
동생이 학교까지 가는 데 걸린 시간 $(x-24)$
두 사람의 이동거리는 같으므로
$50x=200(x-24)$
$\therefore x=32$

2 어떤 네 자리수가 있다. 백의 자리 숫자에서 1을 빼면 십의 자리 숫자와 같게 되고, 십의 자리 숫자의 2배가 일의 자리 숫자와 같다. 또, 이 네 자리수의 네 숫자를 순서가 반대가 되도록 배열하여 얻은 수에 원래의 수를 더하면 8778이 된다. 이 숫자의 각 자리수를 모두 더한 값은 얼마인가?

① 15 ② 16

③ 17 ④ 18

✔ 해설 네 자리수를 $a\times10^3+b\times10^2+c\times10+d$라 하면, 조건에 의하여 $(a\times10^3+b\times10^2+c\times10+d)+(d\times10^3+c\times10^2+b\times10+a)=8778$이 된다.
즉, $(a+d)\times10^3+(b+c)\times10^2+(b+c)\times10+(a+d)=8778$이 된다.
따라서 각 조건에 따라, $a+d=8$, $b+c=7$, $b-1=c$, $2c=d$가 된다.
이에 따라 $a=2$, $b=4$, $c=3$, $d=6$이 되어 원래의 네 자리 숫자는 2436이 되며, 이 네 자리 수를 모두 더한 값은 15가 되는 것을 알 수 있다.

Answer 30.④ / 1.④ 2.①

3 서원이는 소금물 A 100g과 소금물 B 300g을 섞어 15%의 소금물을 만들려고 했는데 실수로 두 소금물 A와 B의 양을 반대로 섞어 35%의 소금물을 만들었다. 두 소금물 A, B의 농도는 각각 얼마인가?

① A : 30%, B : 10%

② A : 35%, B : 5%

③ A : 40%, B : 10%

④ A : 45%, B : 5%

✔ 해설 소금물 A의 농도를 a%, B의 농도를 b%라 할 때,

원래 만들려던 소금물은 $\frac{a+3b}{100+300}\times 100=15\%$이고,

실수로 만든 소금물의 농도는 $\frac{3a+b}{300+100}\times 100=35\%$이다.

두 식을 정리하면 $\begin{cases} a+3b=60 \\ 3a+b=140 \end{cases}$ 이다.

$\therefore a=45\%, b=5\%$

4 어떤 일을 할 때 A가 3일 동안 하고 남은 일을 A와 B 두 사람이 함께 하면 5일 만에 끝이 난다. 같은 일을 B가 2일 동안 하고 남은 일을 A와 B 두 사람이 함께 하면 4일 만에 끝이 난다. B가 이 일을 혼자 한다면 며칠이 걸리겠는가?

① 5일

② 6일

③ 7일

④ 8일

✔ 해설 A가 하루 동안 하는 일의 양을 x라고 하고, B가 하루 동안 하는 일의 양을 y라고 하면

$\begin{cases} 3x+5(x+y)=1 \\ 2y+4(x+y)=1 \end{cases}$

$\begin{cases} 8x+5y=1 \\ 4x+6y=1 \end{cases}$

$\begin{cases} 8x+5y=1 \\ 8x+12y=2 \end{cases}$

$7y=1, y=1/7$

B가 혼자서 한다면 7일 동안 해야 한다.

5 다음은 A사의 2020년 추진 과제의 전공별 연구책임자 현황에 대한 자료이다. 다음 설명 중 옳지 않은 것을 고르면?

(단위 : 명, %)

연구책임자 / 전공	남자		여자	
	연구책임자 수	비율	연구책임자 수	비율
이학	2,833	14.8	701	30.0
공학	11,680	61.0	463	19.8
농학	1,300	6.8	153	6.5
의학	1,148	6.0	400	17.1
인문사회	1,869	9.8	544	23.3
기타	304	1.6	78	3.3
계	19,134	100.0	2,339	100.0

① 전체 연구책임자 중 공학전공의 연구책임자가 차지하는 비율이 50%를 넘는다.
② 전체 연구책임자 중 의학전공의 여자 연구책임자가 차지하는 비율은 1.9%이다.
③ 전체 연구책임자 중 인문사회전공의 연구책임자가 차지하는 비율은 12%를 넘는다.
④ 전체 연구책임자 중 농학전공의 남자 연구책임자가 차지하는 비율은 6%를 넘는다.

해설
③ $\frac{1,869+544}{19,134+2,339} \times 100 \fallingdotseq 11.23$이므로 12%를 넘지 않는다.

Answer 3.④ 4.③ 5.③

6 지헌이는 생활이 어려워 수집했던 고가의 피규어를 인터넷 경매를 통해 판매하려고 한다. 경매 방식과 규칙, 예상 응찰 현황이 다음과 같을 때, 경매 결과를 바르게 예측한 것은?

- 경매 방식 : 각 상품은 따로 경매하거나 묶어서 경매
- 경매 규칙

－낙찰자 : 최고가로 입찰한 자

－낙찰가 : 두 번째로 높은 입찰가

－두 상품을 묶어서 경매할 경우 낙찰가의 5%를 할인해 준다.

－입찰자는 낙찰가의 총액이 100,000원을 초과할 경우 구매를 포기한다.

- 예상 응찰 현황

입찰자	A 입찰가	B 입찰가	합계
甲	20,000	50,000	70,000
乙	30,000	40,000	70,000
丙	40,000	70,000	110,000
丁	50,000	30,000	80,000
戊	90,000	10,000	100,000
己	40,000	80,000	120,000
庚	10,000	20,000	30,000
辛	30,000	10,000	40,000

① 두 상품을 묶어서 경매한다면 낙찰자는 己이다.

② 경매 방식에 상관없이 지헌이의 예상 수입은 동일하다.

③ 두 상품을 따로 경매한다면 얻는 수입은 120,000원이다.

④ 두 상품을 따로 경매한다면 A의 낙찰자는 丁이다.

해설 ③ 두 상품을 따로 경매한다면 A는 戊에게 50,000원에, B는 己에게 70,000원에 낙찰되므로 얻는 수입은 120,000원이다.

① 두 상품을 묶어서 경매한다면 최고가 입찰자는 己이다. 己가 낙찰 받는 금액은 110,000원으로 5% 할인을 해주어도 그 금액이 100,000원이 넘는다. 입찰자는 낙찰가의 총액이 100,000원을 초과할 경우 구매를 포기한다는 조건에 의해 己는 구매를 포기하게 되므로 낙찰자는 丙이 된다.

② 지헌이가 얻을 수 있는 예상 수입은 두 상품을 따로 경매할 경우 120,000원, 두 상품을 묶어서 경매할 경우 95,000원으로 동일하지 않다.

④ 두 상품을 따로 경매한다면 A의 낙찰자는 戊이다.

7 A씨는 30 % 할인 행사 중인 백화점에 갔다. 매장에 도착하니 당일 구매물품의 정가 총액에 따라 아래의 〈혜택〉 중 하나를 택할 수 있다고 한다. 정가 10만원짜리 상의와 15만원짜리 하의를 구입하고자 한다. 옷을 하나 이상 구입하여 일정 혜택을 받고 교통비를 포함해 총비용을 계산할 때, 〈보기〉의 설명 중 옳은 것을 모두 고르면? (단, 1회 왕복교통비는 5천원이고, 소요시간 등 기타사항은 금액으로 환산하지 않는다)

> 〈혜택〉
> - 추가할인 : 정가 총액이 20만 원 이상이면, 할인된 가격의 5%를 추가로 할인
> - 할인쿠폰 : 정가 총액이 10만 원 이상이면, 세일기간이 아닌 기간에 사용할 수 있는 40% 할인권 제공

> 〈보기〉
> ㉠ 오늘 상 · 하의를 모두 구입하는 것이 가장 싸게 구입하는 방법이다.
> ㉡ 상 · 하의를 가장 싸게 구입하면 17만 원 미만의 비용이 소요된다.
> ㉢ 상 · 하의를 가장 싸게 구입하는 경우와 가장 비싸게 구입하는 경우의 비용 차이는 1회 왕복 교통비 이상이다.
> ㉣ 오늘 하의를 구입하고, 세일기간이 아닌 기간에 상의를 구입하면 17만 5천 원이 든다.

① ㉠㉡ ② ㉠㉢
③ ㉡㉢ ④ ㉢㉣

해설 갑씨가 선택할 수 있는 방법은 총 세 가지이다.

- 오늘 상 · 하의를 모두 구입하는 방법(추가할인적용)
  $(250,000 \times 0.7) \times 0.95 + 5,000 = 171,250$(원)
- 오늘 상의를 구입하고, 세일기간이 아닌 기간에 하의를 구입하는 방법(할인쿠폰사용)
  $(100,000 \times 0.7) + (150,000 \times 0.6) + 10,000 = 170,000$(원)
- 오늘 하의를 구입하고, 세일기간이 아닌 기간에 상의를 구입하는 방법(할인쿠폰사용)
  $(150,000 \times 0.7) + (100,000 \times 0.6) + 10,000 = 175,000$(원)

∴ ㉠ 가장 싸게 구입하는 방법은 오늘 상의를 구입하고, 세일기간이 아닌 기간에 하의를 구입하는 것이다.
㉡ 상하의를 가장 싸게 구입하면 17만 원의 비용이 소요된다.

Answer 6.③ 7.④

8 다음은 A 자동차 회사의 광고모델 후보 4명에 대한 자료이다. 〈조건〉을 적용하여 광고모델을 선정할 때, 총 광고효과가 가장 큰 모델은?

〈표〉 광고모델별 1년 계약금 및 광고 1회당 광고효과

(단위 : 만 원)

광고모델	1년 계약금	1회당 광고효과	
		수익 증대 효과	브랜드 가치 증대 효과
A	1,000	100	100
B	600	60	100
C	700	60	110
D	1,200	110	110

〈조건〉

㉠ 광고효과는 수익 증대 효과와 브랜드 가치 증대 효과로만 구성된다.

- 총 광고효과 = 1회당 광고효과 × 1년 광고횟수
- 1회당 광고효과 = 1회당 수익 증대 효과 + 1회당 브랜드 가치 증대 효과

㉡ 1회당 광고비는 20만 원으로 고정되어 있다.

- 1년 광고횟수 = $\frac{\text{1년 광고비}}{\text{1회당 광고비}}$

㉢ 1년 광고비는 3,000만 원(고정값)에서 1년 계약금을 뺀 금액이다.

- 1년 광고비 = 3,000만 원 − 1년 계약금

※ 광고는 tv를 통해서만 1년 내에 모두 방송됨

① A
② B
③ C
④ D

✔ 해설 총 광고효과 = 1회당 광고효과 × 1년 광고횟수

$$= (\text{1회당 수익 증대 효과} + \text{1회당 브랜드가치 증대 효과}) \times \frac{\text{3,000만 원} - \text{1년 계약금}}{\text{1회당 광고비}}$$

A : $(100+100) \times \frac{3,000-1,000}{20} = 20,000$만 원

B : $(60+100) \times \frac{3,000-600}{20} = 19,200$만 원

C : $(60+110) \times \frac{3,000-700}{20} = 19,550$만 원

D : $(110+110) \times \frac{3,000-1,200}{20} = 19,800$만 원

Ⅰ9~10Ⅰ 다음에 제시된 항공사별 운항현황을 보고 물음에 답하시오.

항공사	구분	2008년	2009년	2010년	2011년
AAR	운항 편(대)	8,486	8,642	8,148	8,756
	여객(명)	1,101,596	1,168,460	964,830	1,078,490
	운항거리(km)	5,928,362	6,038,761	5,761,479	6,423,765
KAL	운항 편(대)	11,534	12,074	11,082	11,104
	여객(명)	1,891,652	2,062,426	1,715,962	1,574,966
	운항거리(km)	9,112,071	9,794,531	8,972,439	8,905,408

9 AAR 항공사의 경우 항공기 1대 당 수송 여객의 수가 가장 많았던 해는 언제인가?

① 2008년 ② 2009년
③ 2010년 ④ 2012년

① 2008년 : 1,101,596÷8,486=약 129명
② 2009년 : 1,168,460÷8,642=약 135명
③ 2010년 : 964,830÷8,148=약 118명
④ 2012년 : 1,078,490÷8,756=약 123명

10 항공기 1대당 운항 거리가 2011년과 동일하다고 했을 때, KAL 항공사가 2012년 한 해 동안 9,451,570㎞의 거리를 운항하기 위해서 증편해야 할 항공기 수는 몇 대인가?

① 495 ② 573
③ 681 ④ 709

해설 KAL 항공사의 2011년 항공기 1대당 운항 거리는 8,905,408÷11,104=802로, 2012년 한 해 동안 9,451,570km의 거리를 운항하기 위해서는 9,451,570÷802=11,785대의 항공기가 필요하다. 따라서 KAL 항공사는 11,785−11,104=681대의 항공기를 증편해야 한다.

Answer 8.① 9.② 10.③

11 다음은 주당 한자교육의 적정 시간에 관한 응답 분포에 관한 자료이다. 주당 4시간 이하에 응답한 교사의 수는 무응답의 몇 배인가? (단, 소수점 첫 번째 자리에서 반올림한다.)

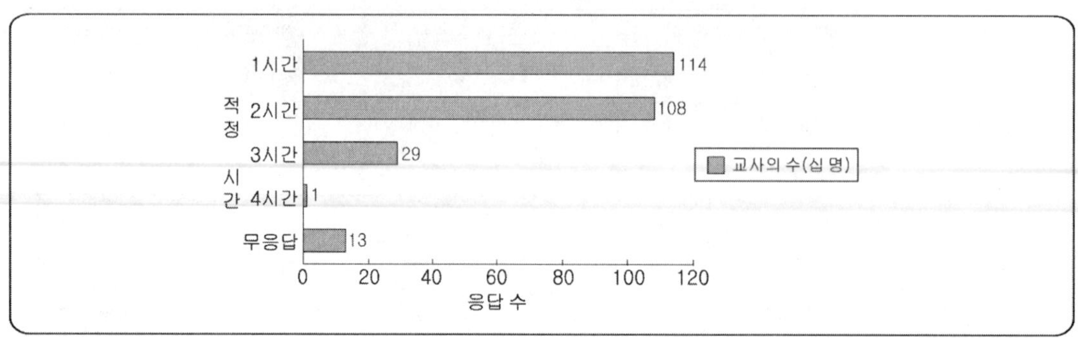

① 18 ② 19

③ 20 ④ 21

✔ 해설 주당 4시간 이하로 응답한 교사의 수는 총 2,520명이고, 무응답한 교사의 수는 130명이다. 따라서 약 19배 차이가 난다.

12 다음은 직종별 인원에 관한 자료이다. 다음 중 ㉢에 들어갈 인원으로 적절한 것은?

부서	현원	직종별 현원				
		일반직	별정직	개방형	계약직	기능직
A	47	35	3	1	4	4
B	34	25	0	1	6	2
C	(㉠)	14	0	(㉡)	2	2
D	29	23	0	0	0	6
E	16	14	0	0	1	1
F	72	38	1	0	8	25
계	(㉢)	149	4	2	21	40

① 153 ② 186

③ 197 ④ 216

✔ 해설 ㉡의 값은 0명이고, ㉠의 값이 18명이므로 ㉢의 값은 216명이다.

13 다음은 연도별 조선의 대청 수출액에 관한 자료이다. 다음 중 두 연도의 수출액 차이가 가장 작은 연도로 짝지어진 것은?

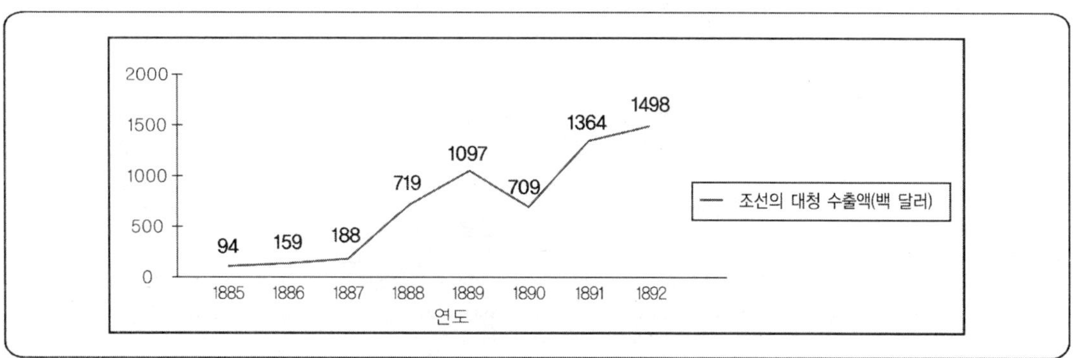

① 1888년, 1890년

② 1887년, 1885년

③ 1890년, 1892년

④ 1889년, 1890년

 ① 1888년, 1890년 : 719−709=10(백 달러)
② 1887년, 1885년 : 188−94=94(백 달러)
③ 1890년, 1892년 : 1498−709=789(백 달러)
④ 1889년, 1890년 : 1097−709=388(백 달러)

Answer 11.② 12.④ 13.①

14 다음은 A지역 내 일본인의 인구에 관한 자료이다. 1950년의 A지역 내 일본인 인구가 315,153명이라면 1910년 대비 1950년의 증가율은 얼마인가?

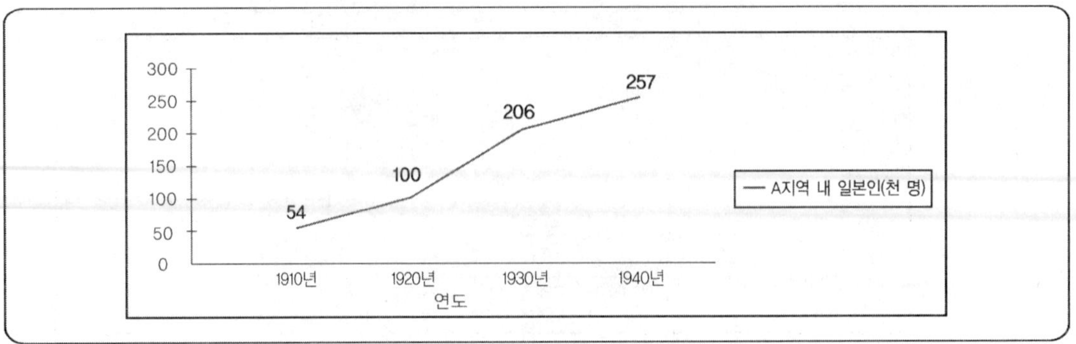

① 약 315%

② 약 484%

③ 약 524%

④ 약 613%

해설 $\frac{315153-54000}{54000} \times 100 ≒ 484\%$

15 다음은 환경영향인자별 중요도에 관한 자료이다. 중요도의 평균값이 높을수록 순위값도 높게 매겨진다고 할 때, 다음 중 순위값이 가장 낮은 높은 인자는?

인자	연도별 중요도			
	2005	2006	2007	2008
지형	70	50	70	60
대기질	50	70	50	70
수질	40	60	40	50
소음	20	20	30	10

① 지형
② 대기질
③ 수질
④ 소음

인자	연도별 중요도				평균값
	2005	2006	2007	2008	
지형	70	50	70	60	62.5
대기질	50	70	50	70	60
수질	40	60	40	50	47.5
소음	20	20	30	10	20

Answer 14.② 15.④

16 다음 자료를 보고 주어진 상황에 대한 물음에 답하시오.

〈근로소득에 대한 간이 세액표〉

월 급여액(천 원) [비과세 및 학자금 제외]		공제대상 가족 수				
이상	미만	1	2	3	4	5
2,500	2,520	38,960	29,280	16,940	13,570	10,190
2,520	2,540	40,670	29,960	17,360	13,990	10,610
2,540	2,560	42,380	30,640	17,790	14,410	11,040
2,560	2,580	44,090	31,330	18,210	14,840	11,460
2,580	2,600	45,800	32,680	18,640	15,260	11,890
2,600	2,620	47,520	34,390	19,240	15,680	12,310
2,620	2,640	49,230	36,100	19,900	16,110	12,730
2,640	2,660	50,940	37,810	20,560	16,530	13,160
2,660	2,680	52,650	39,530	21,220	16,960	13,580
2,680	2,700	54,360	41,240	21,880	17,380	14,010
2,700	2,720	56,070	42,950	22,540	17,800	14,430
2,720	2,740	57,780	44,660	23,200	18,230	14,850
2,740	2,760	59,500	46,370	23,860	18,650	15,280

※ 갑근세는 제시되어 있는 간이 세액표에 따름

※ 주민세=갑근세의 10%

※ 국민연금=급여액의 4.50%

※ 고용보험=국민연금의 10%

※ 건강보험=급여액의 2.90%

※ 교육지원금=분기별 100,000원(매 분기별 첫 달에 지급)

박○○ 사원의 5월 급여내역이 다음과 같고 전월과 동일하게 근무하였으며 차량지원금으로 100,000원을 받게 된다면, 6월에 받게 되는 급여는 얼마인가? (단, 원 단위 절삭)

(주)서원플랜테크 5월 급여내역			
성명	박○○	지급일	5월 12일
기본급여	2,240,000	갑근세	39,530
직무수당	400,000	주민세	3,950
명절 상여금		고용보험	11,970
특별수당	20,000	국민연금	119,700
차량지원금		건강보험	77,140
교육지원		기타	
급여계	2,660,000	공제합계	252,290
		지급총액	2,407,710

① 2,443,910
② 2,453,910
③ 2,463,910
④ 2,473,910

기본 급여	2,240,000	갑근세	46,370
직무수당	400,000	주민세	4,630
명절 상여금		고용보험	12,330
특별수당		국민연금	123,300
차량 지원금	100,000	건강보험	79,460
교육 지원		기타	
급여계	2,740,000	공제합계	266,090
		지급총액	2,473,910

Answer 16.④

17 다음은 학생들의 지난 달 독서 현황에 관한 자료이다. 이에 대한 설명으로 옳지 않은 것은?

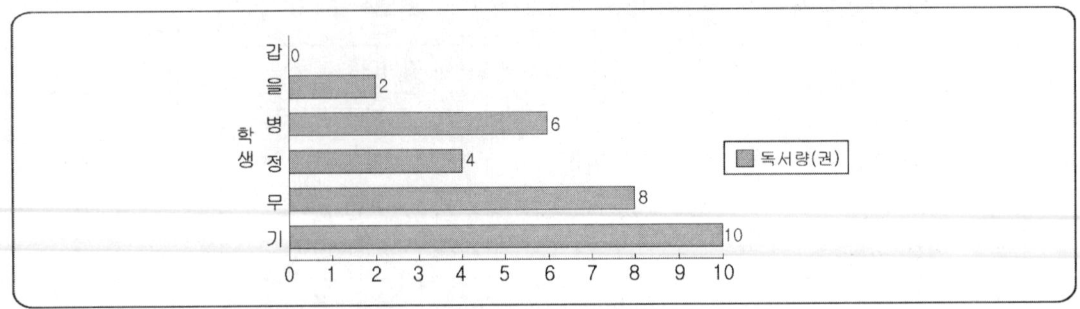

① 무의 독서량은 을의 독서량의 5배 이상이다.
② 기의 독서량은 병과 정의 독서량의 합과 같다.
③ 정의 독서량은 전체 독서량의 13% 이상을 차지한다.
④ 기와 병의 독서량 차이는 4권이다.

해설 ① 무의 독서량은 을의 독서량의 4배이다.
② 기의 독서량은 10권으로 병과 정의 독서량의 합과 같다.
③ $\frac{4}{30}\times 100 \fallingdotseq 13.3\%$
④ 기와 병의 독서량 차이는 10－6=4권이다.

18 다음에 제시되는 'x를 포함하는 수'들은 일정한 규칙을 가지고 나열되어 있다. 규칙에 의할 경우, 마지막 빈칸 A에 들어갈 수 있는 'x를 포함하는 수'는 다음 중 무엇인가?

$(x^2+3)\div4$ $2x\div2$ $(6+x)\div3$ $(x+x+x)\div3$ (A)

① $3x-10$
② $x+x-2$
③ $10-2x$
④ $4x^2-100$

해설 왼쪽부터 x의 값에 1부터 차례대로 정수를 대입할 경우 'x를 포함하는 수'도 같은 정수가 된다. 즉, x가 1이면 'x를 포함하는 수'도 1, x가 2이면 'x를 포함하는 수'도 2가 된다. 따라서 마지막에는 5를 넣어서 5가 되는 수가 와야 하므로 3x5−10=5인 보기 ①이 정답이 된다.

19 다음은 국민연금 보험료를 산정하기 위한 소득월액 산정 방법에 대한 설명이다. 다음 설명을 참고할 때, 김갑동 씨의 신고 소득월액은 얼마인가?

> 소득월액은 입사(복직) 시점에 따른 근로자 간 신고 소득월액 차등이 발생하지 않도록 입사(복직) 당시 약정되어 있는 급여 항목에 대한 1년치 소득총액에 대하여 30일로 환산하여 결정하며, 다음과 같은 계산 방식을 적용한다.
>
> 소득월액 = 입사(복직) 당시 지급이 약정된 각 급여 항목에 대한 1년간 소득총액 ÷ 365 × 30

〈김갑동 씨의 급여 내역〉

- 기본급 : 1,000,000원
- 교통비 : 월 100,000원
- 고정 시간 외 수당 : 월 200,000원
- 분기별 상여금 : 기본급의 100%(1,4,7,10월 지급)
- 하계휴가비(매년 7월 지급) : 500,000원

① 1,645,660원 ② 1,652,055원

③ 1,668,900원 ④ 1,727,050원

해설 주어진 조건에 의해 다음과 같이 계산할 수 있다.

{(1,000,000+100,000+200,000)×12+(1,000,000×4)+500,000}÷365×30=1,652,055원

따라서 소득월액은 1,652,055원이 된다.

Answer 17.① 18.① 19.②

20 다음 표는 2015～2016년 지역별 직장인들의 자기개발에 관해 조사한 내용을 정리한 것이다. 이에 대한 분석으로 옳은 것은?

(단위 : %)

연도 / 구분 / 지역	2015				2016			
	자기개발 하고 있음	자기개발 비용 부담 주체			자기개발 하고 있음	자기개발 비용 부담 주체		
		직장 100%	본인 100%	직장50%+본인50%		직장 100%	본인 100%	직장50%+본인50%
충청도	36.8	8.5	88.5	3.1	45.9	9.0	65.5	24.5
제주도	57.4	8.3	89.1	2.9	68.5	7.9	68.3	23.8
경기도	58.2	12	86.3	2.6	71.0	7.5	74.0	18.5
서울시	60.6	13.4	84.2	2.4	72.7	11.0	73.7	15.3
경상도	40.5	10.7	86.1	3.2	51.0	13.6	74.9	11.6

① 2015년과 2016년 모두 자기개발 비용을 본인이 100% 부담하는 사람의 수는 응답자의 절반 이상이다.

② 자기개발을 하고 있다고 응답한 사람의 수는 2015년과 2016년 모두 서울시가 가장 많다.

③ 자기개발 비용을 직장과 본인이 각각 절반씩 부담하는 사람의 비율은 2015년과 2016년 모두 서울시가 가장 높다.

④ 2015년과 2016년 모두 자기개발을 하고 있다고 응답한 비율이 가장 높은 지역에서 자기개발비용을 직장이 100% 부담한다고 응답한 사람의 비율이 가장 높다.

✔ 해설 ② 지역별 인원수가 제시되어 있지 않으므로, 각 지역별 응답자 수는 알 수 없다.
③ 2015년에는 경상도에서, 2016년에는 충청도에서 가장 높은 비율을 보인다.
④ 2015년과 2016년 모두 '자기 개발을 하고 있다'고 응답한 비율이 가장 높은 지역은 서울시이며, 2016년의 경우 자기개발 비용을 직장이 100% 부담한다고 응답한 사람의 비율이 가장 높은 지역은 경상도이다.

21 다음은 소득계층별 저축률 추이를 나타낸 것이다. 자료를 바르게 분석한 것은? (단, 경제성장률은 0보다 크다)

연도 \ 구분	상위 30%	중위 40%	하위 30%
2002	38	22	0
2005	37	20	−4
2008	35	15	−12

㉠ 모든 계층의 소득이 줄어들고 있다.
㉡ 국내총생산 규모가 점차 감소하고 있다.
㉢ 하위 30% 계층의 가계 부채가 증가하고 있다.
㉣ 이자 소득에 있어서 각 계층 간 격차가 심화되고 있다.

① ㉠, ㉡
② ㉠, ㉢
③ ㉡, ㉢
④ ㉢, ㉣

✔ 해설 ㉠ 저축률이 줄고 있는 것은 알 수 있지만, 소득이 줄고 있는지는 알 수 없다.
㉡ 주어진 자료로는 국내총생산 규모가 감소하는지 알 수 없다.

22 다음 숫자는 일정한 규칙을 따르고 있다. 괄호 안에 들어갈 가장 적절한 숫자는?

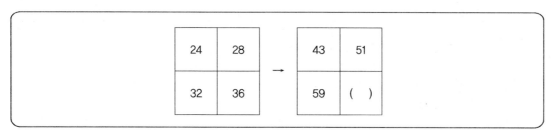

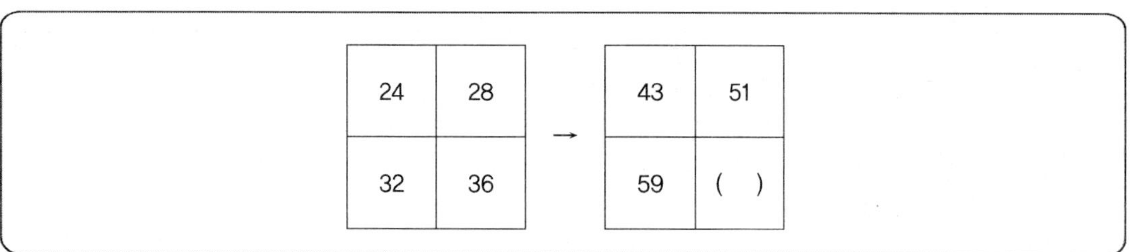

① 65
② 66
③ 67
④ 68

✔ 해설 규칙을 찾아 도형 안의 수를 맞추는 문제로 (24, 43), (28, 51), (32, 59), (36, ?)로 짝지어 볼 수 있다. 각 순서쌍을 (a, b)라고 하면 $24\times2-5=43$, $28\times2-5=51$, $32\times2-5=59$이므로 $b=2a-5$라는 관계식이 성립함을 알 수 있다. 그러므로 $36\times2-5=67$이 된다.

Answer 20.① 21.④ 22.③

23 다음 ↓ 표시된 곳의 숫자에서부터 시계방향으로 진행하면서 숫자와의 관계를 고려하여 빈칸에 들어갈 알맞은 숫자를 고르면?

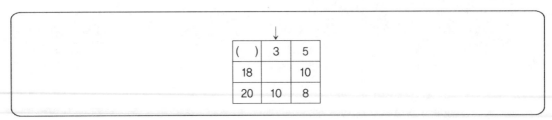

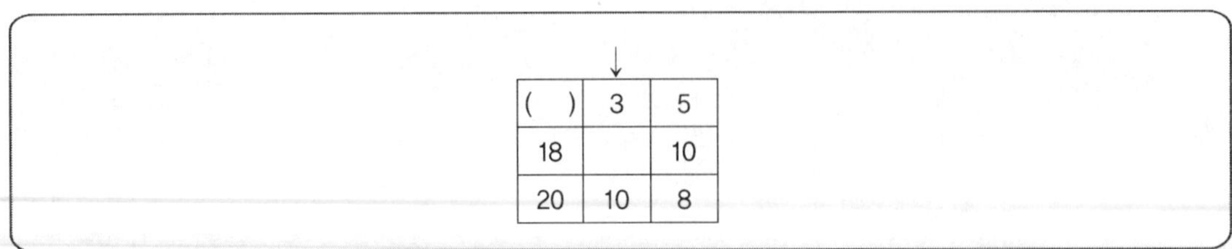

( )	3	5
18		10
20	10	8

① 20　　② 22
③ 24　　④ 26

해설 ↓표시된 부분부터 시계방향으로 진행을 한다고 하였으므로 3에서 5가 되려면 +2, 5에서 10이 되려면 ×2, 10에서 8이 되려면 −2, 8에서 10이 되려면 +2, 10에서 20이 되려면 ×2, 20에서 8이 되려면 −2가 되므로 시계방향으로 진행하면서 +2, ×2, −2의 순서로 변함을 알 수 있다.
그러므로 빈칸에 들어갈 숫자는 18에 +2를 한 20이 된다.

24 다음은 우리나라의 학력별, 성별 평균 임금을 비교한 표이다. 이에 대한 옳은 분석을 모두 고른 것은? (단, 고졸 평균 임금은 2014년보다 2016년이 많다.)

구분	2014년	2016년
중졸 / 고졸	0.78	0.72
대졸 / 고졸	1.20	1.14
여성 / 남성	0.70	0.60

㉠ 2016년 중졸 평균 임금은 2014년에 비해 감소하였다.
㉡ 2016년 여성 평균 임금은 2014년에 비해 10 % 감소하였다.
㉢ 2016년 남성의 평균 임금은 여성 평균 임금의 2배보다 적다.
㉣ 중졸과 대졸 간 평균 임금의 차이는 2014년보다 2016년이 크다.

① ㉠㉡　　② ㉠㉢
③ ㉡㉢　　④ ㉢㉣

해설 ㉢ 2016년 여성 평균 임금이 남성 평균 임금의 60%이므로 남성 평균 임금은 여성 평균 임금의 2배가 되지 않는다.
㉣ 고졸 평균 임금 대비 중졸 평균 임금의 값과 고졸 평균 임금 대비 대졸 평균 임금의 값 간의 차이는 2014년(1.20−0.78=0.42)과 2016년(1.14−0.72=0.42)에 0.42로 같다. 그러나 비교의 기준인 고졸 평균 임금이 상승하였으므로 중졸과 대졸 간 평균 임금의 차이는 2014년보다 2016년이 크다.

25 다음은 (주)서원기업의 재고 관리 사례이다. 금요일까지 부품 재고 수량이 남지 않게 완성품을 만들 수 있도록 월요일에 주문할 A ~ C 부품 개수로 옳은 것은? (단, 주어진 조건 이외에는 고려하지 않는다.)

[부품 재고 수량과 완성품 1개당 소요량]

부품명	부품 재고 수량	완성품 1개당 소요량
A	500	10
B	120	3
C	250	5

[완성품 납품 수량]

항목 \ 요일	월	화	수	목	금
완성품 납품 개수	없음	30	20	30	20

[조건]

1. 부품 주문은 월요일에 한 번 신청하며 화요일 작업 시작 전 입고된다.
2. 완성품은 부품 A, B, C를 모두 조립해야 한다.

	A	B	C
①	100	100	100
②	100	180	200
③	500	100	100
④	500	180	250

✔ 해설 완성품 납품 개수는 30+20+30+20으로 총 100개이다.
완성품 1개당 부품 A는 10개가 필요하므로 총 1,000개가 필요하고, B는 300개, C는 500개가 필요하다. 이때 각 부품의 재고 수량에서 부품 A는 500개를 가지고 있으므로 필요한 1,000개에서 가지고 있는 500개를 빼면 500개의 부품을 주문해야 한다.
부품 B는 120개를 가지고 있으므로 필요한 300개에서 가지고 있는 120개를 빼면 180개를 주문해야 하며, 부품 C는 250개를 가지고 있으므로 필요한 500개에서 가지고 있는 250개를 빼면 250개를 주문해야 한다.

Answer 23.① 24.④ 25.④

26 다음 재고 현황을 통해 파악할 수 있는 완성품의 최대 수량과 완성품 1개당 소요 비용은 얼마인가? (단, 완성품은 A, B, C, D의 부품이 모두 조립되어야 하고 다른 조건은 고려하지 않는다.)

부품명	완성품 1개당 소요량(개)	단가(원)	재고 수량(개)
A	2	50	100
B	3	100	300
C	20	10	2,000
D	1	400	150

	완성품의 최대 수량(개)	완성품 1개당 소요 비용(원)
①	50	100
②	50	500
③	50	1,000
④	100	500

✔ 해설 재고 수량에 따라 완성품을 A 부품으로는 100÷2=50개, B 부품으로는 300÷3=100개, C 부품으로는 2,000÷20=100개, D 부품으로는 150÷1=150개까지 만들 수 있다.
완성품은 A, B, C, D가 모두 조립되어야 하므로 50개만 만들 수 있다.
완성품 1개당 소요 비용은 완성품 1개당 소요량과 단가의 곱으로 구하면 되므로 A 부품 2×50=100원, B 부품 3×100=300원, C 부품 20×10=200원, D 부품 1×400=400원이다.
이를 모두 합하면 100+300+200+400=1,000원이 된다.

27 다음의 설문에 대한 응답 결과를 통해 추론할 수 있는 내용으로 가장 타당한 것은?

- 소득이 감소한다면, 소비 지출을 줄이겠습니까?
- 소비 지출을 줄인다면, 어떤 부분부터 줄이겠습니까?

(단위 : %)

구분		지출 줄임						줄일 수 없음
		음식료비	외식비	주거 관련비	문화 여가비	사교육비	기타	
지역	도시	5.8	20.5	15.7	7.1	4.6	26.7	19.6
	농촌	8.6	12.0	18.5	4.9	3.2	18.8	34.0
학력	중졸 이하	9.9	10.4	24.9	4.2	2.1	11.9	36.6
	고졸	5.4	20.2	15.1	7.2	4.8	30.8	16.5
	대졸 이상	4.9	25.9	7.6	8.1	3.5	37.0	13.0

① 도시 지역과 농촌 지역의 소비 행태는 거의 비슷하다.
② 도시 가구는 소득이 감소하면 주거 관련비를 가장 많이 줄인다.
③ 학력이 낮을수록 소득이 감소하면 소비 지출을 더 줄이려는 경향이 있다.
④ 학력 수준에 관계없이 소득 감소가 사교육비에 미치는 영향은 가장 적다.

해설 소득이 감소할 때 소비 지출을 줄이겠다고 응답한 사람은 농촌보다 도시에서, 학력이 높을수록 높게 나타난다. 지출을 줄이겠다고 응답한 사람들의 항목별 비율에서는 외식비, 주거 관련비를 줄이겠다고 응답한 사람들의 비율이 높은 반면, 사교육비 지출을 줄이겠다는 사람들은 학력에 관계없이 가장 적게 나타나고 있다.

Answer 26.③ 27.④

28 다음은 주식시장에서 외국인의 최근 한 달간의 주요 매매 정보 자료이다. 가 그룹 주식의 최근 한 달간의 1주당 평균 금액은 얼마인가? (단, 소수점 첫째 자리에서 반올림하시오)

순매수			순매도		
종목명	수량(백 주)	금액(백만 원)	종목명	수량(백 주)	금액(백만 원)
A 그룹	5,620	695,790	가 그룹	84,930	598,360
B 그룹	138,340	1,325,000	나 그룹	2,150	754,180
C 그룹	13,570	284,350	다 그룹	96,750	162,580
D 그룹	24,850	965,780	라 그룹	96,690	753,540
E 그룹	70,320	110,210	마 그룹	12,360	296,320

① 7,045원
② 70,453원
③ 5,984원
④ 68,570원

 $\frac{598,360,000,000}{8,493,000} \fallingdotseq 70,453$(원)

29 2016년 행정구역별 인구 이동자 수의 자료를 보고 인구변화가 가장 큰 지역을 고르면?

행정구역	전입	전출
서울특별시	1,555,281	1,658,928
부산광역시	461,042	481,652
대구광역시	348,642	359,206
인천광역시	468,666	440,872
광주광역시	228,612	230,437
대전광역시	239,635	239,136
울산광역시	161,433	157,427
세종특별자치시	32,784	15,291

① 서울특별시
② 부산광역시
③ 대구광역시
④ 대전광역시

해설 순이동=전입−전출, 서울특별시가 순이동이 −103,647로 변화폭이 가장 크다.

30 다음은 ○○은행에서 투자를 검토하고 있는 사업평가 자료인데, 직원의 실수로 일부가 훼손되었다. 다음 중 (가), (나), (다), (라)에 들어갈 수 있는 수치는? (단, 인건비와 재료비 이외의 투입요소는 없다)

구분	목표량	인건비	재료비	산출량	효과성 순위	효율성 순위
A	(가)	200	50	500	3	2
B	1,000	(나)	200	1,500	2	1
C	1,500	1,200	(다)	3,000	1	3
D	1,000	300	500	(라)	4	4

※ 효율성 = 산출 / 투입

※ 효과성 = 산출 / 목표

	(가)	(나)	(다)	(라)
①	300	500	800	800
②	500	800	300	800
③	800	500	300	300
④	500	300	800	800

해설 A~D의 효과성과 효율성을 구하면 다음과 같다.

구분	효과성		효율성	
	산출/목표	효과성 순위	산출/투입	효율성 순위
A	$\frac{500}{(가)}$	3	$\frac{500}{200+50}=2$	2
B	$\frac{1,500}{1,000}=1.5$	2	$\frac{1,500}{(나)+200}$	1
C	$\frac{3,000}{1,500}=2$	1	$\frac{3,000}{1,200+(다)}$	3
D	$\frac{(라)}{1,000}$	4	$\frac{(라)}{300+500}$	4

- A와 D의 효과성 순위가 B보다 낮으므로 $\frac{500}{(가)}$, $\frac{(라)}{1,000}$의 값은 1.5보다 작고 $\frac{500}{(가)} > \frac{(라)}{1,000}$가 성립한다.
- 효율성 순위가 1순위인 B는 2순위인 A의 값보다 커야 하므로 $\frac{1,500}{(나)+200} > 2$이다.
- C와 D의 효율성 순위가 A보다 낮으므로 $\frac{3,000}{1,200+(다)}$, $\frac{(라)}{300+500}$의 값은 2보다 작고 $\frac{3,000}{1,200+(다)} > \frac{(라)}{300+500}$가 성립한다.

따라서 이 조건을 모두 만족하는 값을 찾으면 (가), (나), (다), (라)에 들어갈 수 있는 수치는 ④이다.

Answer 28.② 29.① 30.④

CHAPTER

03 문제해결능력

1 서원전자는 영업팀 6명의 직원(A～F)과 관리팀 4명의 직원(갑～정)이 매일 각 팀당 1명씩 총 2명이 당직 근무를 선다. 2일 날 A와 갑 직원이 당직 근무를 서고 팀별 순서(A～F, 갑～정)대로 돌아가며 근무를 선다면, E와 병이 함께 근무를 서는 날은 언제인가? (단, 근무를 서지 않는 날은 없다고 가정한다)

① 10일 ② 11일

③ 12일 ④ 13일

✔ 해설 주어진 조건에 따라 선택지의 날짜에 해당하는 당직 근무표를 정리해 보면 다음과 같다.

구분	갑	을	병	정
A	2일, 14일		8일	
B		3일		9일
C	10일		4일	
D		11일		5일
E	6일		12일	
F		7일		13일

따라서 A와 갑이 2일 날 당직 근무를 섰다면 E와 병은 12일 날 당직 근무를 서게 된다.

2 다음 조건을 바탕으로 을순이의 사무실과 어제 갔던 식당이 위치한 곳을 올바르게 짝지은 것은?

- 갑동, 을순, 병호는 각각 10동, 11동, 12동 중 한 곳에 사무실이 있으며 서로 같은 동에 사무실이 있지 않다.
- 이들 세 명은 어제 각각 자신의 사무실이 있는 건물이 아닌 다른 동에 있는 식당에 갔었으며, 서로 같은 동의 식당에 가지 않았다.
- 병호는 12동에서 근무하며, 갑동이와 을순이는 어제 11동 식당에 가지 않았다.
- 을순이는 병호가 어제 갔던 식당이 있는 동에서 근무한다.

	사무실	식당
①	11동	10동
②	10동	11동
③	12동	12동
④	11동	12동

해설 세 사람은 모두 각기 다른 동에 사무실이 있으며, 어제 갔던 식당도 서로 겹치지 않는다.

- 세 번째 조건 후단에서 갑동이와 을순이는 어제 11동 식당에 가지 않았다고 하였으므로, 어제 11동 식당에 간 것은 병호이다. 따라서 병호는 12동에 근무하며 11동 식당에 갔었다.
- 네 번째 조건에 따라 을순이는 11동에 근무하므로, 남은 갑동이는 10동에 근무한다.
- 두 번째 조건 전단에 따라 을순이가 10동 식당에, 갑동이가 12동 식당을 간 것이 된다.

따라서 을순이는 11동에 사무실이 있으며, 어제 갔던 식당은 10동에 위치해 있다.

3 다음은 S기업 토론 면접상황이다. 다음 중 한 팀이 될 수 있는 사람들은 누구인가?

- A, B, C, D, E, F의 여섯 명의 신입사원들이 있다.
- 신입사원들은 모두 두 팀 중 한 팀에 속해야 한다.
- 한 팀에 3명씩 두 팀으로 나눠야 한다.
- A와 B는 한 팀이 될 수 없다.
- E는 C 또는 F와 한 팀이 되어야 한다.

① A, B, C
② A, B, F
③ A, C, E
④ A, C, F

해설 우선 A와 B를 다른 팀에 배치하고 C, D, E, F를 두 명씩 각 팀에 배치하되 C, E, F는 한 팀이 될 수 없고 C와 E 또는 E와 F가 한 팀이 되어야 하므로 (A,C,E/B,D,F), (B,C,E/A,D,F), (A,E,F/B,C,D), (B,E,F/A,C,D)의 네 가지 경우로 나눌 수 있다.

Answer 1.③ 2.① 3.③

4 다음 제시문을 읽고 바르게 추론한 것을 〈보기〉에서 모두 고른 것은?

A회사에서는 1,500명의 소속직원들이 마실 생수를 구입하기로 하였다. 모든 조건이 동일한 두 개의 생수회사가 최종 경쟁을 하게 되었다. 구입 담당자는 직원들에게 시음하게 하여 직원들이 가장 좋아하는 생수를 선정하고자 하였다. 다음과 같은 절차를 통하여 구입 담당자가 시음회를 주관하였다.

- 직원들로부터 더 많이 선택 받은 생수회사를 최종적으로 선정한다.
- 생수 시음회 참여를 원하는 직원을 대상으로 신청자를 접수하고 그 중 남자 15명과 여자 15명을 무작위로 선정하였다.
- 두 개의 컵을 마련하여 하나는 1로 표기하고 다른 하나는 2로 표기하여 회사이름을 가렸다.
- 참가직원들은 1번 컵의 생수를 마신 후 2번 컵의 생수를 마시고 둘 중 어느 쪽을 선호하는지 표시하였다.

〈보기〉

㉠ 참가자들이 특정 번호를 선호할 가능성을 고려하지 못하였다.
㉡ 참가자가 무작위로 선정되었으므로 전체 직원에 대한 대표성이 확보되었다.
㉢ 참가자의 절반은 2번 컵을 먼저 마시고 1번 컵을 나중에 마시도록 했어야 한다.
㉣ 우리나라의 남녀 비율이 50대 50이므로 남자직원과 여자직원을 동수로 뽑은 것은 적절하였다.

① ㉠, ㉡ ② ㉠, ㉢
③ ㉡, ㉢ ④ ㉡, ㉣

✔ 해설 ㉡ 참가자는 무작위로 선정한 것이 아니라 시음회의 참여를 원하는 직원을 대상으로 선정하였기 때문에 전체 직원에 대한 대표성이 확보되었다고 보기는 어렵다.
㉣ 대표성을 확보하기 위해서는 우리나라의 남녀 비율이 아닌 A회사의 남녀 비율을 고려하여 선정하는 것이 더 적절하다.

5 다음으로부터 추론한 것으로 옳은 것은?

> 갑, 을, 병, 정이 문구점에서 산 학용품에 대해서 다음과 같은 사실이 있다.
> - 갑은 연필, 병은 지우개, 정은 샤프심을 샀다.
> - 을은 매직을 사지 않았다.
> - 갑이 산 학용품을 을도 샀다.
> - 갑과 병은 같은 학용품을 사지 않았다.
> - 갑, 을, 병은 각각 2종류의 학용품을 샀다.
> - 갑은 매직을 사지 않았다.
> - 갑, 을, 병, 정은 연필, 지우개, 샤프심, 매직 외의 학용품을 사지 않았다.

① 을은 연필을 사지 않았다.

② 을과 병이 공통으로 산 학용품이 있다.

③ 병은 사지 않았지만 정이 산 학용품이 있다.

④ 3명이 공통으로 산 학용품은 없다.

✔ 해설

	연필	지우개	샤프심	매직
갑	o	x	o	x
을	o	x	o	x
병	x	o	x	o
정	x	x	o	x

Answer 4.② 5.③

6 전월세전환율을 다음 〈보기〉와 같이 구한다고 할 때, A~D 지역 중에서 전월세전환율이 가장 높은 아파트는?

〈보기〉

- 전월세전환율은 보증금을 월세로 전환할 시 적용되는 비율로 임대인은 요구수익률, 임차인은 전월세 선택 및 월세 계약시 기회비용을 계산하는 지표로 활용한다.
- 전월세전환율은 [{월세/(전세금 − 월세보증금)} ×100]으로 산정된 월세이율을 연이율로 환산(월세이율×12)하여 산정하고, 단위는 %이다.

〈표〉 아파트의 전세 및 월세 현황

(단위 : 천 원)

아파트	전세금	월세보증금	월세
A	85,000	10,000	360
B	85,000	5,000	420
C	130,000	10,000	750
D	125,000	60,000	350

① A　　② B

③ C　　④ D

해설

① $\frac{360}{(85,000-10,000)}\times 100\times 12=5.76\%$

② $\frac{420}{(85,000-5,000)}\times 100\times 12=6.3\%$

③ $\frac{750}{(130,000-10,000)}\times 100\times 12=7.5\%$

④ $\frac{350}{(125,000-60,000)}\times 100\times 12=6.46\%$

7 작업 A부터 작업 E까지 모두 완료해야 끝나는 업무에 대한 조건이 다음과 같을 때 옳지 않은 것은? (단, 모든 작업은 동일 작업장 내에서 행하여진다)

> ㉠ 작업 A는 4명의 인원과 10일의 기간이 소요된다.
> ㉡ 작업 B는 2명의 인원과 20일의 기간이 소요되며, 작업 A가 끝난 후에 시작할 수 있다.
> ㉢ 작업 C는 4명의 인원과 50일의 기간이 소요된다.
> ㉣ 작업 D와 E는 각 작업 당 2명의 인원과 20일의 기간이 소요되며, 작업 E는 작업 D가 끝난 후에 시작할 수 있다.
> ㉤ 모든 인력은 작업 A~E까지 모두 동원될 수 있으며 생산력은 모두 같다.
> ㉥ 인건비는 1인당 1일 10만 원이다.
> ㉦ 작업장 사용료는 1일 50만 원이다.

① 업무를 가장 빨리 끝낼 수 있는 최단 기간은 50일이다.
② 최단 기간에 업무를 끝내기 위해 필요한 최소 인력은 10명이다.
③ 작업 가능한 인력이 4명뿐이라면 업무를 끝낼 수 있는 기간은 100일이다.
④ 모든 작업을 끝내는데 드는 최소 비용은 6,100만 원이다.

✔ 해설 ② 최단 기간에 업무를 끝내기 위해 필요한 최소 인력은 8명이다.

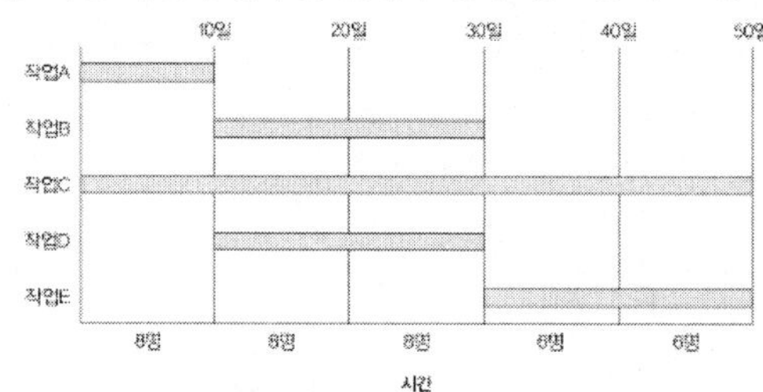

작업장 사용료: 50일×50만 원=2,500만 원
인건비: {(8인×30일)+(6인×20일)}×10만 원=3,600만 원

Answer 6.③ 7.②

8 다음은 글로벌 컴퓨터 회사 중 하나인 D사에 해외시장을 넓히기 위해 각종 광고매체수단과 함께 텔레마케터를 고용하여 현지 마케팅을 진행 중에 있다. 아래의 내용을 읽고 조건에 비추어 보았을 때 상담원 입장으로서는 고객으로부터 자사 제품에 대한 호기심 및 관심을 끌어내야 하는 어려운 상황에 처해 있다. 이 때 C에 들어갈 말로 가장 적절한 항목을 고르면? (조건 1) C에서 정황 상 고객은 경쟁사의 제품을 구입하고자 마음을 정한 상황이다.

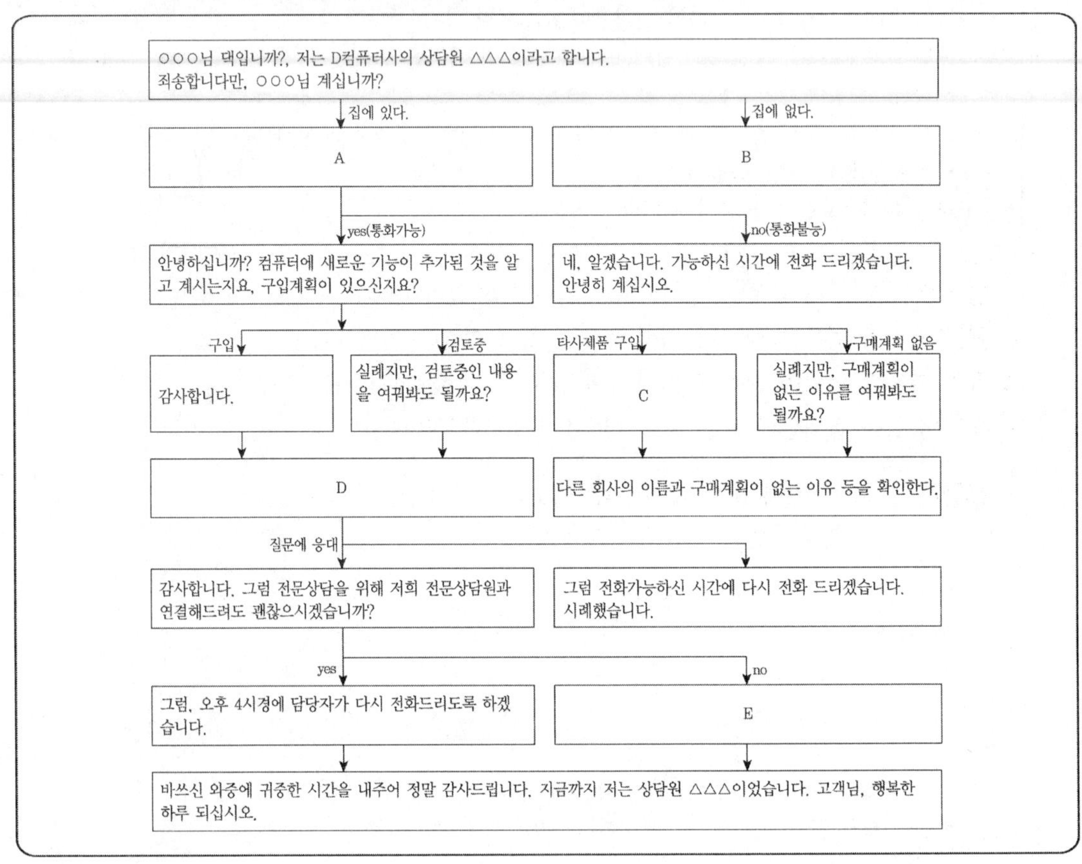

① 지금 고객님께서 부재중이시니 언제쯤 통화가 될 수 있는지 여쭤봐도 될런지요? 저의 명함을 드리고 갈 테니 고객님께서 돌아오시면 제가 방문 드렸다고 메모 부탁드리겠습니다.

② 고객님께서 상당히 많이 바쁘신 것 같습니다. 추후에 고객님께서 통화가능하신 시간에 다시 전화 드리도록 하겠습니다.

③ 저는 D 컴퓨터사 상담원인데, 저희 회사에서 이번에 출시된 보급형 컴퓨터가 나왔는데 지금 통화 가능하신지요?

④ 그러면 고객님 실례지만 고객님께서 구매하고자 하는 컴퓨터는 어느 회사의 제품인지, 또한 그 제품을 선택하신 이유가 무엇인지 여쭤 봐도 될런지요?

✔ 해설 ① 이 경우에는 고객이 집에 없는 경우에 사용해야 하는 부분으로 상담원 본인의 소개 및 전화를 한 이유가 언급되어 있다. 하지만, C의 경우에 상담원과 고객이 대화를 하고 있으므로 이 또한 해당 상황에 대한 답으로는 부적절하다.

② 고객은 마음속으로 다른 이유 때문에 상담에 호응할 수 없는 단계에서 나타난 대답이다. 하지만 정황 상 고객은 상담원과의 대화가 지속되는 것에 대해서는 무리가 없으므로 역시 부적절한 내용이다.

③ 상담의 도입단계로서 인사 표현을 명확히 하고, 상담원의 신원을 밝힌 후 전화를 건 이유와 전화통화 가능 여부를 확인하는 부분으로 이는 부적절하다.

④ 고객이 다른 제품을 구입하겠다는 계획에 적극적인 대응을 해야 한다. 고객 답변에 호응하는 언어를 구사하고, 다른 회사제품에 종류나 왜 그 제품을 구매하는 이유에 대해서도 반드시 물어보아야 하므로 문맥 상 적절한 내용이다.

Answer 8.④

9 다음은 특정 월의 3개 원자력발전소에서 생산된 전력을 각각 다른 세 곳으로 전송한 내역을 나타낸 표이다. 다음 표에 대한 <보기>의 설명 중, 적절한 것을 모두 고른 것은 어느 것인가?

(단위 : 천 Mwh)

발전소 \ 전송처	지역A	지역B	지역C
H발전소	150	120	180
G발전소	110	90	120
W발전소	140	170	70

<보기>

(가) 생산 전력량은 H발전소가, 전송받은 전력량은 지역A가 가장 많다.

(나) W발전소에서 지역A로 공급한 전력의 30%가 지역C로 전송되었더라면 전송받은 전력량의 지역별 순위는 바뀌게 된다.

(다) H발전소에서 전송한 전력량을 세 지역 모두 10%씩 줄이게 되면 발전소별 생산 전력량 순위는 바뀌게 된다.

(라) 발전소별 평균 전송한 전력량과 지역별 평균 전송받은 전력량 중, 100~150천 Mwh의 범위를 넘어서는 전력량은 없다.

① (나), (다), (라) ② (가), (나), (라)

③ (가), (다), (라) ④ (가), (나), (다)

✔ 해설 <보기>의 각 내용을 살펴보면 다음과 같다.

(가) 생산 전력량은 순서대로 각각 450, 320, 380천 Mwh로 H발전소가, 전송받은 전력량은 순서대로 각각 400, 380, 370천 Mwh로 지역A가 가장 많다.

(나) W발전소에서 지역A로 공급한 전력의 30%가 지역C로 전송된다는 것은 지역A로 전송된 전력량이 140→98천 Mwh, 지역C로 전송된 전력량이 70→112천 Mwh가 된다는 것이므로 이 경우, 전송받은 전력량 순위는 지역A와 지역C가 서로 바뀌게 된다.

(다) H발전소에서 전송한 전력량을 세 지역 모두 10%씩 줄이면 450→405천 Mwh가 되어 발전소별 생산 전력량 순위는 바뀌지 않고 동일하게 된다.

(라) 발전소별 평균 전송한 전력량은 순서대로 각각 450÷3=150, 320÷3=약 107, 380÷3=약 127천 Mwh이며, 지역별 평균 전송받은 전력량은 순서대로 각각 400÷3=약 133, 380÷3=약 127, 370÷3=약 123천 Mwh이므로 모든 평균값이 100~150천 Mwh의 범위 내에 있음을 알 수 있다.

10 다음은 특보의 종류 및 기준에 관한 자료이다. ㉠과 ㉡의 상황에 어울리는 특보를 올바르게 짝지은 것은?

〈특보의 종류 및 기준〉

<table>
<tr><th>종류</th><th>주의보</th><th>경보</th></tr>
<tr><td>강풍</td><td>육상에서 풍속 14m/s 이상 또는 순간풍속 20m/s 이상이 예상될 때. 다만, 산지는 풍속 17m/s 이상 또는 순간풍속 25m/s 이상이 예상될 때</td><td>육상에서 풍속 21m/s 이상 또는 순간풍속 26m/s 이상이 예상될 때. 다만, 산지는 풍속 24m/s 이상 또는 순간풍속 30m/s 이상이 예상될 때</td></tr>
<tr><td>호우</td><td>6시간 강우량이 70mm 이상 예상되거나 12시간 강우량이 110mm 이상 예상될 때</td><td>6시간 강우량이 110mm 이상 예상되거나 12시간 강우량이 180mm 이상 예상될 때</td></tr>
<tr><td>태풍</td><td>태풍으로 인하여 강풍, 풍랑, 호우 현상 등이 주의보 기준에 도달할 것으로 예상될 때</td><td>태풍으로 인하여 풍속이 17m/s 이상 또는 강우량이 100mm 이상 예상될 때. 다만, 예상되는 바람과 비의 정도에 따라 아래와 같이 세분한다.
<table>
<tr><th></th><th>3급</th><th>2급</th><th>1급</th></tr>
<tr><td>바람(m/s)</td><td>17～24</td><td>25～32</td><td>33이상</td></tr>
<tr><td>비(mm)</td><td>100～249</td><td>250～399</td><td>400이상</td></tr>
</table></td></tr>
<tr><td>폭염</td><td>6월～9월에 일최고기온이 33℃ 이상이고, 일최고열지수가 32℃ 이상인 상태가 2일 이상 지속될 것으로 예상될 때</td><td>6월～9월에 일최고기온이 35℃ 이상이고, 일최고열지수가 41℃ 이상인 상태가 2일 이상 지속될 것으로 예상될 때</td></tr>
</table>

㉠ 태풍이 남해안에 상륙하여 울산지역에 270mm의 비와 함께 풍속 26m/s의 바람이 예상된다.
㉡ 지리산에 오후 3시에서 오후 9시 사이에 약 130mm의 강우와 함께 순간풍속 28m/s가 예상된다.

	㉠	㉡
①	태풍경보 1급	호우주의보
②	태풍경보 2급	호우경보＋강풍주의보
③	태풍주의보	강풍주의보
④	태풍경보 2급	호우경보＋강풍경보

✔ 해설 ㉠ 태풍경보 표를 보면 알 수 있다. 비가 270mm이고 풍속 26m/s에 해당하는 경우는 태풍경보 2급이다.
㉡ 6시간 강우량이 130mm 이상 예상되므로 호우경보에 해당하며 산지의 경우 순간풍속 28m/s 이상이 예상되므로 강풍주의보에 해당한다.

Answer 9.② 10.②

11 다음 중 빈칸에 들어갈 용어는 무엇인가?

> 3C 분석이란 환경 분석 방법의 하나로 사업환경을 구성하고 있는 요소인 ㉠ , ㉡ , ㉢ 을 분석하는 것이다.

	㉠	㉡	㉢
①	매출	수익	마케팅
②	자사	경쟁사	고객
③	타협	배제	존중
④	목표	주의	방법

✔ 해설 3C 분석…환경 분석 방법의 하나로 사업환경을 구성하고 있는 요소인 자사(Company), 경쟁사(Competitor), 고객(Customer)을 분석하는 것이다.

12 다음에서 설명하고 있는 문제해결방법은?

> 이 방법은 어떤 원인에 의해 나타난 결과가 다시 원인에 작용해 그 결과를 줄이거나 늘리는 원리를 말한다.

① 퍼실리테이션
② 브레인스토밍
③ 피드백
④ 소프트 어프로칭

✔ 해설 ① 어떤 그룹이나 집단이 의사결정을 잘 하도록 도와주는 방법
② 구성원들이 주제에 대한 아이디어를 제시하는 방법
④ 문제해결을 위해서 직접적인 표현보다는 암시를 통하여 의사를 전달하는 방법

13 많은 사람들은 노후에 전원주택에서 살고 싶어 하는 꿈을 꾼다. 전원주택에서 살고 싶은 성원이가 전원주택을 지으려 하는데 1㎡ 당 80만원 하는 토지 60평에 85㎡의 집을 1평당 99만 원의 건축비를 들여 짓기로 하고, 계약금으로 총액의 30%를 지불했다. 이 계약금은 얼마인가? (단, 1평은 3.3㎡로 한다.)

① 5,017만 원　　② 5,117만 원
③ 5,317만 원　　④ 5,517만 원

해설 토지대금 : 80만×3.3×60=15,840만 (원)
건축비 : 99만÷3.3×85=2,550만 (원)
총액 : 15,840만+2,550만=18,390만 (원)
계약금 : 18,390만×0.3=5,517만 (원)

14 다음 중 내부강점과 외부기회 요인을 극대화하는 방법은?

		내부환경요인	
		강점	약점
외부환경요인	기회	① SO	② WO
	위협	③ ST	④ WT

해설 SWOT 분석
① SO : 내부강점과 외부기회 요인을 극대화
② WO : 외부기회를 이용하여 내부약점을 강점으로 전환
③ ST : 외부위협을 최소화하기 위해 내부강점을 극대화
④ WT : 내부약점과 외부위협을 최소화

Answer 11.② 12.③ 13.④ 14.①

15 다음 글을 읽고 '차등금리방식'을 〈보기〉에 적용한 내용으로 옳은 것은?

국채는 정부가 부족한 조세 수입을 보전하고 재정 수요를 충당하기 위해 발행하는 일종의 차용 증서이다. 이 중 국고채는 정부가 자금을 조달하는 주요한 수단이며, 채권 시장을 대표하는 상품이다. 만기일에 원금과 약속한 이자를 지급하는 국고채는 관련 법률에 따라 발행된다. 발행 주체인 정부는 이자 비용을 줄이기 위해 낮은 금리를 선호하며, 매입 주체인 투자자들은 높은 이자 수익을 기대하여 높은 금리를 선호한다. 국고채의 금리는 경쟁 입찰을 통해 결정되는데, 경쟁 입찰은 금리 결정 방법에 따라 크게 '복수금리결정방식'과 '단일금리결정방식'으로 나뉜다.

※ 발행 예정액 : 800억 원

투자자	제시한 금리와 금액	결정 방식	
		복수금리	단일금리
A	4.99% 200억 원	4.99%	모두 5.05%
B	5.00% 200억 원	5.00%	
C	5.01% 200억 원	5.01%	
D	5.03% 100억 원	5.03%	
E	5.05% 100억 원	5.05%	
F	5.07% 100억 원	미낙찰	미낙찰

복수금리결정방식은 각각의 투자자가 금리와 금액을 제시하면 최저 금리를 제시한 투자자부터 순차적으로 낙찰자를 결정하는 방식이다. 낙찰된 금액의 합계가 발행 예정액에 도달할 때까지 낙찰자를 결정하기 때문에 상대적으로 낮은 금리를 제시한 투자자부터 낙찰자로 결정된다. 이때 국고채의 금리는 각각의 투자자가 제시한 금리로 결정된다. 표와 같이 발행 예정액이 800억 원인 경쟁 입찰이 있다면, 가장 낮은 금리를 제시한 A부터 E까지 제시한 금액 합계가 800억 원이므로 이들이 순차적으로 낙찰자로 결정된다. 이때 국고채의 금리는 A에게는 4.99%, B에게는 5.00%, …, E에게는 5.05%로 각기 다르게 적용이 된다.

한편, 단일금리결정방식은 각 투자자들이 제시한 금리를 최저부터 순차적으로 나열하여 이들이 제시한 금액이 발행 예정액에 도달할 때까지 낙찰자를 결정한다는 점에서는 복수금리결정방식과 같다. 하지만 발행되는 국고채의 금리는 낙찰자들이 제시한 금리 중 가장 높은 금리로 단일하게 결정된다는 점이 다르다. 표와 같이 낙찰자는 A ~ E로 결정되지만 국고채의 금리는 A ~ E 모두에게 5.05%로 동일하게 적용되는 것이다. 따라서 단일금리결정방식은 복수금리결정방식에 비해 투자자에게 유리한 방식일 수 있다.

하지만 단일금리결정방식은 정부의 이자 부담을 가중시킬 수 있어, 복수금리결정방식과 단일금리결정방식을 혼합한 '차등금리결정방식'을 도입하기도 한다. 차등금리결정방식이란 단일금리결정방식과 같은 방법으로 낙찰자들을 결정하지만, 낙찰자들이 제시한 금리들 중 가장 높은 금리를 기준으로 삼아 금리들을 일정한 간격으로 그룹화한다는 점이 다르다. 각 그룹의 간격은 0.02%p ~ 0.03%p 정도로 정부가 결정하며, 이때 국고채의 금리는 투자자가 제시한 금리와 관계없이 정부가 각각의 그룹에 설정한 최고 금리로 결정된다. 이는 투자자가 제시한 금리를 그룹별로 차등화함으로써 적정 금리로 입찰하도록 유도하는 효과를 낸다.

〈보기〉

㉠ 발행 예정액 : 700억 원

㉡ 그룹화 간격 : 0.03%p

㉢ 입찰 결과

투자자	제시한 금리와 금액
ⓐ	1.98% 100억 원
ⓑ	2.00% 100억 원
ⓒ	2.02% 200억 원
ⓓ	2.05% 100억 원
ⓔ	2.06% 200억 원
ⓕ	2.07% 200억 원

㉣ 그룹화 결과 : 2.06 ~ 2.04%, 2.03 ~ 2.01%, 2.00 ~ 1.98%

(단, 입찰 단위는 0.01%p 단위로 제시한다.)

① ⓐ가 속한 그룹은 ⓐ가 제시한 금리로 낙찰 받는다.

② ⓑ와 ⓒ는 같은 금리로 낙찰 받는다.

③ ⓒ는 2.03%의 금리로 낙찰 받는다.

④ ⓓ와 ⓔ 모두 2.05%의 금리로 낙찰 받는다.

✔ 해설 차등금리결정방식은 각각의 투자자가 제시한 금리를 순차적으로 나열한 후 일정한 간격으로 그룹화하는 방식이다. 〈보기〉의 경우 발행 예정액이 700억 원이므로 ⓕ를 제외한 나머지 투자자들이 낙찰자로 결정되며, 그룹화 간격이 0.03%p이므로 [ⓐ와 ⓑ], [ⓒ], [ⓓ와 ⓔ]로 그룹화 된다. 이때 기준이 되는 금리는 최종 낙찰자인 ⓔ가 제시한 2.06%이며, 그룹별 금리는 각 구간의 최고 금리 2.06%, 2.03%, 2.00%으로 결정된다.

Answer 15.③

16 A회사의 건물에는 1층에서 4층 사이에 5개의 부서가 있다. 다음 조건에 일치하는 것은?

- 영업부와 기획부는 복사기를 같이 쓴다.
- 3층에는 경리부가 있다.
- 인사부는 홍보부의 바로 아래층에 있다.
- 홍보부는 영업부의 아래쪽에 있으며 2층의 복사기를 쓰고 있다.
- 경리부는 위층의 복사기를 쓰고 있다.

① 영업부는 기획부와 같은 층에 있다.

② 경리부는 4층의 복사기를 쓰고 있다.

③ 인사부는 2층의 복사기를 쓰고 있다.

④ 기획부는 4층에 있다.

해설 ① 복사기를 같이 쓴다고 해서 같은 층에 있는 것은 아니다. 영업부가 경리부처럼 위층의 복사기를 쓸 수도 있다.
③ 인사부가 2층의 복사기를 쓰고 있다고 해서 인사부의 위치가 2층인지는 알 수 없다.
④ 제시된 조건으로 기획부의 위치는 알 수 없다.

17 다음의 내용이 모두 참일 때, 결론이 타당하기 위해서 추가로 필요한 진술은?

㉠ 자동차는 1번 도로를 지나왔다면 이 자동차는 A마을에서 왔거나 B마을에서 왔다.
㉡ 자동차가 A마을에서 왔다면 자동차 밑바닥에 흙탕물이 튀었을 것이다.
㉢ 자동차가 A마을에서 왔다면 자동차의 모습을 담은 폐쇄회로 카메라가 적어도 하나가 있을 것이다.
㉣ 자동차가 B마을에서 왔다면 도로 정체를 만났을 것이고 적어도 한 곳의 검문소를 통과했을 것이다.
㉤ 자동차가 도로정체를 만났다면 자동차의 모습을 닮은 폐쇄회로 카메라가 적어도 하나가 있을 것이다.
㉥ 자동차가 적어도 검문소 한 곳을 통과했다면 자동차 밑바닥에 흙탕물이 튀었을 것이다.
∴ 따라서 자동차는 1번 도로를 지나오지 않았다.

① 자동차 밑바닥에 흙탕물이 튀었을 것이다.

② 자동차는 도로 정체를 만나지 않았을 것이다.

③ 자동차는 적어도 검문소 한 곳을 통과했을 것이다.

④ 자동차 모습을 담은 폐쇄회로 카메라는 하나도 없을 것이다.

✔ 해설 결론이 '자동차는 1번 도로를 지나오지 않았다.'이므로 결론을 중심으로 연결고리를 이어가면 된다.
자동차가 1번 도로를 지나오지 않았다면 ㉠에 의해 이 자동차는 A, B마을에서 오지 않았다. 흙탕물이 자동차 밑바닥에 튀지 않고 자동차를 담은 폐쇄회로 카메라가 없다면 A마을에서 오지 않았을 것이다. 도로정체가 없고 검문소를 통과하지 않았다면 B마을에서 오지 않았을 것이다. 폐쇄회로 카메라가 없다면 도로정체를 만나지 않았을 것이다. 자동차 밑바닥에 흙탕물이 튀지 않았다면 검문소를 통과하지 않았을 것이다.
따라서 자동차가 1번 도로를 지나오지 않았다는 결론을 얻기 위해서는 폐쇄회로 카메라가 없거나 흙탕물이 튀지 않았다는 전제가 필요하다.

18 에너지 신산업에 대한 다음과 같은 정의를 참고할 때, 다음 중 에너지 신산업 분야의 사업으로 보기에 가장 적절하지 않은 것은 어느 것인가?

> 2015년 12월, 세계 195개국은 프랑스 파리에서 UN 기후변화협약을 체결, 파리기후변화협약에 따른 신기후체제의 출범으로 온실가스 감축은 선택이 아닌 의무가 되었으며, 이에 맞춰 친환경 에너지시스템인 에너지 신산업이 대두되었다. 에너지 신산업은 기후변화 대응, 미래 에너지 개발, 에너지 안보, 수요 관리 등 에너지 분야의 주요 현안을 효과적으로 해결하기 위한 '문제 해결형 산업'이다. 에너지 신산업 정책으로는 전력 수요관리, 에너지관리 통합서비스, 독립형 마이크로그리드, 태양광 렌탈, 전기 차 서비스 및 유료충전, 화력발전 온배수열 활용, 친환경에너지타운, 스마트그리드 확산사업 등이 있다.

① 에너지 프로슈머 시장의 적극 확대를 위한 기반 산업 보강
② 전기 차 확대보급을 실시하기 위하여 전기 차 충전소 미비 지역에 충전소 보급 사업
③ 신개념 건축물에 대한 관심도 제고를 위한 고효율 제로에너지 빌딩 확대 사업
④ 분산형 전원으로 에너지 자립 도시 건립을 위한 디젤 발전기 추가 보급 사업

✔ 해설 디젤 발전은 내연력을 통한 발전이므로 친환경과 지속가능한 에너지 정책을 위한 발전 형태로 볼 수 없다. 오히려 디젤 발전을 줄여 신재생에너지원을 활용한 전력 생산 및 공급 방식이 에너지 신산업 정책에 부합한다고 볼 수 있다.

Answer 16.② 17.④ 18.④

19 K지점으로부터 은행, 목욕탕, 편의점, 미용실, 교회 건물이 각각 다음과 같은 조건에 맞게 위치해 있다. 모두 K지점으로부터 일직선상에 위치해 있다고 할 때, 다음 설명 중 올바른 것은 어느 것인가? (언급되지 않은 다른 건물은 없다고 가정한다)

- K지점으로부터 50m 이상 떨어져 있는 건물은 목욕탕, 미용실, 은행이다.
- 목욕탕과 교회 건물 사이에는 편의점을 포함한 2개의 건물이 있다.
- 5개의 건물은 각각 K지점에서 15m, 40m, 60m, 70m, 100m 떨어진 거리에 있다.

① 목욕탕과 편의점과의 거리는 40m이다.

② 연이은 두 건물 간의 거리가 가장 먼 것은 은행과 편의점이다.

③ 미용실과 편의점 사이에는 1개의 건물이 있다.

④ K지점에서 미용실이 가장 멀리 있다면 은행과 교회는 45m 거리에 있다.

해설 5개의 건물이 위치한 곳을 그림과 기호로 표시하면 다음과 같다.

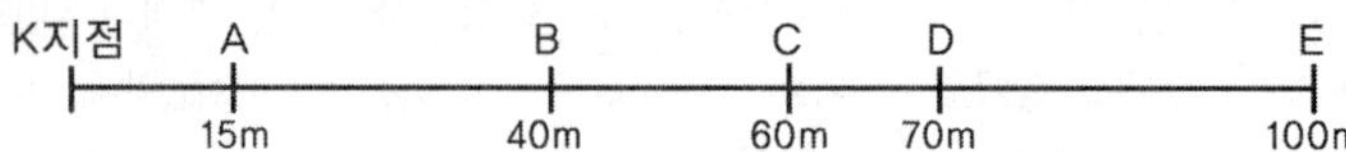

첫 번째 조건을 통해 목욕탕, 미용실, 은행은 C, D, E 중 한 곳, 교회와 편의점은 A, B 중 한 곳임을 알 수 있다.

두 번째 조건에 의하면 목욕탕과 교회 사이에 편의점과 또 하나의 건물이 있어야 한다. 이 조건을 충족하려면 A가 교회, B가 편의점이어야 하며 또한 D가 목욕탕이어야 한다. C와 E는 어느 곳이 미용실과 은행의 위치인지 주어진 조건만으로 알 수 없다.

따라서 보기 ④에서 언급된 바와 같이 미용실이 E가 된다면 은행은 C가 되어 교회인 A와 45m 거리에 있게 된다.

20 다음은 주식회사 서원각의 팀별 성과급 지급 기준이다. Y팀의 성과평가결과가 다음과 같다면 지급되는 성과급의 1년 총액은?

〈성과급 지급 방법〉

(가) 성과급 지급은 성과평가 결과와 연계함.

(나) 성과평가는 유용성, 안전성, 서비스 만족도의 총합으로 평가함. 단, 유용성, 안전성, 서비스 만족도의 가중치를 각각 0.4, 0.4, 0.2로 부여함.

(다) 성과평가 결과를 활용한 성과급 지급 기준

성과평가 점수	성과평가 등급	분기별 성과급 지급액	비고
9.0 이상	A	100만 원	성과평가 등급이 A이면 직전분기 차감액의 50%를 가산하여 지급
8.0 이상 9.0 미만	B	90만 원 (10만 원 차감)	
7.0 이상 8.0 미만	C	80만 원 (20만 원 차감)	
7.0 미만	D	40만 원 (60만 원 차감)	

구분	1/4 분기	2/4 분기	3/4 분기	4/4 분기
유용성	8	8	10	8
안전성	8	6	8	8
서비스 만족도	6	8	10	8

① 350만 원
② 360만 원
③ 370만 원
④ 380만 원

✔ 해설 먼저 아래 표를 항목별로 가중치를 부여하여 계산하면,

구분	1/4 분기	2/4 분기	3/4 분기	4/4 분기
유용성	$8\times\frac{4}{10}=3.2$	$8\times\frac{4}{10}=3.2$	$10\times\frac{4}{10}=4.0$	$8\times\frac{4}{10}=3.2$
안전성	$8\times\frac{4}{10}=3.2$	$6\times\frac{4}{10}=2.4$	$8\times\frac{4}{10}=3.2$	$8\times\frac{4}{10}=3.2$
서비스 만족도	$6\times\frac{2}{10}=1.2$	$8\times\frac{2}{10}=1.6$	$10\times\frac{2}{10}=2.0$	$8\times\frac{2}{10}=1.6$
합계	7.6	7.2	9.2	8
성과평가 등급	C	C	A	B
성과급 지급액	80만 원	80만 원	110만 원	90만 원

성과평가 등급이 A이면 직전분기 차감액의 50%를 가산하여 지급한다고 하였으므로, 3/4분기의 성과급은 직전분기 차감액 20만 원의 50%인 10만 원을 가산하여 지급한다.

$\therefore 80+80+110+90=360$(만 원)

Answer 19.④ 20.②

21 다음은 이○○씨가 A지점에서 B지점을 거쳐 C지점으로 출근을 할 때 각 경로의 거리와 주행속도를 나타낸 것이다. 이○○씨가 오전 8시 정각에 A지점을 출발해서 B지점을 거쳐 C지점으로 갈 때, 이에 대한 설명 중 옳은 것을 고르면?

구간	경로	주행속도(km/h)		거리(km)
		출근 시간대	기타 시간대	
A→B	경로 1	30	45	30
	경로 2	60	90	
B→C	경로 3	40	60	40
	경로 4	80	120	

※ 출근 시간대는 오전 8시부터 오전 9시까지이며, 그 이외의 시간은 기타 시간대임.

① C지점에 가장 빨리 도착하는 시각은 오전 9시 10분이다.

② C지점에 가장 늦게 도착하는 시각은 오전 9시 20분이다.

③ B지점에 가장 빨리 도착하는 시각은 오전 8시 40분이다.

④ 경로 2와 경로 3을 이용하는 경우와, 경로 1과 경로 4를 이용하는 경우 C지점에 도착하는 시각은 동일하다.

해설 시간 = $\frac{거리}{속도}$ 공식을 이용하여, 먼저 각 경로에서 걸리는 시간을 구한다.

구간	경로	시간			
		출근 시간대		기타 시간대	
A→B	경로 1	$\frac{30}{30}=1.0$	1시간	$\frac{30}{45}\fallingdotseq 0.67$	약 40분
	경로 2	$\frac{30}{60}=0.5$	30분	$\frac{30}{90}\fallingdotseq 0.33$	약 20분
B→C	경로 3	$\frac{40}{40}=1.0$	1시간	$\frac{40}{60}\fallingdotseq 0.67$	약 40분
	경로 4	$\frac{40}{80}=0.5$	30분	$\frac{40}{120}\fallingdotseq 0.33$	약 20분

④ 경로 2와 3을 이용하는 경우와 경로 1과 경로 4를 이용하는 경우 C지점에 도착하는 시각은 1시간 20분으로 동일하다.

① C지점에 가장 빨리 도착하는 방법은 경로 2와 경로 4를 이용하는 경우이므로, 가장 빨리 도착하는 시각은 1시간이 걸려서 오전 9시가 된다.

② C지점에 가장 늦게 도착하는 방법은 경로 1과 경로 3을 이용하는 경우이므로, 가장 늦게 도착하는 시각은 1시간 40분이 걸려서 오전 9시 40분이 된다.

③ B지점에 가장 빨리 도착하는 방법은 경로 2이므로, 가장 빨리 도착하는 시각은 30분이 걸려서 오전 8시 30분이 된다.

22 A, B, C, D, E는 4시에 만나서 영화를 보기로 약속했다. 이들이 도착한 것이 다음과 같다면 옳은 것은?

- A 다음으로 바로 B가 도착했다.
- B는 D보다 늦게 도착했다.
- B보다 늦게 온 사람은 한 명뿐이다.
- D는 가장 먼저 도착하지 못했다.
- 동시에 도착한 사람은 없다.
- E는 C보다 일찍 도착했다.

① D는 두 번째로 약속장소에 도착했다.
② C는 약속시간에 늦었다.
③ A는 가장 먼저 약속장소에 도착했다.
④ E는 제일 먼저 도착하지 못했다.

✔ 해설 약속장소에 도착한 순서는 E－D－A－B－C 순이고, 제시된 사실에 따르면 C가 가장 늦게 도착하긴 했지만 약속시간에 늦었는지는 알 수 없다.

23 다음 상황에서 옳은 것은?

왼쪽 길은 마을로 가고, 오른쪽 길은 공동묘지로 가는 두 갈래로 나누어진 길 사이에 장승이 하나 있는데, 이 장승은 딱 두 가지 질문만 받으며 두 질문 중 하나는 진실로, 하나는 거짓으로 대답한다. 또한 장승이 언제 진실을 얘기할지 거짓을 얘기할지 알 수 없다. 마을로 가기 위해 찾아온 길을 모르는 한 나그네가 규칙을 다 들은 후에 장승에게 다음과 같이 질문했다. "너는 장승이니?" 장승이 처음 질문에 대답한 후에 나그네가 다음 질문을 했다. "오른쪽 길로 가면 마을이 나오니?" 이어진 장승의 대답 후에 나그네는 한쪽 길로 사라졌다.

① 나그네가 길을 찾을 수 있을지 없을지는 알 수 없다.
② 장승이 처음 질문에 "그렇다."라고 대답하면 나그네는 마을을 찾아갈 수 없다.
③ 장승이 처음 질문에 "아니다."라고 대답하면 나그네는 마을을 찾아갈 수 없다.
④ 장승이 처음 질문에 무엇이라 대답하든 나그네는 마을을 찾아갈 수 있다.

✔ 해설 장승이 처음 질문에 "그렇다."라고 대답하면 그 대답은 진실이므로 다음 질문에 대한 대답은 반드시 거짓이 되고, "아니다."라고 대답하면 그 대답은 거짓이므로 다음 질문에 대한 대답은 반드시 진실이 된다. 장승이 처음 질문에 무엇이라 대답하든 나그네는 다음 질문의 대답이 진실인지 거짓인지 알 수 있으므로 마을로 가는 길이 어느 쪽 길인지 알 수 있게 된다.

Answer 21.④ 22.① 23.④

24 P회사 홍보부에서 근무하고 있는 Y씨는 선배들의 커피 심부름을 부탁받아 카페에 갔다 오려고 한다. Y씨는 자주 가는 카페에서 자신의 회원카드를 제시하려고 하며, 현재의 적립금은 2,050원으로 적립금을 최대한 사용할 예정이다. 다음 조건에 따라 계산할 경우 최종적으로 지불해야 하는 금액은 얼마인가?

〈선배들의 취향〉

- 김부장님 : 아메리카노 L
- 유과장님 : 휘핑크림 추가한 녹차라떼 R
- 신대리님 : 카페라떼 R
- 정대리님 : 카라멜 마끼아또 L
- Y씨 : 핫초코

〈메뉴〉

	R 사이즈(원)	L 사이즈(원)
아메리카노	2,500	2,800
카페라떼	3,500	3,800
카라멜 마끼아또	3,800	4,200
녹차라떼	3,000	3,500
핫초코	3,500	3,800

※ 휘핑크림 추가 : 800원
※ 오늘의 차 : 핫초코 균일가 3,000원
※ 카페 2주년 기념행사 : 총 금액 20,000원 초과 시 5% 할인

〈회원특전〉

- 10,000원 이상 결제 시 회원카드를 제시하면 총 결제 금액에서 1,000원 할인
- 적립금이 2,000점 이상인 경우, 현금처럼 사용가능(1점당 1원, 100원 단위로만 사용가능하며, 타 할인 혜택 적용 후 최종금액의 10%까지만 사용가능)
- 할인혜택은 중복적용 가능

① 14,300원
② 14,700원
③ 15,300원
④ 15,700원

㉠ 할인 전 금액 : 2,800원(김부장님)+3,800원(유과장님)+3,500원(신대리님)+4,200원(정대리님)+3,000원(Y씨)=17,300원

㉡ 할인된 금액 : 금액이 10,000원 이상이므로 회원카드 제시하고 1,000원 할인하면 16,300원이다. 적립금이 2,000점 이상인 경우 현금처럼 사용가능하다고 했으나, 타 할인 적용 후 최종금액의 10%까지만 사용가능하다고 했으므로 16,300원의 10%는 1,630원이다. 100원 단위로만 사용가능하므로 16,300원에서 1,600원을 할인 받으면 14,700원을 지불해야 한다.

25 다음과 같은 구조를 가진 어느 호텔에 A~H 8명이 투숙하고 있고, 알 수 있는 정보가 다음과 같다. B의 방이 204호일 때, D의 방은? (단, 한 방에는 한 명씩 투숙한다)

a라인	201	202	203	204	205
복도					
b라인	210	209	208	207	206

- 비어있는 방은 한 라인에 한 개씩 있고, A, B, F, H는 a라인에, C, D, E, G는 b라인에 투숙하고 있다.
- A와 C의 방은 복도를 사이에 두고 마주보고 있다.
- F의 방은 203호이고, 맞은 편 방은 비어있다.
- C의 오른쪽 옆방은 비어있고 그 옆방에는 E가 투숙하고 있다.
- B의 옆방은 비어있다.
- H와 D는 누구보다 멀리 떨어진 방에 투숙하고 있다.

① 202호　　② 205호

③ 206호　　④ 207호

해설 가장 확실한 조건(B는 204호, F는 203호)을 바탕으로 조건들을 채워나가면 다음과 같다.

a라인	201 H	202 A	203 F	204 B	205 빈 방
복도					
b라인	210 G	209 C	208 빈 방	207 E	206 D

∴ D의 방은 206호이다.

Answer 24.② 25.③

26 어류 관련 회사에서 근무하는 H씨는 생선을 좋아해서 매일 갈치, 조기, 고등어 중 한 가지 생선을 구워 먹는다. 다음 12월 달력과 〈조건〉을 참고하여 〈보기〉에서 옳은 것을 모두 고른 것은?

12월						
일	월	화	수	목	금	토
			1	2	3	4
5	6	7	8	9	10	11
12	13	14	15	16	17	18
19	20	21	22	23	24	25
26	27	28	29	30	31	

〈조건〉

- 같은 생선을 연속해서 이틀 이상 먹을 수 없다.
- 매주 화요일은 갈치를 먹을 수 없다.
- 12월 17일은 조기를 먹어야 한다.
- 하루에 1마리의 생선만 먹어야 한다.

〈보기〉

㉠ 12월 한 달 동안 먹을 수 있는 조기는 최대 15마리이다.
㉡ 12월 한 달 동안 먹을 수 있는 갈치는 최대 14마리이다.
㉢ 12월 6일에 조기를 먹어야 한다는 조건이 추가된다면 12월 한 달 동안 갈치, 조기, 고등어를 1마리 이상씩 먹는다.

① ㉠ ② ㉡
③ ㉡㉢ ④ ㉠㉢

해설 ㉠ 12월 17일에 조기를 먹어야 한다고 했고, 이틀 연속으로 같은 생선을 먹을 수 없으므로 홀수일에 조기를 먹고 짝수일에 갈치나 고등어를 먹으면 되므로 최대로 먹을 수 있는 조기는 16마리이다.
㉡ 매주 화요일에 갈치를 먹을 수 없다고 했으므로 6일 월요일에 갈치를 먹는다고 가정하면 2일, 4일, 6일, 8일, 10일, 12일, 15일, 18일, 20일, 22일, 24일, 26일, 29일, 31일로 먹으면 되므로 14마리이다.
㉢ 6일에 조기를 먹어야 하므로 2일, 4일, 6일, 8일, 10일, 12일, 14일까지 먹으면 17일날 조기를 먹어야 하므로 15일과 16일은 다른 생선을 먹어야 한다. 15일, 16일에 갈치나 고등어를 먹으면 되므로 12월 한달 동안 갈치, 조기, 고등어를 1마리 이상씩 먹게 된다.

27 O회사에 근무하고 있는 채과장은 거래 업체를 선정하고자 한다. 업체별 현황과 평가기준이 다음과 같을 때, 선정되는 업체는?

〈업체별 현황〉

국가명	시장매력도	정보화수준	접근가능성
	시장규모(억 원)	정보화순위	수출액(백만 원)
A업체	550	106	9,103
B업체	333	62	2,459
C업체	315	91	2,597
D업체	1,706	95	2,777

〈평가기준〉

- 업체별 종합점수는 시장매력도(30점 만점), 정보화수준(30점 만점), 접근가능성(40점 만점)의 합계(100점 만점)로 구하며, 종합점수가 가장 높은 업체가 선정된다.
- 시장매력도 점수는 시장매력도가 가장 높은 업체에 30점, 가장 낮은 업체에 0점, 그 밖의 모든 업체에 15점을 부여한다. 시장규모가 클수록 시장매력도가 높다.
- 정보화수준 점수는 정보화순위가 가장 높은 업체에 30점, 가장 낮은 업체에 0점, 그 밖의 모든 업체에 15점을 부여한다.
- 접근가능성 점수는 접근가능성이 가장 높은 업체에 40점, 가장 낮은 업체에 0점, 그 밖의 모든 국가에 20점을 부여한다. 수출액이 클수록 접근가능성이 높다.

① A　　② B

③ C　　④ D

✔해설 업체별 평가기준에 따른 점수는 다음과 같으며 D업체가 65점으로 선정된다.

	시장매력도	정보화수준	접근가능성	합계
A	15	0	40	55
B	15	30	0	45
C	0	15	20	35
D	30	15	20	65

Answer 26.③ 27.④

28 다음은 공공기관을 구분하는 기준이다. 다음 기준에 따라 각 기관을 구분한 결과가 옳지 않은 것은?

〈공공기관의 구분〉

제00조 제1항
공공기관을 공기업 · 준정부기관과 기타공공기관으로 구분하여 지정한다. 직원 정원이 50인 이상인 공공기관은 공기업 또는 준정부기관으로, 그 외에는 기타공공기관으로 지정한다.

제00조 제2항
제1항의 규정에 따라 공기업과 준정부기관을 지정하는 경우 자체수입액이 총수입액의 2분의 1 이상인 기관은 공기업으로, 그 외에는 준정부기관으로 지정한다.

제00조 제3항
제1항 및 제2항의 규정에 따른 공기업을 다음의 구분에 따라 세분하여 지정한다.
- 시장형 공기업 : 자산규모가 2조 원 이상이고, 총 수입액 중 자체수입액이 100분의 85 이상인 공기업
- 준시장형 공기업 : 시장형 공기업이 아닌 공기업

〈공공기관의 현황〉

공공기관	직원 정원	자산규모	자체수입비율
A	70명	4조 원	90%
B	45명	2조 원	50%
C	65명	1조 원	55%
D	60명	1.5조 원	45%

※ 자체수입비율 : 총 수입액 대비 자체수입액 비율

① A – 시장형 공기업
② B – 기타공공기관
③ C – 준정부기관
④ D – 준정부기관

해설 ③ C는 정원이 50명이 넘으므로 기타공공기관이 아니며, 자체수입비율이 55%이므로 자체수입액이 총 수입액의 2분의 1 이상이기 때문에 공기업이다. 시장형 공기업 조건에 해당하지 않으므로 C는 준시장형 공기업이다.

29 ㈜서원각에서는 가을맞이 부서 대항 체육대회를 개최하기로 하였다. 한 사람이 두 종목까지 참가할 수 있고 모든 직원이 한 종목 이상 참가해야 할 때, 영업부에서 3인 4각 선수로 참가해야 하는 사람만을 모두 고르면?

• 영업부 종목별 참가 인원

오래달리기	장애물 넘기	3인 4각	줄다리기
1명	4명	3명	4명

• 영업부 선수 후보

종목 \ 선수 후보	A	B	C	D	E	F	G
오래달리기	○	×	○	×	×	×	×
장애물 넘기	○	×	○	○	○	×	×
3인 4각	×	○	○	○	○	×	○
줄다리기	○	×	○	×	○	○	○

※ ○ : 참가 가능, × : 참가 불가능

※ 어떤 종목도 동시에 진행되지 않는다.

① A, B, F ② B, C, E

③ B, C, G ④ B, D, G

• 모든 직원이 한 종목 이상 참가해야 하므로 B는 3인 4각에, F는 줄다리기에 반드시 참가해야 한다.
• 영업부의 장애물 넘기 참가 인원이 4명인데 선수 후보가 4명이므로 A, C, D, E는 모두 장애물 넘기에 참가해야 한다.
• 오래달리기는 A 또는 C가 참가해야 하는데 A가 참가할 경우 줄다리기에 C, E, F, G가 참가해야 하며 C가 참가할 경우 A, E, F, G가 참가한다.
• 한 사람이 두 종목까지만 참가할 수 있으므로 3인 4각에는 B, D, G가 참가해야 한다.

종목 \ 선수 후보	A	B	C	D	E	F	G
오래달리기	참가(불참)	×	불참(참가)	×	×	×	×
장애물 넘기	참가	×	참가	참가	참가	×	×
3인 4각	×	참가	○	참가	○	×	참가
줄다리기	불참(참가)	×	참가(불참)	×	참가	참가	참가

Answer 28.③ 29.④

30 다음 글과 〈설립위치 선정 기준〉을 근거로 판단할 때, A사가 서비스센터를 설립하는 방식과 위치로 옳은 것은?

- 휴대폰 제조사 A는 B국에 고객서비스를 제공하기 위해 1개의 서비스센터 설립을 추진하려고 한다.
- 설립방식에는 ㈎ 방식과 ㈏ 방식이 있다.
- A사는 {(고객만족도 효과의 현재가치) – (비용의 현재가치)}의 값이 큰 방식을 선택한다.
- 비용에는 규제비용과 로열티비용이 있다.

구분		㈎ 방식	㈏ 방식
고객만족도 효과의 현재가치		5억 원	4.5억 원
비용의 현재가치	규제비용	3억 원 (설립 당해 년도만 발생)	없음
	로열티 비용	없음	– 3년간 로열티비용을 지불함 – 로열티비용의 현재가치 환산액 : 설립 당해연도는 2억 원, 그 다음 해부터는 직전년도 로열티비용의 1/2씩 감액한 금액

※ 고객만족도 효과의 현재가치는 설립 당해년도를 기준으로 산정된 결과이다.

〈설립위치 선정 기준〉

- 설립위치로 B국의 甲, 乙, 丙3곳을 검토 중이며, 각 위치의 특성은 다음과 같다.

위치	유동인구(만 명)	20~30대 비율(%)	교통혼잡성
甲	80	75	3
乙	100	50	1
丙	75	60	2

- A사는 {(유동인구) × (20~30대 비율) / (교통혼잡성)} 값이 큰 곳을 선정한다. 다만 A사는 제품의 특성을 고려하여 20~30대 비율이 50% 이하인 지역은 선정대상에서 제외한다.

설립방식	설립위치
① (가)	甲
② (가)	丙
③ (나)	甲
④ (나)	乙

✔ 해설 ㉠ 설립방식 : {(고객만족도 효과의 현재가치) − (비용의 현재가치)}의 값이 큰 방식 선택

- (가) 방식 : 5억 원 − 3억 원 = 2억 원 → 선택
- (나) 방식 : 4.5억 원 − (2억 원 + 1억 원 + 0.5억 원) = 1억 원

㉡ 설립위치 : {(유동인구) × (20~30대 비율) / (교통혼잡성)} 값이 큰 곳 선정(20~30대 비율이 50% 이하인 지역은 선정대상에서 제외)

- 甲: 80 × 75 / 3 = 2,000
- 乙 : 20~30대 비율이 50%이므로 선정대상에서 제외
- 丙 : 75 × 60 / 2 = 2,250 → 선택

Answer 30.②

CHAPTER

04 자원관리능력

1 다음은 B씨가 알아본 여행지의 관광 상품 비교표이다. 월요일에 B씨가 여행을 갈 경우 하루 평균 가격이 가장 비싼 여행지부터 순서대로 올바르게 나열한 것은 어느 것인가? (출발일도 일정에 포함, 1인당 가격은 할인 전 가격이며, 가격 계산은 버림 처리하여 정수로 표시함.)

관광지	일정	1인당 가격	비고
가	5일	599,000원	-
나	6일	799,000원	-
다	8일	999,000원	주중 20%할인
라	10일	1,999,000원	주중 50%할인

① 나-라-가-다
② 나-가-라-다
③ 나-다-가-라
④ 가-나-다-라

관광지	일정	1명의 하루 평균 가격
가	5일	599,000÷5=119,800
나	6일	799,000÷6=133,166
다	8일	999,000÷8=124,875 124,875×0.8=99,900 {(99,900×6)+124,875×2}÷8=106,143
라	10일	1,999,000÷10=199,900 199,900×0.5=99,950 {(99,950×8)+199,900×2}÷10=119,940

2 R회사 인사부에 근무하고 있는 K부장은 각 과의 요구를 모두 충족시켜 신규직원을 배치하여야 한다. 각 과의 요구가 다음과 같을 때 재무과에 배정되는 사람은 누구인가?

〈신규직원 배치에 대한 각 과의 요구〉

- 관리과 : 5급이 1명 배정되어야 한다.
- 홍보과 : 5급이 1명 배정되거나 6급이 2명 배정되어야 한다.
- 재무과 : B가 배정되거나 A와 E가 배정되어야 한다.
- 총무과 : C와 D가 배정되어야 한다.

〈신규직원〉

- 5급 2명(A, B)
- 6급 4명(C, D, E, F)

① A

② B

③ C와 D

④ E와 F

해설 각 과별로 배정되는 사람을 정리하면 다음과 같다.

관리과	A
홍보과	E, F
재무과	B
총무과	C, D

Answer 1.① 2.②

3 W기관은 업무처리시 오류 발생을 줄이기 위해 2016년부터 오류 점수를 계산하여 인사고과에 반영한다고 한다. 이를 위해 매월 직원별로 오류 건수를 조사하여 오류 점수를 다음과 같이 계산한다고 할 때, 가장 높은 오류 점수를 받은 사람은 누구인가?

〈오류 점수 계산 방식〉

- 일반 오류는 1건당 10점, 중대 오류는 1건당 20점씩 오류 점수를 부과하여 이를 합산한다.
- 전월 우수사원으로 선정된 경우, 합산한 오류 점수에서 70점을 차감하여 월별 최종 오류 점수를 계산한다.

〈W기관 벌점 산정 기초자료〉

직원	오류 건수(건)		전월 우수사원 선정 여부
	일반 오류	중대 오류	
A	4	15	미선정
B	8	20	선정
C	6	10	미선정
D	5	12	미선정

① A　② B
③ C　④ D

 ① A : 340
② B : 410
③ C : 260
④ D : 290

4 U회사에서 사원 김씨, 이씨, 정씨 3인을 대상으로 승진시험을 치렀다. 다음 〈보기〉에 따라 승진이 결정된다고 할 때 승진하는 사람은?

〈보기〉

- U회사에서 김씨, 이씨, 정씨 세 명의 승진후보자가 시험을 보았으며, 상식 30문제, 영어 20문제가 출제되었다.
- 상식은 정답을 맞힌 개수 당 5점씩, 틀린 개수 당 −3점씩을 부여하고, 영어의 경우 정답을 맞힌 개수 당 10점씩, 틀린 개수 당 −5점씩을 부여한다.
- 채점 방식에 따라 계산했을 때 250점 이하이면 승진에서 탈락한다.
- 각 후보자들이 정답을 맞힌 문항의 개수는 다음과 같고, 이 이외의 문항은 모두 틀린 것이다.

	상식	영어
김씨	24	16
이씨	20	19
정씨	28	15

① 김씨와 이씨
② 김씨와 정씨
③ 이씨와 정씨
④ 모두 승진

해설 김씨 : (24×5)−(6×3)+(16×10)−(4×5)=242
이씨 : (20×5)−(10×3)+(19×10)−(1×5)=255
정씨 : (28×5)−(2×3)+(15×10)−(5×5)=259

Answer 3.② 4.③

5 아래의 도표가 〈보기〉와 같은 내용의 근거 자료로 제시되었을 경우, 밑줄 친 ㉠~㉣ 중 도표의 내용에 비추어 올바르지 않은 설명은 어느 것인가?

〈미국 멕시코 만에서 각 경로별 수송 거리〉

(단위: 해리)

		파나마 운하	수에즈 운하	희망봉	케이프 혼
아시아	일본(도쿄만)	9,141	14,441	15,646	16,687
	한국(통영)	9,954	–	15,375	–
	중국(광동)	10,645	13,020	14,297	17,109
	싱가포르	11,955	11,569	12,972	16,878
	인도	14,529	9,633	12,079	–
남미	칠레	4,098	–	–	8,965

〈보기〉

㉠ <u>미국 멕시코만–파나마 운하–아시아로 LNG를 운송할 경우, 수송거리 단축에 따라 수송시간도 단축될 것으로 보인다</u>. 특히, 전 세계 LNG 수입 시장의 75%를 차지하는 중국, 한국, 일본, 대만 등 아시아 시장으로의 수송 시간 단축은 자명하다. 예를 들어, ㉡ <u>미국 멕시코만–파나마–일본으로 LNG 수송 시간은 대략 20일 정도 소요되는 반면, 수에즈 운하 통과 시 약 31일 소요</u>되고, 아프리카의 남쪽 이용 시 약 34일 정도 소요된다. 같은 아시아 시장이라고 할지라도 인도, 파키스탄의 경우는 수에즈 운하나 남아프리카 희망봉을 통과하는 것이 수송시간 단축에 유리하며, ㉢ <u>싱가포르의 경우는 수에즈 운하나 희망봉을 경유하는 것이 파나마 운하를 이용하는 것보다 적은 수송시간이 소요</u>된다. 또한, 미국 멕시코만–남미 수송시간도 단축될 것으로 예상되는데, 콜롬비아 및 에콰도르의 터미널까지는 20일이 단축이 되어 기존 25일에서 5일이 걸리고, ㉣ <u>칠레의 기화 터미널까지는 기존 20일에서 8~9일로 약 12일이 단축이 된다</u>.

파나마 운하를 통과함으로써 수송거리 단축에 따른 수송비용 절감효과도 있다. 3.5bcf LNG 수송선을 기준으로 파나마운하관리청(Panama Canal Authrity)의 신규 통행료를 적용하여 왕복 통행료를 추정하면 대략 $0.2/MMBtu이다. 이를 적용하여 미국 멕시코만–파나마–아시아시장으로의 LNG 왕복 수송비용을 계산하면 파나마 운하 대신 수에즈 운하나 케이프 혼을 통과하는 경로에 비해서 대략 9~12%의 비용절감이 예상된다. 한편, IHS 자료를 바탕으로 비용 절감효과를 계산해 보면, 파나마 운하 이용 시 미국 멕시코만–수에즈–아시아 경로보다 대략 $0.3/MMBtu~$0.8/MMBtu 정도 비용이 절감되고, 희망봉 통과 경로보다 약 $0.2/MMBtu~$0.7/MMBtu 정도 절약되는 것으로 분석된다.

① ㉠ ② ㉡

③ ㉢ ④ ㉣

✔해설 싱가포르의 경우 수에즈 운하를 경유하는 것이 가장 짧은 거리이며, 다음으로 파나마 운하, 희망봉의 순임을 알 수 있다.

6 자원관리능력이 필요한 이유와 가장 관련 있는 자원의 특성은?

① 가변성 ② 유한성
③ 편재성 ④ 상대성

해설 ② 자원의 적절한 관리가 필요한 이유는 자원의 유한성 때문이다.

7 다음 중 시간자원에 대한 설명으로 틀린 것은?

① 시간은 누구에게나 똑같은 속도로 흐른다.
② 시간은 빌리거나 저축할 수 없다.
③ 시간은 시절에 관계없이 그 밀도가 같다.
④ 시간은 어떻게 사용하느냐에 따라 가치가 달라진다.

해설 ③ 시간은 시절에 따라 밀도와 가치가 다르다. 인생의 황금기, 황금시간대 등은 시간자원의 이러한 성격을 반영하는 말이다.

8 다음에 설명하고 있는 합리적인 인사관리 원칙은?

> 근로자의 인권을 존중하고 공헌도에 따라 노동의 대가를 지급한다.

① 적재적소 배치의 원리 ② 공정 보상의 원칙
③ 공정 인사의 원칙 ④ 종업원 안정의 원칙

해설 합리적인 인사관리의 원칙
㉠ **적재적소 배치의 원리** : 해당 직무 수행에 가장 적합한 인재를 배치
㉡ **공정 보상의 원칙** : 근로자의 인권을 존중하고 공헌도에 따라 노동의 대가를 공정하게 지급
㉢ **공정 인사의 원칙** : 직무 배당, 승진, 상벌, 근무 성적의 평가, 임금 등을 공정하게 처리
㉣ **종업원 안정의 원칙** : 직장에서의 신분 보장, 계속해서 근무할 수 있다는 믿음으로 근로자의 안정된 회사 생활 보장
㉤ **창의력 계발의 원칙** : 근로자가 창의력을 발휘할 수 있도록 새로운 제안 · 건의 등의 기회를 마련하고 적절한 보상을 지급
㉥ **단결의 원칙** : 직장 내에서 구성원들이 소외감을 갖지 않도록 배려하고, 서로 협동 · 단결할 수 있도록 유지

Answer 5.③ 6.② 7.③ 8.②

▌9~10▌ 다음 자료는 O회사 창고다음은 특정 시점 A국의 B국에 대한 주요 품목의 수출입 내역을 나타낸 것이다. 이를 보고 이어지는 물음에 답하시오.

(단위: 천 달러)

수출		수입		합계	
품목	금액	품목	금액	품목	금액
섬유류	352,165	섬유류	475,894	섬유류	828,059
전자전기	241,677	전자전기	453,907	전자전기	695,584
잡제품	187,132	생활용품	110,620	생활용품	198,974
생활용품	88,354	기계류	82,626	잡제품	188,254
기계류	84,008	화학공업	38,873	기계류	166,634
화학공업	65,880	플라스틱/고무	26,957	화학공업	104,753
광산물	39,456	철강금속	9,966	플라스틱/고무	51,038
농림수산물	31,803	농림수산물	6,260	광산물	39,975
플라스틱/고무	24,081	잡제품	1,122	농림수산물	38,063
철강금속	21,818	광산물	519	철강금속	31,784

9 다음 중 위의 도표에서 알 수 있는 A국↔B국간의 주요 품목 수출입 내용이 아닌 것은 어느 것인가? (언급되지 않은 품목은 고려하지 않는다)

① A 국은 B국과의 교역에서 수출보다 수입을 더 많이 한다.

② B 국은 1차 산업의 생산 또는 수출 기반이 A 국에 비해 열악하다고 볼 수 있다.

③ 양국의 상호 수출입 액 차이가 가장 적은 품목은 기계류이다.

④ A 국의 입장에서, 총 교역액에서 수출액이 차지하는 비중이 가장 큰 품목은 광산물이다.

✔ 해설 광산물의 경우 총 교역액에서 수출액이 차지하는 비중은 39,456÷39,975×100=약 98.7%이나, 잡제품의 경우 187,132÷188,254×100=약 99.4%의 비중을 보이고 있으므로 총 교역액에서 수출액이 차지하는 비중이 가장 큰 품목은 잡제품이다.

10 A 국에서 무역수지가 가장 큰 품목의 무역수지 액은 얼마인가? (무역수지=수출액-수입액)

① 27,007천 달러

② 38,937천 달러

③ 186,010천 달러

④ 25,543천 달러

✔ 해설 무역수지가 가장 큰 품목은 잡제품으로 무역수지 금액은 187,132-1,122=186,010천 달러에 달하고 있다.

Answer 9.④ 10.③

11 비용은 직접비용과 간접비용으로 나뉜다. 다음 중 직접비용으로만 묶인 것은?

① 재료비, 장비, 보험료
② 여행비. 인건비, 재료비
③ 시설비, 건물관리비, 통신비
④ 인건비, 사무비품비, 공과금

✔ 해설 비용
㉠ 직접비용 : 재료비, 원료와 장비, 시설비, 여행(출장) 및 잡비, 인건비 등
㉡ 간접비용 : 보험료, 건물관리비, 광고비, 통신비, 사무비품비, 각종 공과금 등

12 다음에서 설명하고 있는 인력배치의 원칙은 무엇인가?

> 개인에게 능력을 발휘할 수 있는 기회와 장소를 부여하고 그 성과를 바르게 평가하며 평가된 능력과 실적에 대해 그에 상응하는 보상을 주는 원칙

① 적재적소주의 ② 균형주의
③ 능력주의 ④ 동일성의 원칙

✔ 해설 제시된 내용은 개인의 능력에 따라 보상이 주어지는 능력주의를 말한다.

13 다음은 버스 종류별 운영비 내역이다. 승객 1인당 운영비가 낮을수록 버스 운행 순이익이 높다고 한다. 다음 중 가장 순이익이 낮은 버스는? (단, 다른 조건은 무시한다.)

〈버스 종류별 1일 운영비 내역〉

(단위 : 원)

	일반버스	굴절버스	저상버스
운전직 인건비	331,400	331,400	331,400
관리직 인건비	42,638	42,638	42,638
연료비	104,649	160,709	133,133
타이어비	3,313	8,282	4,306
차량보험료	16,066	21,641	16,066
정비비	9,097	45,484	13,645

〈버스 종류별 1일 승객 수〉

(단위 : 명)

버스 종류	일반버스	굴절버스	저상버스
승객 수	800	1,000	900

① 모두 동일하다.
② 일반버스
③ 굴절버스
④ 저상버스

✔ 해설
- 일반버스 1인당 순이익 : 633.95375원
- 굴절버스 1인당 순이익 : 610.154원
- 저상버스 1인당 순이익 : 601.32원

14 직장인 K씨는 출근시간이 빠르다고 투덜대고 월급이 너무 적다고 투덜댄다. K씨의 일상을 보면 매일 새벽 3시까지 게임을 하며, 아침이나 저녁을 모두 인스턴트 음식으로 해결한다. K씨의 가장 큰 문제점은 무엇인가?

① 적은 소득
② 많은 소득
③ 적은 지출
④ 많은 지출

✔ 해설 K씨를 보면 적은 월급이라고 투덜대지만 인스턴트 음식을 줄이면 해결되고, 출근시간이 빠르다고 투덜대는 것은 잠을 일찍 자면 되는 것이다. K씨는 시간과 돈을 낭비하고 있는 것이다.

Answer 11.② 12.③ 13.④ 14.④

15 다음은 갑의 재무 현황을 나타낸 자료이다. 이에 대한 설명으로 옳은 것은? (단, 순자산 = 자산 − 부채)

자산		부채	
아파트	4억 원	은행 대출금	1억 원
자동차	2,000만 원	자동차 할부금	500만 원
현금	500만 원		
요구불 예금	200만 원		
채권	300만 원		
주식	500만 원		

① 실물 자산은 4억 원이다.
② 아파트는 요구불예금보다 유동성이 높다.
③ 주식은 요구불예금보다 안전성이 높다.
④ 갑이 보유 현금으로 자동차할부금을 상환하여도 순자산은 변동이 없다.

✔ 해설 갑이 보유 현금으로 자동차 할부금을 상환하면, 감소하는 자산만큼 부채도 감소하므로 순자산은 변동이 없다.

16 다음의 설명은 물적 자원 활용 방해요인 중 무엇에 해당하는가?

> 물적 자원은 계속해서 사용할 수 있는 것이 아니다. 사용할 수 있는 기간이 정해져 있기 때문에 보유하고 있는 물건을 적절히 관리하여 고장이 나거나 훼손되지 않도록 하여야 한다. 물적 자원은 관리를 제대로 하지 못하면 훼손이 되어 활용할 수 없게 되고 또 그렇게 되면 새로 구입하여야 한다. 관리를 제대로 하였다면 사용할 수 있는 자원을 새로 구입하면 경제적 손실도 가져오게 되는 것이다.

① 보관 장소를 파악하지 못한 경우
② 훼손 및 파손된 경우
③ 분실한 경우
④ 구입하지 않은 경우

✔ 해설 물적 자원 활용 방해요인으로는 보관 장소를 파악하지 못하는 경우, 물품이 훼손된 경우, 물품을 분실한 경우로 나눌 수 있다. 위 설명은 훼손 및 파손된 경우에 대한 설명이다.

17 기업의 예산집행실적을 작성하려고 할 때 이에 대한 설명으로 옳지 않은 것은?

① 예산편성항목과 항목별 배정액을 작성하고 해당 항목에 대한 당월의 사용실적, 누적 실적을 기록한다.

② 잔액은 배정액에서 누적실적을 뺀 차이로 적고, 사용률은 누적 실적/배정액에 100을 곱하여 작성한다.

③ 비고는 어떤 목적으로 사용했는지에 대한 정보를 기입한다.

④ 예산항목의 지출이 초과되어야 예산집행실적이 좋은 것이다.

✔ 해설 예산집행실적은 예산계획에 차질이 없도록 집행하기 위해서 작성하는 것으로 예산항목의 지출이 초과되어 곤란함을 겪게 되는 것을 방지할 수 있다.

18 서원각 경영진은 최근 경기 침체로 인한 이익감소를 극복하기 위하여 신규사업을 검토 중이다. 현재 회사는 기존 사업에서 평균 투자액 기준으로 12%의 회계적 이익률을 보이고 있으며, 신규사업에서 예상되는 당기순이익은 다음과 같다.

구분	신규사업으로 인한 당기순이익
1	200,000
2	300,000
3	400,000

회사는 신규사업을 위해 2,240,000을 투자해야 하며 3년 후의 잔존가치는 260,000원으로 예상된다. 최초투자액을 기준으로 하여 신규사업의 회계적 이익률을 구하면? (회사는 정액법에 의해 감가상각한다. 또한 회계적 이익률은 소수점 둘째 자리에서 반올림한다.)

① 약 11.4%
② 약 12.4%
③ 약 13.4%
④ 약 14.4%

 회계적 이익률은 $\frac{\text{연평균 순이익}}{\text{초기투자액}}$ 이므로 연평균 순이익 $= \frac{200,000+300,000+400,000}{3} = 300,000$

이익률 $= \frac{300,000}{2,240,000} \times 100 = 13.392\cdots\ \%$

Answer 15.④ 16.② 17.④ 18.③

▌19~20▐ 다음은 서원물류담당자 J씨가 회사와 인접한 파주, 인천, 철원, 구리 4개 지점 중 최적의 물류 거점을 세우려고 한다. 지점 간 거리와 물동량을 보고 물음에 답하시오.

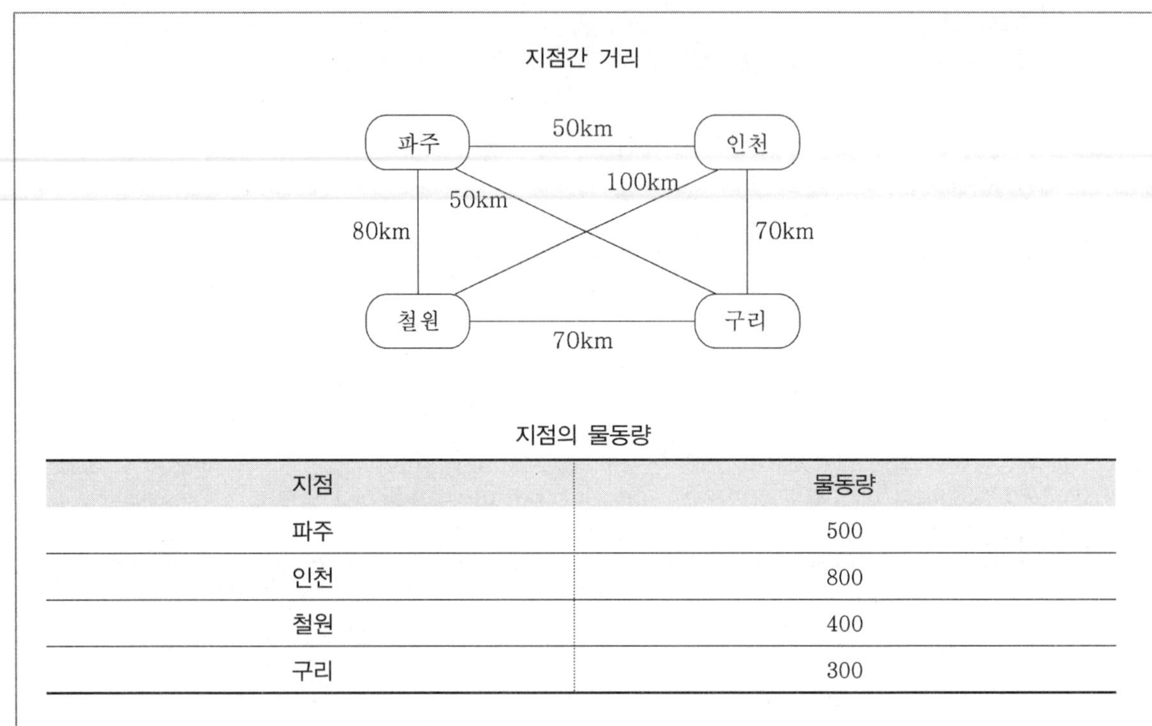

지점의 물동량

지점	물동량
파주	500
인천	800
철원	400
구리	300

19 지점간 거리를 고려한 최적의 물류거점은 어디가 되는가?

① 파주　　② 인천
③ 철원　　④ 구리

✔ 해설 파주 : 50 + 50 + 80 = 180
인천 : 50 + 100 + 70 = 220
철원 : 80 + 70 + 100 = 250
구리 : 70 + 70 + 50 = 190

20 지점간 거리와 물동량을 모두 고려한 최적의 물류거점은 어디가 되는가?

① 파주　　② 인천

③ 철원　　④ 구리

해설 파주 : $(50\times800)+(50\times300)+(80\times400)=40,000+15,000+32,000=87,000$
인천 : $(50\times500)+(100\times400)+(70\times300)=25,000+40,000+21,000=86,000$
철원 : $(80\times500)+(100\times800)+(70\times300)=40,000+80,000+21,000=141,000$
구리 : $(50\times500)+(70\times800)+(70\times400)=25,000+56,000+28,000=109,000$

21 다음 자료에 대한 분석으로 옳지 않은 것은?

어느 마을에 20가구가 살고 있으며, 가로등 총 설치비용과 마을 전체 가구가 누리는 총 만족감을 돈으로 환산한 값은 표와 같다. (단, 가로등으로부터 각 가구가 누리는 만족감의 크기는 동일하며, 설치비용은 모든 가구가 똑같이 부담한다.)

가로등 수(개)	총 설치비용(만 원)	총 만족감(만 원)
1	50	100
2	100	180
3	150	240
4	200	280
5	250	300

① 가로등이 2개 설치되었을 때는 더 늘리는 것이 합리적이다.

② 가로등 1개를 더 설치할 때마다 추가되는 비용은 일정하다.

③ 가로등을 4개 설치할 경우 각 가구가 부담해야 할 설치비용은 10만 원이다.

④ 가로등이 최적으로 설치되었을 때 마을 전체 가구가 누리는 총 만족감은 300만 원이다.

해설 편익이 비용보다 클 때는 가로등 설치량을 늘려나가야 한다. 따라서 이 마을에서 가로등의 최적 설치량은 3개이며, 이때 마을 전체 가구가 누리는 총 만족감은 240만 원이다.

Answer 19.① 20.② 21.④

22 다음 상황에서 J씨에게는 합리적, K씨에게는 비합리적 선택이 되기 위한 은행 예금의 연간 이자율 범위에 포함되는 이자율은? (단, 다른 상황은 고려하지 않는다.)

- J씨와 K씨는 각각 1억 원, 1억 5천만 원의 연봉을 받고 있는 요리사이다.
- 10억 원의 보증금만 지불하면 인수할 수 있는 A 식당이 매물로 나왔는데, 연간 2억 5천만 원의 이익(식당 운영에 따른 총수입에서 실제 지불되는 비용을 뺀 값)이 예상된다. 단, 보증금은 1년 후 식당을 그만 두면 돌려받을 수 있다.
- J씨와 K씨는 각각 은행에 10억 원을 예금하고 있으며, A 식당을 인수하기 위해 경쟁하고 있다. A 식당을 인수할 경우 현재의 직장을 그만두고 예금한 돈을 인출하여 보증금을 지불할 예정이다.

① 4% ② 8%

③ 12% ④ 16%

해설 J씨와 K씨가 각각 직장을 그만두고 A 식당을 인수하는 것이 J씨에게는 합리적인 선택이, K씨에게는 비합리적 선택이 되기 위해서는 은행 예금의 연간 이자율이 10%보다 높고, 15%보다는 낮아야 한다.

23 다음 사례에 대한 분석으로 가장 옳은 것은?

L씨는 한가한 주말을 이용하여 식당에서 아르바이트를 하고 있다. 수입은 시간당 5천 원이고, 일의 양에 따라 피곤함이라는 비용이 든다. L씨가 하루에 일할 수 있는 시간과 이에 따른 수입(편익) 및 피곤함(비용)의 정도를 각각 화폐 단위로 환산하면 아래와 같다.

(단위 : 원)

시간	1	2	3	4	5
총편익	5,000	10,000	15,000	20,000	25,000
총비용	2,000	5,000	11,000	20,000	30,000

* 순편익=편익−비용

① L씨는 하루에 4시간 일하는 것이 합리적이다.

② L씨가 1시간 더 일할 때, 추가로 얻게되는 편익은 증가한다.

③ L씨가 1시간 더 일할 때, 추가로 발생하는 비용은 일정하다.

④ L씨는 아르바이트로 하루에 최대로 얻을 수 있는 순편익은 5,000원이다.

해설 1시간 더 일할 때, 추가되는 편익은 5,000원으로 일정하고, 추가되는 비용은 점차 증가한다. 순편익은 2시간 일할 때 최대(5,000원)가 되므로 갑은 2시간만 일하는 것이 합리적이다.

24 다음 글과 〈조건〉을 근거로 판단할 때, 중국으로 출장 가는 사람으로 짝지어진 것은?

C회사에서는 업무상 외국 출장이 잦은 편이다. 인사부 A씨는 매달 출장 갈 직원들을 정하는 업무를 맡고 있다. 이번 달에는 총 4국가로 출장을 가야 하며 인원은 다음과 같다.

미국	영국	중국	일본
1명	4명	3명	4명

출장을 갈 직원은 이과장, 김과장, 신과장, 류과장, 임과장, 장과장, 최과장이 있으며, 개인별 출장 가능한 국가는 다음과 같다.

국가＼직원	이과장	김과장	신과장	류과장	임과장	장과장	최과장
미국	○	×	○	×	×	×	×
영국	○	×	○	○	○	×	×
중국	×	○	○	○	○	×	○
일본	×	×	○	×	○	○	○

※ ○ : 출장 가능, × : 출장 불가능

※ 어떤 출장도 일정이 겹치진 않는다.

〈조건〉

- 한 사람이 두 국가까지만 출장 갈 수 있다.
- 모든 사람은 한 국가 이상 출장을 가야 한다.

① 김과장, 최과장, 류과장　　② 김과장, 신과장, 류과장

③ 신과장, 류과장, 임과장　　④ 김과장, 임과장, 최과장

✔ 해설 모든 사람이 한 국가 이상 출장을 가야 한다고 했으므로 김과장은 꼭 중국을 가야 하며, 장과장은 꼭 일본을 가야 한다. 또한 영국으로 4명이 출장을 가야 되고, 출장 가능 직원도 4명이므로 이과장, 신과장, 류과장, 임과장이 영국을 가야한다. 4국가 출장에 필요한 직원은 12명인데 김과장과 장과장이 1국가밖에 못가므로 나머지 5명이 2국가씩 출장가야 한다는 것에 주의한다.

	출장가는 직원
미국(1명)	이과장
영국(4명)	류과장, 이과장, 신과장, 임과장
중국(3명)	김과장, 최과장, 류과장
일본(4명)	장과장, 최과장, 신과장, 임과장

Answer 22.③ 23.④ 24.①

25 다음은 공무원에게 적용되는 '병가' 규정의 일부이다. 다음을 참고할 때, 규정에 맞게 병가를 사용한 것으로 볼 수 없는 사람은 누구인가?

> 병가(복무규정 제18조)
> ▲ 병가사유
> - 질병 또는 부상으로 인하여 직무를 수행할 수 없을 때
> - 감염병의 이환으로 인하여 그 공무원의 출근이 다른 공무원의 건강에 영향을 미칠 우려가 있을 때
>
> ▲ 병가기간
> - 일반적 질병 또는 부상 : 연 60일의 범위 내
> - 공무상 질병 또는 부상 : 연 180일의 범위 내
>
> ▲ 진단서를 제출하지 않더라도 연간 누계 6일까지는 병가를 사용할 수 있으나, 연간 누계 7일째 되는 시점부터는 진단서를 제출하여야 함
> ▲ 질병 또는 부상으로 인한 지각 · 조퇴 · 외출의 누계 8시간은 병가 1일로 계산, 8시간 미만은 계산하지 않음
> ▲ 결근 · 정직 · 직위해제일수는 공무상 질병 또는 부상으로 인한 병가일수에서 공제함

① 공무상 질병으로 179일 병가 사용 후, 같은 질병으로 인한 조퇴 시간 누계가 7시간인 K씨
② 일반적 질병으로 인하여 직무 수행이 어려울 것 같아 50일 병가를 사용한 S씨
③ 정직 30일의 징계와 30일의 공무상 병가를 사용한 후 지각 시간 누계가 7시간인 L씨
④ 일반적 질병으로 60일 병가 사용 후 일반적 부상으로 인한 지각 · 조퇴 · 외출 시간이 각각 3시간씩인 H씨

해설 일반적 질병으로 60일 병가를 모두 사용하였고, 부상으로 인한 지각 · 조퇴 · 외출 누계 허용 시간인 8시간을 1시간 넘겼으므로 규정 내의 병가 사용이라고 볼 수 없다.

① 공무상 질병으로 인한 병가는 180일 이내이며, 조퇴 누계 시간이 8시간 미만이므로 규정 내에서 사용하였다.
② 일반적 질병으로 60일 범위 내에서 사용한 병가이므로 규정 내에서 사용하였다.
③ 정직일수는 병가일수에서 공제하여야 하므로 60일(정직 30일+공무상 병가 30일)의 공무상 병가이며, 지각 누계 시간이 8시간 미만이므로 규정 내에서 사용하였다.

26 기획팀 N대리는 다음 달로 예정되어 있는 해외 출장 일정을 확정하려 한다. 다음에 제시된 글의 내용을 만족할 경우 N대리의 출장 일정에 대한 보기의 설명 중 올바른 것은 어느 것인가?

> N대리는 다음 달 3박4일 간의 중국 출장이 계획되어 있다. 회사에서는 출발일과 복귀 일에 업무 손실을 최소화할 수 있도록 가급적 평일에 복귀하도록 권장하고 있고, 출장 기간에 토요일과 일요일이 모두 포함되는 일정은 지양하도록 요구한다. 이번 출장은 기획팀에게 매우 중요한 문제를 해결할 수 있는 기회가 될 수 있어 팀장은 N대리의 복귀 바로 다음 날 출장 보고를 받고자 한다. 다음 달의 첫째 날은 금요일이며 마지막 주 수요일과 13일은 N대리가 빠질 수 없는 업무 일정이 잡혀 있다.

① 금요일에 출장을 떠나는 일정도 가능하다.
② 팀장은 월요일이나 화요일에 출장 보고를 받을 수 있다.
③ N대리가 출발일로 잡을 수 있는 날짜는 모두 4개이다.
④ N대리는 마지막 주에 출장을 가게 될 수도 있다.

✔ 해설 다음 달의 첫째 날이 금요일이므로 아래와 같은 달력을 그려 볼 수 있다.
3박4일 일정이므로 평일에 복귀해야 하며 주말이 모두 포함되는 일정을 피하기 위해서는 출발일이 일, 월, 화요일이어야 한다. 또한 팀장 보고를 위해서는 금요일에 복귀하게 되는 화요일 출발 일정도 불가능하다. 따라서 일요일과 월요일에만 출발이 가능하다. 그런데 27일과 13일이 출장 일정에 포함될 수 없으므로 10, 11, 24, 25일은 제외된다. 따라서 3, 4, 17, 18일에 출발하는 4가지 일정이 가능하다.

일	월	화	수	목	금	토
					1	2
3	4	5	6	7	8	9
10	11	12	13	14	15	16
17	18	19	20	21	22	23
24	25	26	27	28	29	30

Answer 25.④ 26.③

27 다음은 ○○그룹 자원관리팀에 근무하는 현수의 상황이다. A자원을 구입하는 것과 B자원을 구입하는 것에 대한 분석으로 옳지 않은 것은?

> 현수는 새로운 프로젝트를 위해 B자원을 구입하였다. 그런데 B자원을 주문한 날 상사가 A자원을 구입하라고 지시하자 고민하다가 결국 상사를 설득시켜 그대로 B자원을 구입하기로 결정했다. 단, 여기서 두 자원을 구입하기 위해 지불해야 할 금액은 각각 50만 원씩으로 같지만 ○○그룹에게 있어 A자원의 실익은 100만 원이고 B자원의 실익은 150만 원이다. 그리고 자원을 주문한 이상 주문 취소는 불가능하다.

① 상사를 설득시켜 그대로 B자원을 구입하기로 결정한 현수의 선택은 합리적이다.
② B자원의 구입으로 인한 기회비용은 100만 원이다.
③ B자원을 구입하기 위해 지불한 50만 원은 회수할 수 없는 매몰비용이다.
④ ○○그룹에게 있어 더 큰 실제의 이익을 주는 자원은 A자원이다.

✔ 해설 ④ ○○그룹에게 있어 A자원의 실익은 100만 원이고 B자원의 실익은 150만 원이므로 더 큰 실제의 이익을 주는 자원은 B자원이다.

28 다음 자료에 대한 분석으로 옳지 않은 것은?

> △△그룹에는 총 50명의 직원이 근무하고 있으며 자판기 총 설치비용과 사내 전 직원이 누리는 총 만족감을 돈으로 환산한 값은 아래 표와 같다. (단, 자판기로부터 각 직원이 누리는 만족감의 크기는 동일하며 설치비용은 모든 직원이 똑같이 부담한다)

자판기 수(개)	총 설치비용(만 원)	총 만족감(만 원)
3	150	210
4	200	270
5	250	330
6	300	360
7	350	400

① 자판기를 7개 설치할 경우 각 직원들이 부담해야 하는 설치비용은 7만 원이다.
② 자판기를 최적으로 설치하였을 때 전 직원이 누리는 총 만족감은 400만 원이다.
③ 자판기를 4개 설치할 경우 더 늘리는 것이 합리적이다.
④ 자판기를 한 개 설치할 때마다 추가되는 비용은 일정하다.

✔ 해설 ② △△그룹에서 자판기의 최적 설치량은 5개이며 이때 전 직원이 누리는 총 만족감은 330만 원이다.

29 〈여성권익사업 보조금 지급 기준〉과 〈여성폭력피해자 보호시설 현황〉을 근거로 판단할 때, 지급받을 수 있는 보조금의 총액이 큰 시설부터 작은 시설 순으로 바르게 나열된 것은? (단, 4개 보호시설의 종사자에는 각 1명의 시설장이 포함되어 있다)

〈여성권익사업 보조금 지급 기준〉

1. 여성폭력피해자 보호시설 운영비
  - 종사자 1~2인 시설 : 240백만 원
  - 종사자 3~4인 시설 : 320백만 원
  - 종사자 5인 이상 시설 : 400백만 원

  ※ 단, 평가등급이 1등급인 보호시설에는 해당 지급액의 100%를 지급하지만, 2등급인 보호시설에는 80%, 3등급인 보호시설에는 60%를 지급한다.
2. 여성폭력피해자 보호시설 사업비
  - 종사자 1~3인 시설 : 60백만 원
  - 종사자 4인 이상 시설 : 80백만 원
3. 여성폭력피해자 보호시설 종사자 장려수당
  - 종사자 1인당 50백만 원

  ※ 단, 종사자가 5인 이상인 보호시설의 경우 시설장에게는 장려수당을 지급하지 않는다.
4. 여성폭력피해자 보호시설 입소자 간식비
  - 입소자 1인당 1백만 원

〈여성폭력피해자 보호시설 현황〉

보호시설	종사자 수(인)	입소자 수(인)	평가등급
A	4	7	1
B	2	8	1
C	4	10	2
D	5	12	3

① A − C − D − B　　② A − D − C − B

③ C − A − B − D　　④ D − A − C − B

✔ 해설 각 보호시설의 보조금 총액을 구하면 다음과 같다.

(단위 : 백만 원)

구분	운영비	사업비	종사자 장려수당	입소자 간식비	총액
A	320	80	200	7	607
B	240	60	100	8	408
C	$320 \times 0.8 = 256$	80	200	10	546
D	$400 \times 0.6 = 240$	80	200	12	532

따라서 지급받을 수 있는 보조금 총액이 큰 시설부터 작은 시설 순으로 나열하면 A − C − D − B이다.

Answer 27.④ 28.② 29.①

30 甲은 가격이 1,000만 원인 자동차 구매를 위해 OO은행의 자동차 구매 상품인 A, B, C에 대해서 상담을 받았다. 다음 상담 내용에 따를 때, 〈보기〉에서 옳은 것을 모두 고르면? (단, 총비용으로는 은행에 내야 하는 금액과 수리비만을 고려하고, 등록비용 등 기타 비용은 고려하지 않는다)

- A상품 : 이 상품은 고객님이 자동차를 구입하여 소유권을 취득하실 때, 은행이 자동차 판매자에게 즉시 구입금액 1,000만 원을 지불해 드립니다. 그리고 그 날부터 매월 1,000만 원의 1%를 이자로 내시고, 1년이 되는 시점에 1,000만 원을 상환하시면 됩니다.
- B상품 : 이 상품은 고객님이 원하시는 자동차를 구매하여 고객님께 전달해 드리고, 고객님께서는 1년 후에 자동차 가격에 이자를 추가하여 총 1,200만 원을 상환하시면 됩니다. 자동차의 소유권은 고객님께서 1,200만 원을 상환하시는 시점에 고객님께 이전되며, 그 때까지 발생하는 모든 수리비는 저희가 부담합니다.
- C상품 : 이 상품은 고객님이 원하시는 자동차를 구매하여 고객님께 임대해 드립니다. 1년 동안 매월 90만 원의 임대료를 내시면 1년 후에 그 자동차는 고객님의 소유가 되며, 임대기간 중에 발생하는 모든 수리비는 저희가 부담합니다.

〈보기〉

㉠ 자동차 소유권을 얻기까지 은행에 내야 하는 총금액은 A상품의 경우가 가장 적다.
㉡ 1년 내에 사고가 발생해 50만 원의 수리비가 소요될 것으로 예상한다면 총비용 측면에서 A상품보다 B, C상품을 선택하는 것이 유리하다.
㉢ 최대한 빨리 자동차 소유권을 얻고 싶다면 A상품을 선택하는 것이 가장 유리하다.
㉣ 사고 여부와 관계없이 자동차 소유권 취득 시까지의 총비용 측면에서 B상품보다 C상품을 선택하는 것이 유리하다.

① ㉠, ㉡
② ㉡, ㉢
③ ㉠, ㉡, ㉣
④ ㉠, ㉢, ㉣

해설 상품별 은행에 내야 하는 총금액은 다음과 같다.
- A상품 : (1,000만 원 × 1% × 12개월) + 1,000만 원 = 1,120만 원
- B상품 : 1,200만 원
- C상품 : 90만 원 × 12개월 = 1,080만 원

㉠ A상품의 경우 자동차를 구입하여 소유권을 취득할 때, 은행이 자동차 판매자에게 즉시 구입금액을 지불하는 상품으로 자동차 소유권을 얻기까지 은행에 내야 하는 금액은 0원이다. → 옳음
㉡ 1년 내에 사고가 발생해 50만 원의 수리비가 소요된다면 각 상품별 총비용은 A상품 1,170만 원, B상품 1,200만 원, C상품 1,080만 원이다. 따라서 A상품보다 C상품을 선택하는 것은 유리하지만, B상품은 유리하지 않다. → 틀림
㉢ 자동차 소유권을 얻는 데 걸리는 시간은 A상품 구입 즉시, B상품 1년, C상품 1년이다. → 옳음
㉣ B상품과 C상품 모두 자동차 소유권을 얻기 전인 1년까지는 발생하는 모든 수리비를 부담해 준다. 따라서 사고 여부와 관계없이 총비용이 작은 C상품을 선택하는 것이 유리하다. → 옳음

CHAPTER

05 정보능력

1 다음 중 '클라우드 컴퓨팅'에 대한 적절한 설명이 아닌 것은?

① 사용자들이 복잡한 정보를 보관하기 위해 별도의 데이터 센터를 구축할 필요가 없다.
② 정보의 보관보다 정보의 처리 속도와 정확성이 관건인 네트워크 서비스이다.
③ 장소와 시간에 관계없이 다양한 단말기를 통해 정보에 접근할 수 있다.
④ 주소록, 동영상, 음원, 오피스 문서, 게임, 메일 등 다양한 콘텐츠를 대상으로 한다.

✔해설 클라우드 컴퓨팅이란 인터넷을 통해 제공되는 서버를 활용해 정보를 보관하고 있다가 필요할 때 꺼내 쓰는 기술을 말한다. 따라서 클라우드 컴퓨팅의 핵심은 데이터의 저장 · 처리 · 네트워킹 및 다양한 어플리케이션 사용 등 IT 관련 서비스를 인터넷과 같은 네트워크를 기반으로 제공하는데 있어, 정보의 보관 분야에 있어 획기적인 컴퓨팅 기술이라고 할 수 있다.

2 다음 중 컴퓨터에서 사용되는 자료의 물리적 단위가 큰 것부터 순서대로 올바르게 나열된 것은?

① Word – Byte – Nibble – Bit
② Byte – Word – Nibble – Bit
③ Word – Byte – Bit – Nibble
④ Word – Nibble – Byte – Bit

✔해설 데이터의 구성단위는 큰 단위부터 Database → File → Record → Field → Word → Byte(8Bit) → Nibble(4Bit) → Bit의 순이다. Bit는 자료를 나타내는 최소의 단위이며, Byte는 문자 표현의 최소 단위로 1Byte = 8Bit이다.

Answer 30.④ / 1.② 2.①

3 다음 (가)~(다)의 설명에 맞는 용어가 순서대로 올바르게 짝지어진 것은?

> (가) 유통분야에서 일반적으로 물품관리를 위해 사용된 바코드를 대체할 차세대 인식기술로 꼽히며, 판독 및 해독 기능을 하는 판독기(reader)와 정보를 제공하는 태그(tag)로 구성된다.
> (나) 컴퓨터 관련 기술이 생활 구석구석에 스며들어 있음을 뜻하는 '퍼베이시브 컴퓨팅(pervasive computing)'과 같은 개념이다.
> (다) 메신저 애플리케이션의 통화 기능 또는 별도의 데이터 통화 애플리케이션을 설치하면 통신사의 이동통신망이 아니더라도 와이파이(Wi-Fi)를 통해 단말기로 데이터 음성통화를 할 수 있으며, 이동통신망의 음성을 쓰지 않기 때문에 국외 통화 시 비용을 절감할 수 있다는 장점이 있다.

① RFID, 유비쿼터스, VoIP
② POS, 유비쿼터스, RFID
③ RFID, POS, 핫스팟
④ POS, VoIP, 핫스팟

해설 (가) RFID : IC칩과 무선을 통해 식품 · 동물 · 사물 등 다양한 개체의 정보를 관리할 수 있는 인식 기술을 지칭한다. '전자태그' 혹은 '스마트 태그', '전자 라벨', '무선식별' 등으로 불린다. 이를 기업의 제품에 활용할 경우 생산에서 판매에 이르는 전 과정의 정보를 초소형 칩(IC칩)에 내장시켜 이를 무선주파수로 추적할 수 있다.
(나) 유비쿼터스 : 유비쿼터스는 '언제 어디에나 존재한다.'는 뜻의 라틴어로, 사용자가 컴퓨터나 네트워크를 의식하지 않고 장소에 상관없이 자유롭게 네트워크에 접속할 수 있는 환경을 말한다.
(다) VoIP : VoIP(Voice over Internet Protocol)는 IP 주소를 사용하는 네트워크를 통해 음성을 디지털 패킷(데이터 전송의 최소 단위)으로 변환하고 전송하는 기술이다. 다른 말로 인터넷전화라고 부르며, 'IP 텔레포니' 혹은 '인터넷 텔레포니'라고도 한다.

4 다음 그림에서 A6 셀에 수식 '=A1+$A2'를 입력한 후 다시 A6 셀을 복사하여 C6와 C8에 각각 붙여넣기를 하였을 경우, (A)와 (B)에 나타나게 되는 숫자의 합은 얼마인가?

	A	B	C
1	7	2	8
2	3	3	8
3	1	5	7
4	2	5	2
5			
6			(A)
7			
8			(B)

① 12 ② 14

③ 16 ④ 19

✔ 해설 '$'는 다음에 오는 셀 기호를 고정값으로 묶어 두는 기능을 하게 된다.

(A) : A6 셀을 복사하여 C6 셀에 붙이게 되면, 'A'셀이 고정값으로 묶여 있어 (A)에는 A6 셀과 같은 'A1+$A2'의 값 10이 입력된다.

(B) : (B)에는 '$'로 묶여 있지 않은 2행의 값 대신에 4행의 값이 대응될 것이다. 따라서 'A1+$A4'의 값인 9가 입력된다.

따라서 (A)와 (B)의 합은 10+9=19가 된다.

5 기계결함으로 LOT번호가 잘못 찍혔다. 올바르게 수정된 것은?

2014년 7월 30일에 제조된 계열사 I의 발효 에센스 100mL제품 76,210개
LOT 1407301I0200576210

① 제조년월일 : 140730 → 140703

② 화장품라인 : 1I → 1B

③ 제품종류 : 02005 → 02004

④ 완성품수량 : 76210 → 07621

✔ 해설 2014년 7월 30일 제조 : 140730
계열사 I의 발효 라인 : 1B
에센스 100mL : 02005
76,210개 제조 : 76210
∴ LOT 1407301B0200576210

Answer 3.① 4.④ 5.②

6 다음 매크로 실행 및 보안에 대한 설명 중 옳지 않은 것은?

① Alt+F1 키를 누르면 Visual Basic Editor가 실행되며, 매크로를 수정할 수 있다.

② Alt+F8 키를 누르면 매크로 대화 상자가 표시되어 매크로 목록에서 매크로를 선택하여 실행할 수 있다.

③ 매크로 보안 설정 사항으로는 모든 매크로 제외(알림 표시 없음), 모든 매크로 제외(알림 표시), 디지털 서명된 매크로만 포함, 모든 매크로 포함(알림 표시) 등이 모두 권장된다.

④ 개발 도구 - 코드 그룹의 매크로를 클릭하거나 매크로를 기록할 때 지정한 바로가기 키를 눌러 매크로를 실행할 수 있다.

✔ 해설 ③ 매크로 보안 설정 사항으로는 모든 매크로 제외(알림 표시 없음), 모든 매크로 제외(알림 표시), 디지털 서명된 매크로만 포함 등이 있으며, '모든 매크로 포함'은 위험성 있는 코드가 실행될 수 있으므로 권장하지 않는다.

7 다음에서 설명하고 있는 웹브라우저는?

> 2014년 11월 출시 10주년을 맞이한 이 웹브라우저는 개인정보보호의 중요성을 강조하며 검색 업체나 광고업체가 웹사이트 추적을 중지하도록 요청하는 DNT 기능 및 개인 정보를 손쉽게 지울 수 있는 FORGET이란 기능을 제공하고 있다.

① 크롬 ② 구글

③ 파이어폭스 ④ 사파리

✔ 해설 파이어폭스는 미국의 모질라 재단이 출시한 오픈소스 기반의 인터넷 브라우저로, 탭을 이용한 브라우징과 커스텀이 가능한 내장 검색 바, 내장 RSS 리더 등의 여러 기술적 진보를 보여주며, 빠르고 안정적이다. 그러나 많은 국내 인터넷 사이트들이 인터넷 익스플로러(IE)의 액티브 X를 기반으로 운영되고 있어, 파이어폭스 등의 웹브라우저로는 정상적으로 인터넷 서비스를 이용하기 어려운 경우가 많고, 액티브 X 지원이 부족하다는 단점이 있다.

8 다음 중 엑셀에서 날짜 데이터의 입력 방법을 설명한 것으로 옳지 않은 것은?

① 날짜 데이터는 하이픈(-)이나 슬래시(/)를 이용하여 년, 월, 일을 구분한다.
② 날짜의 연도를 생략하고 월과 일만 입력하면 자동으로 올해의 연도가 추가되어 입력된다.
③ 날짜의 연도를 두 자리로 입력할 때 연도가 30이상이면 1900년대로 인식하고, 29이하면 2000년대로 인식한다.
④ 오늘의 날짜를 입력하고 싶으면 Ctrl+Shift+;(세미콜론)키를 누르면 된다.

✔ 해설 Ctrl+Shift+;(세미콜론)키를 누르면 지금 시간이 입력된다.
오늘의 날짜는 Ctrl+;(세미콜론) 키를 눌러야 한다.

9 정보 분석에 대한 설명으로 옳지 않은 것은?

① 여러 정보를 상호 관련지어 새로운 정보를 생성해내는 활동을 정보분석이라 한다.
② 정보를 분석함으로써 한 개의 정보로써 불분명한 사항을 다른 정보로써 명백히 할 수 있다.
③ 서로 동일하거나 차이가 없는 정보의 내용을 판단하여 새로운 해석을 할 수 있다.
④ 좋은 분석이란 하나의 메커니즘을 그려낼 수 있고, 동향, 미래를 예측할 수 있는 것이어야 한다.

✔ 해설 정보를 분석함으로써 서로 상반되거나 큰 차이가 있는 정보의 내용을 판단하여 새로운 해석을 할 수 있다.

Answer 6.③ 7.③ 8.④ 9.③

10 다음 자료를 참고할 때, B7 셀에 '=SUM(B2:CHOOSE(2,B3,B4,B5))'의 수식을 입력했을 때 표시되는 결과값으로 올바른 것은?

	A	B
1	성명	성과점수
2	오 과장	85
3	민 대리	90
4	백 사원	92
5	최 대리	88
6		
7	부분합계	

① 175

② 355

③ 267

④ 177

✔ 해설 CHOOSE 함수는 'CHOOSE(인수,값1,값2,…)'과 같이 표시하며, 인수의 번호에 해당하는 값을 구하게 된다. 다시 말해, 인수가 1이면 값1을, 인수가 2이면 값2를 선택하게 된다. 따라서 두 번째 인수인 B4가 해당되어 B2:B4의 합계를 구하게 되므로 정답은 267이 된다.

11 다음 중 RAM에 관한 설명으로 옳지 않은 것은?

① DRAM이 가격은 저가이고 SRAM의 가격은 상대적으로 고가이다.

② DRAM은 재충전이 필요없고 SRAM은 재충전이 필요하다.

③ DRAM은 주기억장치로 사용되고 SRAM은 캐시메모리로 사용된다.

④ DRAM은 집적도가 크고 SRAM은 상대적으로 집적도가 낮다.

✔ 해설

	DRAM	SRAM
가격	저가	고가
재충전	재충전 필요	필요없음
속도	느림	빠름
용도	주기억장치	캐시메모리
집적도	크다	낮다

12 다음에서 설명하고 있는 개념은 무엇인가?

> 메모리를 주기억장치의 용량으로 제한하지 않고 보조기억장치의 용량까지 확대 사용한 것

① 캐시기억장치
② 연관기억장치
③ 가상기억장치
④ 출력장치

✔ 해설 ① 중앙처리장치와 주기억장치 사이에 있는 메모리로 중앙처리장치의 동작과 동등한 속도로 접근할 수 있다.
② 기억된 데이터의 내용에 의해 접근하는 기억장치이며, 일명 내용지정메모리라 하기도 한다.
④ 컴퓨터로 처리된 결과를 문자, 숫자, 도형 등 사람이 인식할 수 있는 다양한 형태로 변환해 주는 장치

13 다음 중 개념에 관한 설명으로 옳은 것은?

① 비트(Bit) : Binary Digit의 약자로 데이터(정보) 표현의 최소 단위
② 바이트(Byte) : 하나의 문자, 숫자, 기호의 단위로 16Bit의 모임
③ 레코드(Record) : 항목(Item) 이라고도 하며, 하나의 수치 또는 일련의 문자열로 구성되는 자료 처리의 최소단위
④ 데이터베이스(Database) : 하나 이상의 필드가 모여 구성되는 프로그램 처리의 기본 단위

✔ 해설 ② 바이트(Byte) : 하나의 문자, 숫자, 기호의 단위로 8Bit의 모임
③ 레코드(Record) : 하나 이상의 필드가 모여 구성되는 프로그램 처리의 기본 단위
④ 데이터베이스(Database) : 자료의 중복을 배제하고 검색과 갱신이 효율적으로 구성된 통합 데이터의 집합

Answer 10.③ 11.② 12.③ 13.①

14 다음 중 컴퓨터 보안 위협의 형태와 그 내용에 대한 설명이 올바르게 연결되지 않은 것은 어느 것인가?

① 피싱(Phishing) – 유명 기업이나 금융기관을 사칭한 가짜 웹 사이트나 이메일 등으로 개인의 금융정보와 비밀번호를 입력하도록 유도하여 예금 인출 및 다른 범죄에 이용하는 수법

② 스푸핑(Spoofing) – 악의적인 목적으로 임의로 웹 사이트를 구축해 일반 사용자의 방문을 유도한 후 시스템 권한을 획득하여 정보를 빼가거나 암호와 기타 정보를 입력하도록 속이는 해킹 수법

③ 디도스(DDoS) – 시스템에 불법적인 행위를 수행하기 위하여 다른 프로그램으로 위장하여 특정 프로그램을 침투시키는 행위

④ 스니핑(Sniffing) – 네트워크 주변을 지나다니는 패킷을 엿보면서 아이디와 패스워드를 알아내는 행위

✔ 해설 디도스(DDoS)는 분산 서비스 거부 공격으로, 특정 사이트에 오버 플로우를 일으켜서 시스템이 서비스를 거부하도록 만드는 것이다. 한편, 보기에 제시된 설명은 '트로이 목마'를 의미하는 내용이다.

15 개인정보 유출방지 방법으로 적절하지 못한 것은?

① 사이트 회원 가입시 이용약관 반드시 읽기

② 이용목적에 부합하는 정보를 요구하는지 확인하기

③ 정체가 불분명한 사이트에는 가입을 하지 않기

④ 비밀번호는 생년월일로 외우기 쉬운 것 사용하기

✔ 해설 개인정보 유출방지 방법

㉠ 회원가입 시 이용약관을 반드시 읽어야 한다.
㉡ 이용 목적에 부합하는 정보를 요구하는 확인하여야 한다.
㉢ 비밀번호는 정기적으로 자주 교체하여야 한다.
㉣ 정체가 불분명한 사이트는 가입을 절제하여야 한다.
㉤ 가입 해지시 정보의 파기 여부를 확인하여야 한다.
㉥ 생년월일, 전화번호 등 쉽게 유추할 수 있는 비밀번호는 사용하지 말아야 한다.

16 엑셀 사용 시 발견할 수 있는 다음과 같은 오류 메시지 중 설명이 올바르지 않은 것은 어느 것인가?

① #DIV/0! – 수식에서 어떤 값을 0으로 나누었을 때 표시되는 오류 메시지
② #N/A – 함수나 수식에 사용할 수 없는 데이터를 사용했을 경우 발생하는 오류 메시지
③ #NULL! – 잘못된 인수나 피연산자를 사용했을 경우 발생하는 오류 메시지
④ #NUM! – 수식이나 함수에 잘못된 숫자 값이 포함되어 있을 경우 발생하는 오류 메시지

✔ 해설 '#NULL!'은 교차하지 않은 두 영역의 교차점을 참조 영역으로 지정하였을 경우 발생하는 오류 메시지이며, 잘못된 인수나 피연산자를 사용했을 경우 발생하는 오류 메시지는 #VALUE!이다.

17 다음과 같은 시트에서 이름에 '철'이라는 글자가 포함된 셀의 서식을 채우기 색 '노랑', 글꼴 스타일 '굵은 기울임꼴'로 변경하고자 한다. 이를 위해 [A2:A7] 영역에 설정한 조건부 서식의 수식 규칙으로 옳은 것은?

	A	B	C	D
1	이름	편집부	영업부	관리부
2	박초롱	89	65	92
3	강원철	69	75	85
4	김수현	75	86	35
5	민수진	87	82	80
6	신해철	55	89	45
7	안진철	98	65	95

① =COUNT(A2, "*철*")
② =COUNT(A2:A7, "*철*")
③ =COUNTIF(A2, "*철*")
④ =COUNTIF(A2:A7, "*철*")

✔ 해설 =COUNTIF를 입력 후 범위를 지정하면 지정한 범위 내에서 중복값을 찾는다.
㉠ COUNT함수 : 숫자가 입력된 셀의 개수를 구하는 함수
㉡ COUNTIF함수 : 조건에 맞는 셀의 개수를 구하는 함수
'철'을 포함한 셀을 구해야 하므로 조건을 구하는 COUNTIF함수를 사용하여야 한다.
A2행으로부터 한 칸씩 내려가며 '철'을 포함한 셀을 찾아야 하므로 A2만 사용한다.

Answer 14.③ 15.④ 16.③ 17.③

18 다음 중 아래의 〈수정 전〉 차트를 〈수정 후〉 차트와 같이 변경하려고 할 때 사용해야 할 서식은?

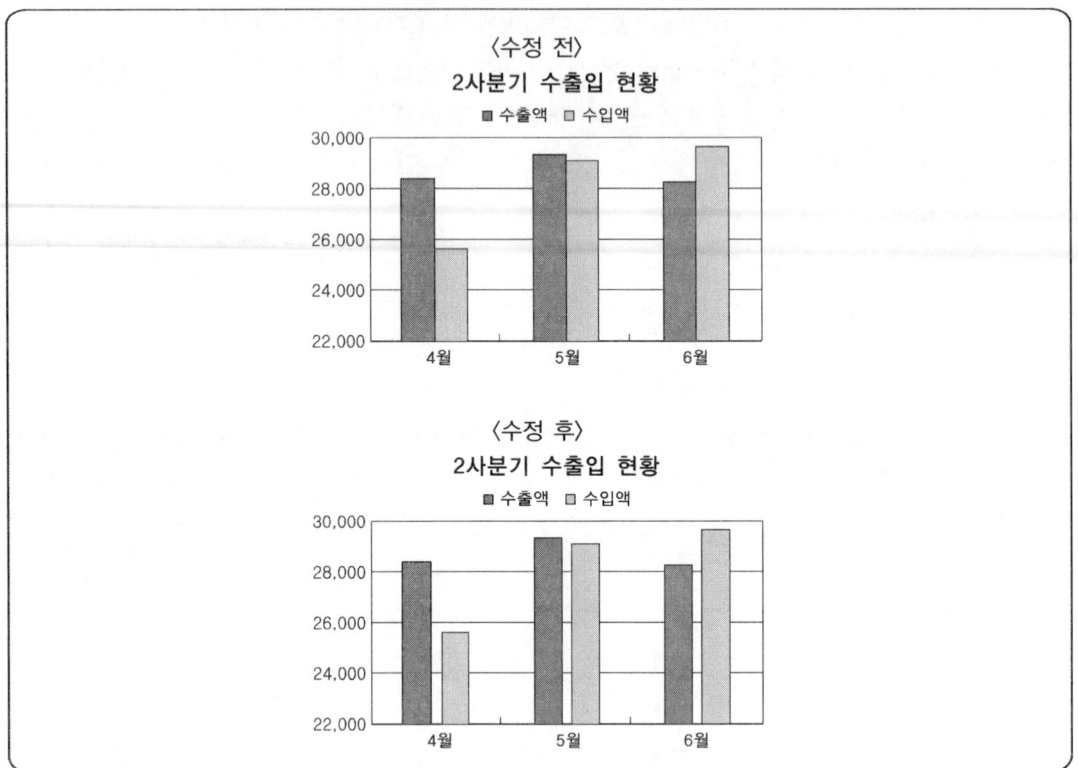

① 차트 영역 서식
② 그림 영역 서식
③ 데이터 계열 서식
④ 축 서식

✔ 해설 [계열 옵션] 탭에서 '계열 겹치기' 값을 입력하거나 막대 바를 이동시키면 된다.

19 다음 중 워크시트 셀에 데이터를 자동으로 입력하는 방법에 대한 설명으로 옳지 않은 것은?

① 셀에 입력하는 문자 중 처음 몇 자가 해당 열의 기존 내용과 일치하면 나머지 글자가 자동으로 입력된다.

② 실수인 경우 채우기 핸들을 이용한 [연속 데이터 채우기]의 결과는 소수점 이하 첫째 자리의 숫자가 1씩 증가한다.

③ 채우기 핸들을 이용하면 숫자, 숫자/텍스트 조합, 날짜 또는 시간 등 여러 형식의 데이터 계열을 빠르게 입력할 수 있다.

④ 사용자 지정 연속 데이터 채우기를 사용하면 이름 이나 판매 지역 목록과 같은 특정 데이터의 연속 항목을 더 쉽게 입력할 수 있다.

✔ 해설 실수인 경우 채우기 핸들을 이용한 [연속 데이터 채우기]의 결과는 일의 자리 숫자가 1씩 증가한다.

20 다음 그림과 같이 [A2:D5] 영역을 선택하여 이름을 정의한 경우에 대한 설명으로 옳지 않은 것은?

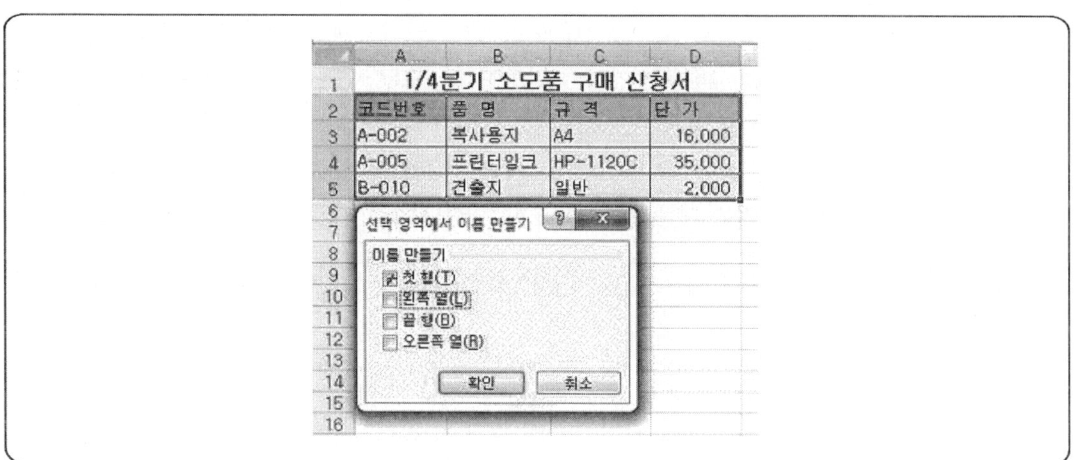

① 정의된 이름은 모든 시트에서 사용할 수 있으며, 이름 정의 후 참조 대상을 편집할 수도 있다.

② 현재 통합문서에 이미 사용 중인 이름이 있는 경우 기존 정의를 바꿀 것인지 묻는 메시지 창이 표시된다.

③ 워크시트의 이름 상자에서 '코드번호'를 선택하면 [A3:A5] 영역이 선택된다.

④ [B3:B5] 영역을 선택하면 워크시트의 이름 상자에 '품 명'이라는 이름이 표시된다.

✔ 해설 [B3:B5] 영역을 선택하면 워크시트의 이름 상자 '품_명'이라는 이름이 표시되며, 이름은 공백을 가질 수 없다.

Answer 18.③ 19.② 20.④

21 다음 보고서에 대한 설명으로 옳지 않은 것은? (단, 이 보고서는 전체 4페이지이며, 현재 페이지는 2페이지이다.)

거래처별 제품목록

거래처명	제품번호	제품이름	단가	재고량
㈜맑은세상	15	아쿠아렌즈	₩50,000	22
	14	바슈롬렌지	₩35,000	15
	20	C-BR렌즈	₩50,000	3
	제품수 :	3	총재고량 :	40

거래처명	제품번호	제품이름	단가	재고량
참아이㈜	9	선글래스C	₩170,000	10
	7	선글래스A	₩100,000	23
	8	선글래스B	₩120,000	46

2/4

① '거래처명'을 표시하는 컨트롤은 '중복내용 숨기기' 속성이 '예'로 설정되어 있다.

② '거래처명'에 대한 그룹 머리글 영역이 만들어져 있고, '반복 실행 구역'속성이 '예'로 설정되어 있다.

③ '거래처명'에 대한 그룹 바닥글 영역이 설정되어 있고, 요약 정보를 표시하고 있다.

④ '거래처별 제품목록'이라는 제목은 '거래처명'에 대한 그룹 머리글 영역에 만들어져 있다.

해설 '거래처별 제품목록'이라는 제목은 '거래처명'에 대한 그룹 머리글 영역이 아니라 페이지 머리글이다.

22 다음 중 (　) 안에 들어갈 알맞은 말은 무엇인가?

> 분석과제의 발생→과제(요구)의 분석→조사항목의 선정→(　　)→자료의 조사→수집정보의 분류→항목별 분석→종합 · 결론→활용 · 정리

① 1차 자료 조사　② 조사정보의 선정
③ 관련 정보의 수집　④ 관련 정보의 분석

✔ 해설 정보분석의 절차
분석과제의 발생→과제(요구)의 분석→조사항목의 선정→관련 정보의 수집→기존 및 신규 자료의 조사→수집정보의 분류→항목별 분석→종합 · 결론→활용 · 정리

23 다음 중 행정기관이 업무를 효율적으로 처리하고 책임 소재를 명확하게 하기 위하여 소관 업무를 단위 업무별로 분장하고 그에 따른 단위업무에 대한 업무계획, 업무 현황 및 그 밖의 참고자료 등을 체계적으로 정리한 업무 자료 철을 무엇이라고 하는가?

① 업무현황집　② 집무처리집
③ 행정편람　④ 직무편람

✔ 해설 직무편람은 부서별 또는 개인별로 그 소관업무에 대한 업무계획 관련 업무 현황 기타 참고자료 등을 체계적으로 정리하여 활용하는 업무 현황 철 또는 업무 참고 철을 말한다.

24 정보능력에 대한 설명으로 옳지 않은 것은?

① 직장인은 업무를 수행하는데 있어 목적에 적합한 정보를 수집하는 것이 중요하다.
② 업무를 수행하는데 있어 정보를 산더미처럼 수집하였다면 정보가 충분하다는 것이다.
③ 업무를 수행하기 위해서는 효율적인 정보관리 방법을 숙지하는 것이 중요하다.
④ 정보를 효과적으로 활용하면 합리적 의사결정이 가능하고 위험을 사전에 예방할 수도 있다.

✔ 해설 업무를 수행하는데 있어 정보를 산더미처럼 수집하였다고 하여 의미 있는 것이 아니다. 정보는 체계적인 분석 및 가공 절차가 필요하며, 이를 통해 불확실한 장래를 어느 정도 예측할 수 있어야 한다.

Answer 21.④ 22.③ 23.④ 24.②

25 다음은 어느 자격증 시험의 점수를 나타낸 엑셀 표이다. 다음을 합계점수가 높은 순으로 5명씩 10명만 인쇄하려고 한다. 다음 중 옳지 않은 것은? (단, 2행의 내용은 두 페이지 모두에 나오게 해야 한다)

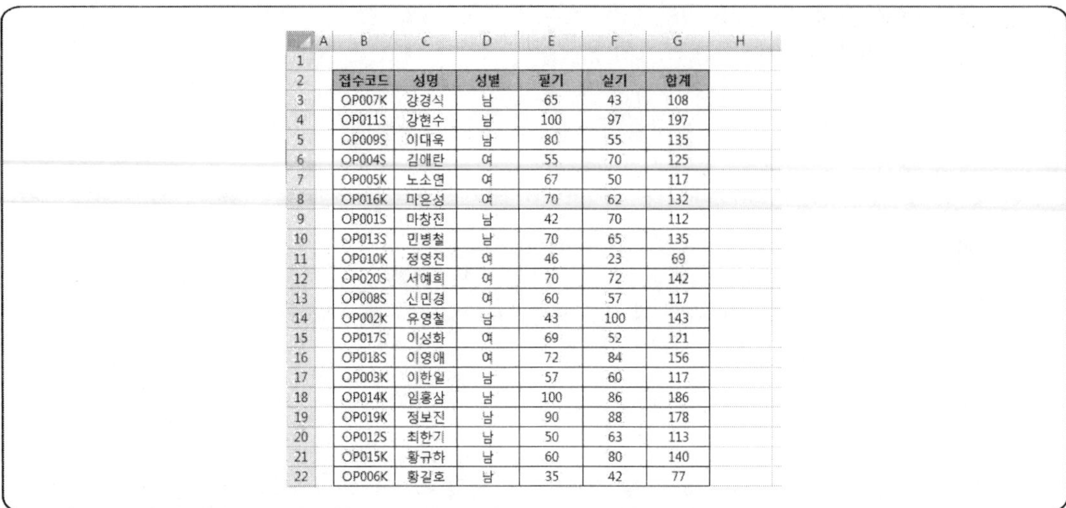

	A	B	C	D	E	F	G	H
1								
2		접수코드	성명	성별	필기	실기	합계	
3		OP007K	강경식	남	65	43	108	
4		OP011S	강현수	남	100	97	197	
5		OP009S	이대욱	남	80	55	135	
6		OP004S	김애란	여	55	70	125	
7		OP005K	노소연	여	67	50	117	
8		OP016K	마은성	여	70	62	132	
9		OP001S	마창진	남	42	70	112	
10		OP013S	민병철	남	70	65	135	
11		OP010K	정영진	여	46	23	69	
12		OP020S	서예희	여	70	72	142	
13		OP008S	신민경	여	60	57	117	
14		OP002K	유영철	남	43	100	143	
15		OP017S	이성화	여	69	52	121	
16		OP018S	이영애	여	72	84	156	
17		OP003K	이한일	남	57	60	117	
18		OP014K	임홍삼	남	100	86	186	
19		OP019K	정보진	남	90	88	178	
20		OP012S	최한기	남	50	63	113	
21		OP015K	황규하	남	60	80	140	
22		OP006K	황길호	남	35	42	77	

① G열 텍스트 오름차순 정렬

② 페이지 설정 〉 [시트]탭 〉 반복할 행"$2:$2"

③ 7, 8행 사이에 페이지 나누기 삽입

④ 페이지 설정 〉 [시트]탭 〉 인쇄영역"B2:G12"

해설 ① 합계점수가 높은 순으로 정렬 후 인쇄해야 하므로 텍스트 오름차순이 아닌 텍스트 내림차순으로 정렬해야 한다.

	A	B	C	D	E	F	G
1							
2		접수코드	성명	성별	필기	실기	합계
3		OP011S	강현수	남	100	97	197
4		OP014K	임홍삼	남	100	86	186
5		OP019K	정보진	남	90	88	178
6		OP018S	이영애	여	72	84	156
7		OP002K	유영철	남	43	100	143
8		OP020S	서예희	여	70	72	142
9		OP015K	황규하	남	60	80	140
10		OP009S	이대욱	남	80	55	135
11		OP013S	민병철	남	70	65	135
12		OP016K	마은성	여	70	62	132
13		OP004S	김애란	여	55	70	125
14		OP017S	이성화	여	69	52	121
15		OP003K	이한일	남	57	60	117
16		OP005K	노소연	여	67	50	117
17		OP008S	신민경	여	60	57	117
18		OP012S	최한기	남	50	63	113
19		OP001S	마창진	남	42	70	112
20		OP007K	강경식	남	65	43	108
21		OP006K	황길호	남	35	42	77
22		OP010K	정영진	여	46	23	69

▎26~28 ▎ 다음 △△그룹 물류창고의 책임자와 각 창고 내 보관된 제품의 코드 목록을 보고 물음에 답하시오.

책임자	제품코드번호	책임자	제품코드번호
강경모	15063G0200700031	고건국	15046O0401900018
공석준	15033G0301300003	나경록	15072E0200900025
문정진	15106P0200800024	박진철	15025M0401500008
송영진	15087Q0301100017	신현규	15111A0100500021
지석원	15054J0201000005	최용상	15018T0401700013

생산연월	생산공장				제품종류				생산순서
	지역코드		고유번호		분류코드		고유번호		
• 1503 – 2015년 3월 • 1512 – 2015년 12월	1	경기도	A	1공장	01	침실가구	001	침대	00001부터 시작하여 생산 순서대로 5자리의 번호가 매겨짐
			B	2공장			002	매트리스	
			C	3공장			003	장롱	
	2	울산	D	1공장			004	서랍장	
			E	2공장			005	화장대	
			F	3공장			006	거울	
	3	부산	G	1공장	02	거실가구	007	TV	
			H	2공장			008	장식장	
			I	3공장			009	소파	
	4	인천	J	1공장			010	테이블	
			K	2공장	03	서재가구	011	책꽂이	
			L	3공장			012	책상	
	5	대구	M	1공장			013	의자	
			N	2공장			014	책장	
	6	광주	O	1공장	04	수납가구	015	선반	
			P	2공장			016	공간박스	
	7	제주	Q	1공장			017	코너장	
			R	2공장			018	소품수납함	
	8	대전	S	1공장			019	행거	
			T	2공장			020	수납장	

〈예시〉

2015년 9월에 경기도 1공장에서 15번째로 생산된 침실가구 장롱 코드 1509-1A-01003-00015

1509	–	1A	–	01003	–	00015
(생산연월)		(생산공장)		(제품종류)		(생산순서)

Answer 25.①

26 △△그룹의 제품 중 2015년 5월에 부산 3공장에서 19번째로 생산된 서재가구 책상의 코드로 알맞은 것은?

① 15051C0301300019

② 15053I0301200019

③ 15053I0301100019

④ 15051C0301400019

✔ 해설
- 2015년 5월 : 1505
- 부산 3공장 : 3I
- 서재가구 책상 : 03012
- 19번째로 생산 : 00019

27 1공장에서 생산된 제품들 중 현재 물류창고에 보관하고 있는 거실가구는 모두 몇 개인가?

① 1개

② 2개

③ 3개

④ 4개

✔ 해설 '15063G0200700031', '15054J0201000005' 총 2개이다.

28 다음 중 광주에서 생산된 제품을 보관하고 있는 물류창고의 책임자들끼리 바르게 연결된 것은?

① 고건국 – 문정진

② 강경모 – 공석준

③ 박진철 – 최용상

④ 나경록 – 지석원

✔ 해설 ① 고건국이 책임자로 있는 물류창고에는 광주 1공장에서 생산된 제품이 보관되어 있고 문정진이 책임자로 있는 물류창고에는 광주 2공장에서 생산된 제품이 보관되어 있다.

29 어머님이 새로 핸드폰을 장만하셔서 핸드폰 사용법을 알려드렸다. 또한 전화번호 검색하는 법을 가르쳐 드렸다. 다음은 어머님의 핸드폰에 저장되어 있는 연락처의 일부이다. 검색결과로 옳은 것은?

이름	번호
김예지	01062253722
박소연	01049713962
전주희	01037078174
서현준	01094105021
안주환	01046717428
송해준	01037077354
박윤진	01092631172
우민희	01072468103
한현지	01059651936

① '72'를 누르면 3명이 뜬다.
② 'ㅅ'을 누르면 4명이 뜬다.
③ '3707'을 누르면 1명이 뜬다.
④ '3'을 누르면 1명을 제외한 모든 사람이 나온다.

✔ 해설 '72'를 누르면 김예지, 박윤진, 우민희 3명이 뜬다.
② 'ㅅ'을 누르면 3명이 뜬다.
③ '3707'을 누르면 2명이 뜬다.
④ '3'을 누르면 2명을 제외한 모든 사람이 나온다.

Answer 26.② 27.② 28.① 29.①

30 다음은 업무에 필요한 소프트웨어에 대해 설명한 자료이다. 그런데 빨리 정리하다보니 잘못된 내용이 정리되어 있는 것이 발견되었다. 잘못 설명된 내용은 어느 것인가?

프로그램명	설명
워드프로세서	문서를 작성하고 편집하거나 저장, 인쇄할 수 있는 프로그램 예 Word, HWP
스프레드시트	대량의 자료를 관리하고 검색하거나 자료 관리를 효과적으로 하게 하는 프로그램 예 오라클, Access
프레젠테이션	각종 정보를 사용자 또는 다수의 대상에게 시각적으로 전달하는데 적합한 프로그램 예 Power Point, 프리랜스 그래픽스
그래픽 소프트웨어	새로운 그림을 그리거나 그림 또는 사진 파일을 불러와 편집하는 프로그램 예 포토샵, 일러스트레이터, 3DS MAX
유틸리티	사용자가 컴퓨터를 효과적으로 사용하는데 도움이 되는 프로그램 예 파일 압축 유틸리티, 바이러스 백신, 동영상 재생 프로그램

① 워드프로세서
② 스프레드시트
③ 프레젠테이션
④ 그래픽 소프트웨어

✔ 해설 스프레드시트는 계산프로그램으로 워드프로세서 기능 이외에도 수치나 공식을 입력하여 그 값을 계산하고 계산 결과를 표나 차트로 나타낼 수 있는 프로그램으로 대표적으로 Excel이 해당된다.

CHAPTER

06 조직이해능력

1 다음 글에 나타난 집단의사결정의 특징으로 올바른 것은?

> 건축설계사인 A와 B는 의견 차이로 이틀째 안방 창 크기를 늘렸다가 줄였다하는 웃지 못할 경우를 반복한다. 공사 중이라도 더 좋은 아이디어가 나오면 약간의 변경은 있을 수 있겠지만, 이런 일이 반복되다 보면 큰 낭비가 된다. 일당 15만 원을 받는 목수 한명의 일급은 숙식비를 합하면 18만 원 정도이다. 일일 8시간 작업한다고 했을 때 시간당 22,500원인데, 만약 일하는 현장에서 의사결정 지연으로 작업을 중지하고 대기한다면 시간당 112,500원의 손실이 생기는 셈이다. 이런 일은 현장에서 빈번히 발생한다. 만약, 했던 작업이 변경되어 재작업하는 경우라면 시공에 낭비한 시간, 철거하는 시간, 재시공하는 시간이 누적되어 3배의 손실이 발생한다.

① 의견이 불일치하는 경우 의사결정을 내리는데 시간이 많이 소요된다.
② 지식과 정보가 더 많아 효과적인 결정을 할 수 있다.
③ 특정 구성원에 의해 의사결정이 독점될 가능성이 있다.
④ 집단구성원은 참여를 통해 구성원의 만족과 결정에 대한 지지를 확보할 수 있다.

해설 집단의사결정의 특징
- 지식과 정보가 더 많아 효과적인 결정을 할 수 있다.
- 다양한 견해를 가지고 접근할 수 있다.
- 결정된 사항에 대하여 의사결정에 참여한 사람들이 해결책을 수월하게 수용하고, 의사소통의 기회도 향상된다.
- 의견이 불일치하는 경우 의사결정을 내리는데 시간이 많이 소요된다.
- 특정 구성원에 의해 의사결정이 독점될 가능성이 있다.

Answer 30.② / 1.①

2 다음 글에 나타난 집단에 관한 설명으로 옳지 않은 것은?

> - ○○ 집단은 정서적인 뜻에서의 친밀한 인간관계를 겨누어 사람들의 역할관계가 개인의 특성에 따라 자연적이고 비형식적으로 분화되어 있는 집단을 말한다.
> - ○○ 집단은 호손 실험에 의하여 '제1차 집단의 재발견'으로 평가되었으며, 그 특질은 자연발생적이며 심리집단적이고 결합 자체를 목적으로 하여 감정의 논리에 따라 유동적 · 비제도적으로 행동하는 데 있다.
> - 관료적인 거대조직에 있어서 인간회복의 수단으로 ○○ 집단을 유효하게 이용하여 관료제의 폐단을 완화하려는 발상이 생겨났는데, 이를 인간관계적 어프로치라고 한다.

① 조직에서 오는 소외감을 감소시켜 준다.

② 조직에서 의식적으로 만든 집단으로 집단의 목표, 임무가 명확하게 규정되어 있다.

③ 조직구성원들의 요구에 따라 자발적으로 형성된 집단이다.

④ 조직구성원들의 사기(morale)와 생산력을 높여 준다.

✔ 해설 제시된 글은 비공식 집단에 대한 설명이다.
②는 공식적 집단에 관한 설명이다.

3 다음 중 조직목표에 대한 설명 중 옳은 것은?

① 공식적인 목표인 사명은 측정 가능한 형태로 기술되는 단기적인 목표이다.

② 조직목표는 환경이나 여러 원인들에 의해 변동되거나 없어지지 않는다.

③ 구성원들이 자신의 업무만을 성실하게 수행하면 조직목표는 자연스럽게 달성된다.

④ 조직은 다수의 목표를 추구할 수 있으며 이들은 상하관계를 가지기도 한다.

✔ 해설 ① 조직의 사명은 조직의 비전, 가치와 신념, 조직의 존재이유 등을 공식적인 목표로 표현한 것이다. 반면에, 세부목표 혹은 운영목표는 조직이 실제적인 활동을 통해 달성하고자 하는 것으로 사명에 비해 측정 가능한 형태로 기술되는 단기적인 목표이다.
② 조직목표는 한번 수립되면 달성될 때까지 지속되는 것이 아니라 환경이나 조직 내의 다양한 원인들에 의해 변동되거나 없어지고 새로운 목표로 대치되기도 한다.
③ 조직구성원들은 자신의 업무를 성실하게 수행한다고 하더라도 전체 조직목표에 부합되지 않으면 조직목표가 달성될 수 없으므로 조직목표를 이해하고 있어야 한다.
④ 조직은 다수의 조직목표를 추구할 수 있다. 이러한 조직목표들은 위계적 상호관계가 있어서 서로 상하관계에 있으면서 영향을 주고받는다.

4 다음 중 아래 조직도를 보고 잘못 이해한 사람은?

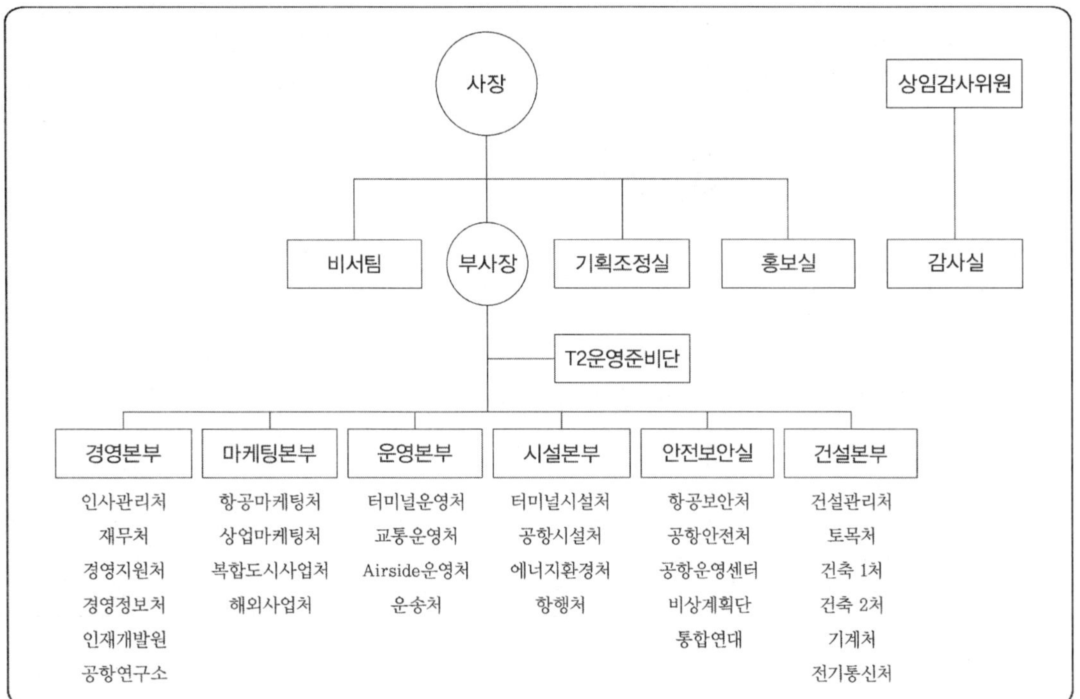

① 정순 : 감사실은 사장 직속이 아니라 상임감사위원 직속으로 되어 있네.

② 진현 : 부사장은 6개의 본부와 1개의 단을 이끌고 있어.

③ 진수 : 인재개발원과 공항연구소는 경영본부에서 관리하는군.

④ 미나 : 마케팅본부와 시설본부에 소속되어 있는 처의 개수는 같네.

✔ 해설 ② 부사장은 5개의 본부와 1개의 실, 1개의 단을 이끌고 있다.

Answer 2.② 3.④ 4.②

5 일반적인 기업에는 여러 형태의 조직이 있는데, 이 중 라인 & 스태프형 물류조직은 직능형 조직의 결점을 보완하여 라인과 스태프의 기능을 나누어 세분화한 물류관리조직의 핵(核)이 되는 조직형태로, 작업기능 및 지원기능으로 구분되어 있어 스태프가 라인을 지원하는 형태의 조직을 의미하는데, 아래의 그림은 이를 도식화한 것이다. 다음 중 이에 대한 설명으로 가장 옳지 않은 사항을 고르면?

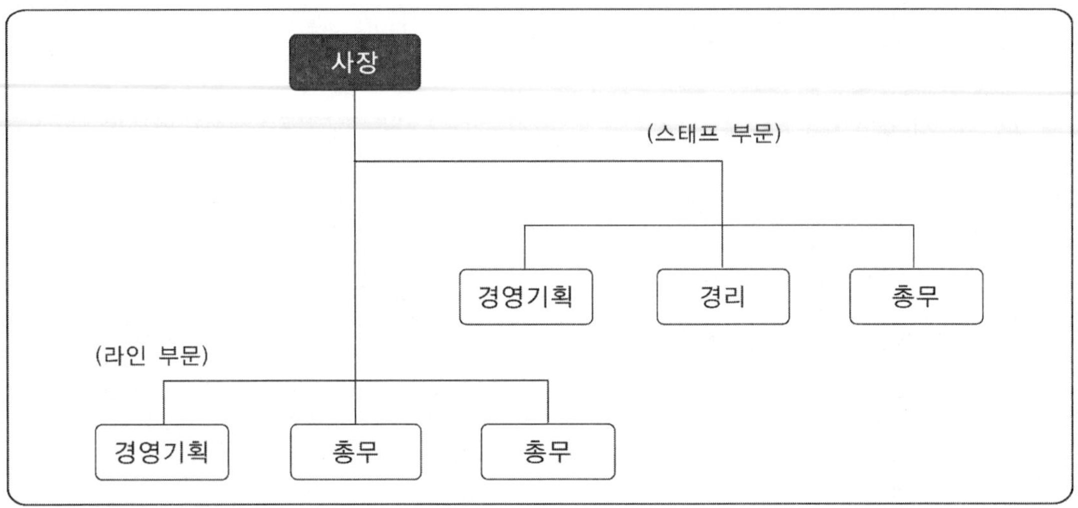

① 영업계획 등 기업 전반의 업무를 관할한다.

② 유통전체의 시스템을 조절할 수 있게 보조한다.

③ 실시기능과 지원기능을 명확하게 하지 못한다는 결점이 있다.

④ 일종의 스텝 왕국이 되어서 현장에 대한 이해가 없이 계획을 입안하는 탁상계획이 되기가 쉽다.

✔ 해설 라인 & 스태프형 물류조직은 직능형 조직의 결점을 보완하여 라인과 스태프의 기능을 나누어 세분화한 물류관리조직의 핵(核)이 되는 조직형태로, 작업 기능 및 지원기능으로 구분되어 있어 스태프가 라인을 지원하는 형태의 조직이다. 그렇기에 라인부문 (현장)의 물류업무 실시기능 및 스탭 부문 (관리)의 물류 지원기능을 분리한 조직이다.

6 조직이 유연하고 자유로운지 아니면 안정이나 통제를 추구하는지, 조직이 내부의 단결이나 통합을 추구하는지 아니면 외부의 환경에 대한 대응성을 추구하는지의 차원에 따라 집단문화, 개발문화, 합리문화, 계층문화로 구분된다. 지문에 주어진 특징을 갖는 조직문화의 유형은?

> 과업지향적인 문화로, 결과지향적인 조직으로써의 업무의 완수를 강조한다. 조직의 목표를 명확하게 설정하여 합리적으로 달성하고, 주어진 과업을 효과적이고 효율적으로 수행하기 위하여 실적을 중시하고, 직무에 몰입하며, 미래를 위한 계획을 수립하는 것을 강조한다. 이 문화는 조직구성원 간의 경쟁을 유도하는 문화이기 때문에 때로는 지나친 성과를 강조하게 되어 조직에 대한 조직구성원들의 방어적인 태도와 개인주의적인 성향을 드러내는 경향을 보인다.

① 집단문화
② 개발문화
③ 합리문화
④ 계층문화

✔ 해설 ① 관계지향적인 문화이며, 조직구성원 간 인간애 또는 인간미를 중시하는 문화로서 조직내부의 통합과 유연한 인간관계를 강조한다. 따라서 조직구성원 간 인화단결, 협동, 팀워크, 공유가치, 사기, 의사결정과정에 참여 등을 중요시하며, 개인의 능력개발에 대한 관심이 높고 조직구성원에 대한 인간적 배려와 가족적인 분위기를 만들어내는 특징을 가진다.

② 높은 유연성과 개성을 강조하며 외부환경에 대한 변화지향성과 신축적 대응성을 기반으로 조직구성원의 도전의식, 모험성, 창의성, 혁신성, 자원획득 등을 중시하며 조직의 성장과 발전에 관심이 높은 조직문화를 의미한다. 따라서 조직구성원의 업무수행에 대한 자율성과 자유재량권 부여 여부가 핵심요인이다.

④ 조직내부의 통합과 안정성을 확보하고 현상유지차원에서 계층화되고 서열화된 조직구조를 중요시하는 조직문화이다. 즉, 위계질서에 의한 명령과 통제, 업무처리 시 규칙과 법을 준수하고, 관행과 안정, 문서와 형식, 보고와 정보관리, 명확한 책임소재 등을 강조하는 관리적 문화의 특징을 나타내고 있다.

Answer 5.③ 6.③

7 다음은 W사의 경력평정에 관한 규정의 일부이다. 다음 중 규정을 올바르게 이해하지 못한 설명은 어느 것인가?

> 제15조(평정기준)
> 직원의 경력평정은 회사의 근무경력으로 평정한다.
> 제16조(경력평정 방법)
> ① 평정기준일 현재 근무경력이 6개월 이상인 직원에 대하여 별첨 서식에 의거 기본경력과 초과경력으로 구분하여 평정한다.
> ② 경력평정은 당해 직급에 한하되 기본경력과 초과경력으로 구분하여 평정한다.
> ③ 기본경력은 3년으로 하고, 초과경력은 기본경력을 초과한 경력으로 한다.
> ④ 당해 직급에 해당하는 휴직, 직위해제, 정직기간은 경력기간에 산입하지 아니한다.
> ⑤ 경력은 1개월 단위로 평정하되, 15일 이상은 1개월로 계산하고, 15일 미만은 산입하지 아니한다.
> 제17조(경력평정 점수)
> 평가에 의한 경력평정 총점은 30점으로 하며, 다음 각 호의 기준으로 평정한다.
> ① 기본경력은 월 0.5점씩 가산하여 총 18점을 만점으로 한다.
> ② 초과경력은 월 0.4점씩 가산하여 총 12점을 만점으로 한다.
> 제18조(가산점)
> ① 가산점은 5점을 만점으로 한다.
> - 정부포상 및 자체 포상 등(대통령 이상 3점, 총리 2점, 장관 및 시장 1점, 사장 1점, 기타 0.5점)
> - 회사가 장려하는 분야에 자격증을 취득한 자(자격증의 범위와 가점은 사장이 정하여 고시한다)
>
> ② 가산점은 당해 직급에 적용한다.

① 과장 직급으로 3년간 근무한 자가 대통령상을 수상한 경우, 경력평정 점수는 21점이다.

② 주임 직급 시 정직기간이 2개월 있었으며, 장관상을 수상한 자가 대리 근무 2년을 마친 경우 경력평정 점수는 12점이다.

③ 차장 직급으로 4년 14일 근무한 자의 경력평정 점수는 23.2점이다.

④ 차장 직책인 자는 과장 시기의 경력을 인정받을 수 없다.

✔ 해설 ③ 15일 미만의 경력은 산입되지 않으므로 14일을 제외한 4년만이 경력평정에 들어간다. 따라서 기본경력 3년, 초과경력 1년으로 경력평정을 계산하면 0.5×36+0.4×12=22.8점이 된다.
① 과장 직급으로 3년간 근무한 것에 정부 포상을 계산하면 0.5×36+3=21점
② 주임 직급 시 있었던 정직기간과 포상 내역은 모두 대리 직급의 경력평정에 포함되지 않으므로 대리 2년의 근무만 적용되어 0.5×24=12점이다.
④ 당해직급에 적용되는 것이므로 차장 직책인 자는 차장 직급의 근무경력으로만 근무평정이 이루어진다.

8 매트릭스 조직에 대한 설명으로 옳은 것은?

① 이중적인 명령 체계를 갖고 있다.
② 시장의 새로운 변화에 유연하게 대처하기 어렵다.
③ 기능적 조직과 사업부제 조직을 결합한 형태이다.
④ 단일 제품을 생산하는 조직에 적합한 형태이다.

✔ 해설 매트릭스 조직은 구성원이 원래의 종적 계열에 소속됨과 동시에 횡적 계열이나 프로젝트 팀의 일원으로서 임무를 수행하는 형태이므로 이중적인 명령 체계를 가진다.
② 시장의 새로운 변화에 유연하게 대처할 수 있다.
③ 기능적 조직과 프로젝트 조직을 결합한 형태이다.
④ 단일 제품을 생산하는 조직에는 적합하지 않다.

9 다음 설명의 빈칸에 들어갈 말이 순서대로 바르게 짝지어진 것은?

> ( )은(는) 상대 기업의 경영권을 획득하는 것이고, ( )은(는) 두 개 이상의 기업이 결합하여 법률적으로 하나의 기업이 되는 것이다. 최근에는 금융적 관련을 맺거나 또는 전략적인 관계까지 포함시켜 보다 넓은 개념으로 사용되고 있다. 기업은 이를 통해서 시장 지배력을 확대하고 경영을 다각화시킬 수 있으며 사업 간 시너지 효과 등을 거둘 수 있다. 이러한 개념이 발전하게 된 배경은 기업가 정신에 입각한 사회 공헌 실현 등 경영 전략적 측면에서 찾을 수 있다. 그러나 대상 기업의 대주주와 협상·협의를 통해 지분을 넘겨받는 형태를 취하는 우호적인 방식이 있는 반면 기존 대주주와의 협의 없이 기업 지배권을 탈취하는 적대적인 방식도 있다.

① 인수, 제휴 ② 인수, 합작
③ 인수, 합병 ④ 합병, 인수

✔ 해설 제시문은 기업 인수와 합병 즉, M&A의 의미와 기업에게 주는 의미를 간략하게 설명하는 글이다. 기업 입장에서 M&A는 기업의 외적 성장을 위한 발전전략으로 이해된다. 따라서 M&A는 외부적인 경영자원을 활용하여 기업의 성장을 도모하는 가장 적절한 방안으로 볼 수 있는 것이다. '인수'는 상대 기업을 인수받아 인수하는 기업의 일부로 예속하게 되는 것이며, '합병'은 두 기업을 하나로 합친다는 의미를 갖는다. 두 가지 모두 기업 경영권의 변화가 있는 것으로, 제휴나 합작 등과는 다른 개념이다.

Answer 7.③ 8.① 9.③

10 다음은 관리조직의 일반적인 업무내용을 나타내는 표이다. 표를 참고할 때, C대리가 〈보기〉와 같은 업무를 처리하기 위하여 연관되어 있는 팀만으로 나열된 것은 어느 것인가?

부서명	업무내용
총무팀	집기비품 및 소모품의 구입과 관리, 사무실 임차 및 관리, 차량 및 통신시설의 운영, 국내외 출장 업무 협조, 사내외 홍보 광고업무, 회의실 및 사무 공간 관리, 사내·외 행사 주관
인사팀	조직기구의 개편 및 조정, 업무분장 및 조정, 인력수급계획 및 관리, 노사관리, 평가관리, 상벌관리, 인사발령, 교육체계 수립 및 관리, 임금제도, 복리후생제도 및 지원업무, 복무관리, 퇴직관리
기획팀	경영계획 및 전략 수립, 전사기획업무 종합 및 조정, 경영정보 조사 및 기획보고, 경영진단업무, 종합예산수립 및 실적관리, 단기사업계획 종합 및 조정, 사업계획, 손익추정, 실적관리 및 분석
외환팀	수출입 외화자금 회수, 외환 자산 관리 및 투자, 수출 물량 해상 보험 업무, 직원 외환업무 관련 교육 프로그램 시행, 영업활동에 따른 환차손익 관리 및 손실 최소화 방안 강구
회계팀	회계제도의 유지 및 관리, 재무상태 및 경영실적 보고, 결산 관련 업무, 재무제표 분석 및 보고, 법인세, 부가가치세, 국세 지방세 업무자문 및 지원, 보험가입 및 보상업무, 고정자산 관련 업무

〈보기〉

C대리는 오늘 매우 바쁜 하루를 보내야 한다. 항공사의 파업으로 비행 일정이 아직 정해지지 않아 이틀 후로 예정된 출장이 확정되지 않고 있다. 일정 확정 통보를 받는 즉시 지사와 연락을 취해 현지 거래처와의 미팅 일정을 논의해야 한다. 또한, 지난 주 퇴직한 선배사원의 퇴직금 정산 내역을 확인하여 이메일로 자료를 전해주기로 하였다. 오후에는 3/4분기 사업계획 관련 전산입력 담당자 회의에 참석하여야 하며, 이를 위해 회의 전 전년도 실적 관련 자료를 입수해 확인해 두어야 한다.

① 인사팀, 기획팀, 외환팀
② 총무팀, 기획팀, 회계팀
③ 총무팀, 인사팀, 외환팀, 회계팀
④ 총무팀, 인사팀, 기획팀, 회계팀

✔ 해설 출장을 위한 항공 일정 확인 및 확정 업무는 총무팀의 협조가 필요하며, 퇴직자의 퇴직금 정산 내역은 인사팀의 협조가 필요하다. 사업계획 관련 회의는 기획팀에서 주관하는 회의가 될 것이며, 전년도 실적 자료를 입수하는 것은 회계팀에 요청하거나 회계팀의 확인 작업을 거쳐야 공식적인 자료로 간주될 수 있을 것이다. 따라서 총무팀, 인사팀, 기획팀, 회계팀과의 업무 협조가 예상되는 상황이며, 외환팀과의 업무 협조는 '오늘' 예정되어 있다고 볼 수 없다.

11 다음에서 설명하는 개념의 특징으로 옳지 않은 것은?

조직이 달성하려는 장래의 상태

① 다수의 조직목표 추구가 가능하다.

② 불변적 속성을 가진다.

③ 조직의 구성요소와 상호관계를 가진다.

④ 조직목표 간 위계적 상호관계가 있다.

✔ 해설 제시된 내용은 조직목표에 해당한다.

※ 조직목표의 특징

- 공식적 목표와 실제적 목표가 다를 수 있다.
- 다수의 조직목표 추구가 가능하다.
- 조직목표 간 위계적 상호관계가 있다.
- 가변적 속성을 가진다.
- 조직의 구성요소와 상호관계를 가진다.

12 다음 중 부서와 업무의 연결이 어울리지 않는 것은?

① 총무부 : 주주총회 및 이사회개최 관련 업무, 의전 및 비서업무, 집기비품 및 소모품의 구입과 관리, 사무실 임차 및 관리

② 인사부 : 조직기구의 개편 및 조정, 업무분장 및 조정, 인력수급계획 및 관리, 직무 및 정원의 조정 종합, 노사관리, 평가관리, 상벌관리, 인사발령

③ 기획부 : 판매 계획, 판매예산의 편성, 시장조사, 광고 선전, 견적 및 계약, 제조지시서의 발행, 외상매출금의 청구 및 회수, 제품의 재고 조절

④ 회계부 : 회계제도의 유지 및 관리, 재무상태 및 경영실적 보고, 결산 관련 업무, 재무제표분석 및 보고, 법인세, 부가가치세, 국세 지방세 업무자문 및 지원

✔ 해설 ③ 기획부 : 경영계획 및 전략 수립, 전사기획업무 종합 및 조정, 중장기 사업계획의 종합 및 조정, 경영정보 조사 및 기획보고, 경영진단업무, 종합예산수립 및 실적관리

Answer 10.④ 11.② 12.③

13 다음에서 설명하는 용어는 무엇인가?

> 하나의 사업을 수행하는 데 필요한 다수의 세부사업을 단계와 활동으로 세분하여 관련된 계획 공정으로 묶고, 각 활동의 소요 시간을 낙관시간, 최가능시간, 비관시간 등 세 가지로 추정하고 이를 평균하여 기대시간을 추정

① 퍼트 차트 ② 워크 플로 차트
③ 체크리스트 ④ 간트 차트

✔ 해설 ② 일의 절차 처리의 흐름을 표현하기 위해 기호를 써서 도식화한 것
③ 업무를 세부적으로 나누고 각 활동별로 수행수준을 달성했는지를 확인하는 데 효과적
④ 업무수행 시 단계별로 업무를 시작해서 끝나는 데까지 걸리는 시간을 바 형식으로 표시하여 전체 일정 및 단계별로 소요되는 시간과 각 업무활동 사이의 관계를 볼 수 있는 업무수행 시트

14 숙박업소 J사장은 미숙한 경영전략으로 주변 경쟁업소에 점점 뒤쳐지게 되어 매출은 곤두박질 쳤고 이에 따라 직원들은 더 이상 근무할 수 없게 되었다. 경영전략 차원에서 볼 때, J사장이 시도했어야 하는 차별화 전략으로 추천하기에 적절하지 않은 것은 어느 것인가?

① 경쟁업소들보다 가격을 낮춰 고객을 유치한다.
② 새로운 객실 인테리어를 통해 신선감을 갖춘다.
③ 주차장 이용 시 무료세차 및 워셔액 지급 등 추가 서비스를 제공한다.
④ 직원들의 복지를 위해 휴게 시설을 확충한다.

✔ 해설 차별화 전략은 조직이 생산품이나 서비스를 차별화하여 고객에게 가치가 있고 독특하게 인식되도록 하는 전략이다. 차별화 전략을 활용하기 위해서는 연구개발이나 광고를 통하여 기술, 품질, 서비스, 브랜드 이미지를 개선할 필요가 있다. 직원들의 복지를 위해 휴게 시설을 확충하는 것은 넓은 의미에서 고객에 대한 서비스 질의 향상을 도모하는 방안일 수 있으나 차별화된 가치를 서비스하는 일과 직접적인 연관이 있다고 볼 수는 없다.

| 15~17 | 다음 설명을 읽고 분석결과에 대응하는 전략으로 바른 것을 고르시오.

SWOT전략은 강점(Strength), 약점(Weakness), 기회(Opportunity), 위협(Threat)의 머리글자를 모아 만든 단어로 경영전략을 수립하기 위한 분석도구이다. SWOT 분석을 통해 도출된 조직의 내부, 외부 환경을 분석 결과를 통해 대응하는 전략을 도출하게 된다.

SO전략은 기회를 활용하면서 강점을 더욱 강화하는 공격적인 전략이고, WO전략은 외부환경의 기회를 활용하면서 자신의 약점을 보완하는 전략으로 이를 통해 기업이 처한 국면의 전환을 가능하게 할 수 있다. ST전략은 외부환경의 위험요소를 회피하면서 강점을 활용하는 것이며, WT전략은 외부환경의 위험요소를 회피하고 자사의 약점을 보완하는 전략으로 방어적 성격을 갖는다.

내부환경 / 외부환경	강점	약점
기회	강점-기회 전략	약점-기회 전략
위협	강점-위협 전략	약점-위협 전략

15 다음 환경 분석결과에 대응하는 가장 적절한 전략은?

강점	• 탁월한 수준의 영어 실력 • 탁월한 수준의 인터넷 실력
약점	• 비명문대 출신 • 대학원진학에 대한 부모의 경제적 후원 어려움
기회	• 외국 기업의 국내 진출 활성화 • 능력 위주의 인사
위협	• 국내 대기업의 신입사원 채용 기피 • 명문대 출신 우대 및 사내 파벌화

내부환경 / 외부환경	강점	약점
기회	① 국내 기업에 입사	② 명문대 대우해주는 대기업에 입사
위협	③ 대기업 포기, 영어와 인터넷 실력 원하는 중소기업 입사	④ 명문대 출신이 많은 기업에 입사

✔ 해설 ① SO전략 : 외국 기업에 입사
② WO전략 : 비명문대 출신도 능력만 있으면 대우해주는 대기업에 입사
③ ST전략 : 대기업 포기, 영어와 인터넷 실력 원하는 중소기업 입사, 진학하여 MBA 획득
④ WT전략 : 선배가 경영주인 기업 또는 선배가 많은 기업에 입사, 대학원은 명문대에 장학생으로 진학 후 2년 후 국내경기가 활성화되면 취업

Answer 13.① 14.④ 15.③

16 다음 환경 분석결과는 OO학회의 문제를 제시한 것이다. 조직성과를 올리기 위한 전략을 도출하려고 할 때 이에 대응하는 가장 적절한 전략은?

강점	마케팅 수업과 스터디, 교수님과의 연계로 타 학생보다 높은 퀄리티를 가지고 있다.
약점	• 정해진 커리큘럼 없이 조직원들의 혼란이 있다. • 결속력이 약하고 조직원 간 커뮤니케이션의 부재와 조직 사기 저하가 일어났다.
기회	• 공모전이 취업에 높은 비중을 차지한다. • 공모전 증가로 참여 기회가 많아 졌다.
위협	• 외부 동아리, 연합 동아리 등이 증가하고 있다. • 학생들의 가입과 참여가 줄어들고 있다.

내부환경 / 외부환경	강점	약점
기회	① 지도 교수의 지도로 최신 이론을 통해 수준 높은 퀄리티로 공모전에 참여한다.	② 목표를 설정하고 세분화하여 경쟁자를 줄인다.
위협	③ 차별화된 커리큘럼을 구성하여 타 동아리와의 차별성을 갖는다.	④ 공모전을 목표로 학회의 방향을 명확히 한다.

해설 ① SO전략 : 지도 교수의 지도로 최신 이론을 통해 수준 높은 퀄리티로 공모전에 참여한다.
② WO전략 : 공모전을 위한 커리큘럼을 구성하고 실천한다.
③ ST전략 : 지도교수 체제 하에 전문성을 특화로 타 동아리와 차별성을 갖는다.
④ WT전략 : 차별화된 커리큘럼이나 프로세스를 구성하여 차별성을 갖는다.

17 다음은 화장품 회사의 SWOT분석이다. 환경 분석결과에 대응하는 가장 적절한 전략은?

강점	• 화장품과 관련된 높은 기술력 보유 • 기초 화장품 전문 브랜드라는 소비자인식과 높은 신뢰도
약점	• 남성전용 화장품 라인의 후발주자 • 용량 대비 높은 가격
기회	• 남성들의 화장품에 대한 인식변화와 화장품 시장의 지속적인 성장 • 화장품 분야에 대한 정부의 지원
위협	• 경쟁업체들의 남성화장품 시장 공략 • 내수경기 침체로 인한 소비심리 위축

내부환경 / 외부환경	강점	약점
기회	① 기초화장품 기술력을 통한 경쟁적 남성 기초화장품 개발	② 남성화장품 이외의 라인에 주력하여 경쟁력 강화
위협	③ 가격을 낮추어 타 업체들과 경쟁	④ 정부의 지원을 통한 제품의 가격 조정

 ① SO전략 : 기초화장품 기술력을 통한 경쟁적 남성 기초화장품 개발
② WO전략 : 가격을 낮추어 기타 업체들과 경쟁
③ ST전략 : 정부의 지원을 통한 제품의 가격 조정
④ WT전략 : 남성화장품 이외의 라인에 주력하여 경쟁력 강화

Answer 16.① 17.①

| 18~22 | 다음 결재규정을 보고 주어진 상황에 알맞게 작성된 양식을 고르시오.

〈결재규정〉

- 결재를 받으려면 업무에 대해서는 최고결재권자(대표이사)를 포함한 이하 직책자의 결재를 받아야 한다.
- '전결'이라 함은 회사의 경영활동이나 관리활동을 수행함에 있어 의사결정이나 판단을 요하는 일에 대하여 최고결재권자의 결재를 생략하고, 자신의 책임 하에 최종적으로 의사결정이나 판단을 하는 행위를 말한다.
- 전결사항에 대해서도 위임 받은 자를 포함한 이하 직책자의 결재를 받아야 한다.
- 표시내용 : 결재를 올리는 자는 최고결재권자로부터 전결사항을 위임 받은 자가 있는 경우 결재란에 전결이라고 표시하고 최종 결재권자에 위임 받은 자를 표시한다. 다만, 결재가 불필요한 직책자의 결재란은 상황대각선으로 표시한다.
- 최고결재권자의 결재사항 및 최고결재권자로부터 위임된 전결사항은 다음의 표에 따른다.

구분	내용	금액기준	결재서류	팀장	본부장	대표이사
접대비	거래처 식대, 경조사비 등	20만 원 이하	접대비지출품의서 지출결의서	● ■		
		30만 원 이하			● ■	
		30만 원 초과				● ■
교통비	국내 출장비	30만 원 이하	출장계획서 출장비신청서	● ■		
		50만 원 이하		●	■	
		50만 원 초과		●		■
	해외 출장비			●		■
소모품비	사무용품		지출결의서	■		
	문서, 전산소모품					■
	기타 소모품	20만 원 이하		■		
		30만 원 이하			■	
		30만 원 초과				■
교육 훈련비	사내외 교육		기안서 지출결의서	●		■
법인카드	법인카드 사용	50만 원 이하	법인카드신청서	■		
		100만 원 이하			■	
		100만 원 초과				■

● : 기안서, 출장계획서, 접대비지출품의서

■ : 지출결의서, 세금계산서, 발행요청서, 각종 신청서

18 영업부 사원 L씨는 편집부 K씨의 부친상에 부조금 50만 원을 회사 명의로 지급하기로 하였다. L씨가 작성한 결재 방식은?

①

접대비지출품의서				
결재	담당	팀장	본부장	최종 결재
	L	/	/	팀장

②

접대비지출품의서				
결재	담당	팀장	본부장	최종 결재
	L	/	전결	본부장

③

지출결의서				
결재	담당	팀장	본부장	최종 결재
	L	전결	/	대표이사

④

지출결의서				
결재	담당	팀장	본부장	최종 결재
	L			대표이사

✔ 해설 경조사비는 접대비에 해당하므로 접대비지출품의서나 지출결의서를 작성하고 30만 원을 초과하였으므로 결재권자는 대표이사에게 있다. 또한 누구에게도 전결되지 않았다.

Answer 18.④

19 영업부 사원 I씨는 거래업체 직원들과 저녁 식사를 위해 270,000원을 지불하였다. I씨가 작성해야 하는 결재 방식으로 옳은 것은?

①

접대비지출품의서				
결재	담당	팀장	본부장	최종 결재
	I	/	/	전결

②

접대비지출품의서				
결재	담당	팀장	본부장	최종 결재
	I	전결		본부장

③

지출결의서				
결재	담당	팀장	본부장	최종 결재
	I	전결	/	본부장

④

접대비지출품의서				
결재	담당	팀장	본부장	최종 결재
	I		전결	본부장

✔ 해설 거래처 식대이므로 접대비지출품의서나 지출결의서를 작성하고 30만 원 이하이므로 최종 결재는 본부장이 한다. 본부장이 최종 결재를 하고 본부장 란에는 전결을 표시한다.

20 영상 촬영팀 사원 Q씨는 외부 교육업체로부터 1회에 20만 원씩 총 5회에 걸쳐 진행하는 〈디지털 영상 복원 기술〉 강의를 수강하기로 하였다. Q씨가 작성해야 할 결재 방식으로 옳은 것은?

①

기안서				
결재	담당	팀장	본부장	최종 결재
	Q	/	/	전결

②

지출결의서				
결재	담당	팀장	본부장	최종 결재
	Q	전결	/	대표이사

③

기안서				
결재	담당	팀장	본부장	최종 결재
	Q	전결	/	팀장

④

지출결의서				
결재	담당	팀장	본부장	최종 결재
	Q		/	전결

✔ 해설 사내외 교육은 교육훈련비 명목으로 기안서나 지출결의서를 작성해야 하며 기안서는 팀장이, 지출결의서는 대표이사가 결재를 한다.

Answer 19.④ 20.③

21 편집부 직원 R씨는 해외 시장 모색을 위해 영국행 비행기 티켓 500,000원과 호주행 비행기 티켓 500,000원을 지불하였다. R씨가 작성해야 할 결재 방식으로 옳은 것은?

①

출장계획서				
결재	담당	팀장	본부장	최종 결재
	R		/	전결

②

출장계획서				
결재	담당	팀장	본부장	최종 결재
	R		전결	본부장

③

출장비신청서				
결재	담당	팀장	본부장	최종 결재
	R	전결	/	본부장

④

출장비신청서				
결재	담당	팀장	본부장	최종 결재
	R			대표이사

✔ 해설 해외출장비는 교통비에 해당하며, 출장계획서의 경우 팀장, 출장비신청서의 경우 대표이사에게 결재권이 있다.

22 편집부 사원 S는 회의에 사용될 인쇄물을 준비하던 도중 잉크 카트리지가 떨어진 것을 확인하였다. 그래서 급하게 개당 가격이 150,000원인 토너 2개를 법인카드로 구매하려고 한다. 이때 S가 작성할 결재 방식으로 옳은 것은?

①

지출결의서				
결재	담당	팀장	본부장	최종 결재
	S			전결

②

법인카드신청서				
결재	담당	팀장	본부장	최종 결재
	S	전결	/	팀장

③

지출결의서				
결재	담당	팀장	본부장	최종 결재
	S	전결	전결	본부장

④

법인카드신청서				
결재	담당	팀장	본부장	최종 결재
	S			대표이사

✔ 해설 법인카드를 사용하려고 하므로 법인카드신청서를 작성하고 그 금액이 300,000원이므로 50만 원 이하는 팀장에게 결재권이 있다.

Answer 21.④ 22.②

23 다음 사례에서와 같은 조직 문화의 긍정적인 기능이라고 보기 어려운 것은 어느 것인가?

> 영업3팀은 팀원 모두가 야구광이다. 신 부장은 아들이 고교 야구선수라서 프로 선수를 꿈꾸는 아들을 위해 야구광이 되었다. 남 차장은 큰 딸이 프로야구 D팀의 한 선수를 너무 좋아하여 주말에 딸과 야구장을 가려면 자신부터 야구팬이 되지 않을 수 없다. 이 대리는 고등학교 때까지 야구 선수 생활을 했었고, 요즘 젊은 친구답지 않게 승현 씨는 야구를 게임보다 좋아한다. 영업3팀 직원들의 취향이 이렇다 보니 팀 여기저기엔 야구 관련 장식품들이 쉽게 눈에 띄고, 점심시간과 티타임에 나누는 대화는 온통 야구 이야기이다. 다른 부서에서는 우스갯소리로 야구를 좋아하지 않으면 아예 영업3팀 근처에 얼씬거릴 생각도 말라고 할 정도다.
> 부서 회식이나 단합대회를 야구장에서 하는 것은 물론이고 주말에도 식사 내기, 입장권 내기 등으로 직원들은 거의 매일 야구에 묻혀 산다. 영업3팀은 현재 인사처 자료에 의하면 사내에서 부서 이동률이 가장 낮은 조직이다.

① 구성원들에게 일체감과 정체성을 부여한다.

② 조직이 변해야 할 시기에 일치단결된 모습을 보여준다.

③ 조직의 몰입도를 높여준다.

④ 조직의 안정성을 가져온다.

✔ 해설 조직문화는 조직의 방향을 결정하고 존속하게 하는데 중요한 요인이지만, 개성 있고 강한 조직 문화는 다양한 조직구성원들의 의견을 받아들일 수 없거나, 조직이 변화해야 할 시기에 장애요인으로 작용하기도 한다.

| 24~25 | 다음은 (주)서원각의 사내 복지 제도에 대한 지원 내역을 정리한 것이다. 물음에 답하시오.

2015년 변경된 사내 복지 제도

① 주택지원 → 입사 3년차 이하 : 1인 가구 중 무주택자
입사 4년차 이상 : 본인 포함 가구원이 3명 이상인 사원 중 무주택자
② 경조사지원 → 본인/가족의 결혼, 회갑 등 각종 경조사, 본인 생일
경조금, 화환 및 경조휴가 제공
③ 학자금지원 → 대학생 자녀의 학자금 지원
④ 기타 → 상병 휴가, 휴직, 4대 보험 지원

2015년 1분기 지원 내역

성명	부서	직위	내역	변경 전	변경 후	금액(만 원)
김○○	영업부	과장	자녀 대학 진학	지원 불가	지원 가능	200
신○○	편집부	대리	결혼	변경사항 없음		10
김☆☆	편집부	차장	사택 제공	변경사항 없음		·
이○○	홍보부	사원	생일	상품권	기프트카드	5
류○○	기획부	대리	결혼	변경사항 없음		10
장○○	전략부	사원	병가	실비 지급	금액 추가	5(실비 제외)
윤○○	관리부	과장	부친상	변경사항 없음		10

Answer 23.②

24 다음은 위의 내용을 토대로 상사의 지시를 받은 L사원이 2015년도 1분기 복지제도 지원을 받은 자를 정리한 자료이다. 잘못된 부분으로 옳은 것은?

지원구분	성명
경조사	신○○, 류○○, 윤○○
학자금	김○○
주택	김☆☆
기타	장○○, 이○○

① 경조사　② 학자금
③ 주택　④ 기타

✔ 해설 홍보부의 이○○ 사원은 생일을 맞이한 것이므로 경조사에 포함되어야 한다.

25 L사원이 상사의 지시에 따라 변경 내용을 참고하여 새로운 사내 복지 제도를 정리하여 추가로 공지하려고 할 때, 포함되는 내용으로 옳지 않은 것은?

① 복지 제도 변경 전후 모두 생일에 현금은 지급되지 않습니다.
② 복지 제도 변경 후 대학생 자녀에 대한 학자금을 지원해 드립니다.
③ 복지 제도 변경 후 생일에는 5만 원 상당의 상품권이 제공됩니다.
④ 복지 제도 변경 전후 모두 경조사 지원금은 직위에 관계없이 동일한 금액으로 지급됩니다.

✔ 해설 ① 복지 제도 변경 전 상품권, 변경 후 기프트카드이므로 현금은 지급되지 않는다.
② 복지 제도 변경 전에는 지원 불가였던 자녀 대학 학자금 지원이 신설되었다.
③ 복지 제도 변경 전 생일에 상품권을 지급하였다. 변경 후에는 기프트카드를 지급한다.
④ 복지 제도 변경 전후 경조사 지원금은 모두 10만 원이며 직위에 관계없이 동일하다.

26 다음 중 아래의 조직도를 올바르게 이해한 것은?

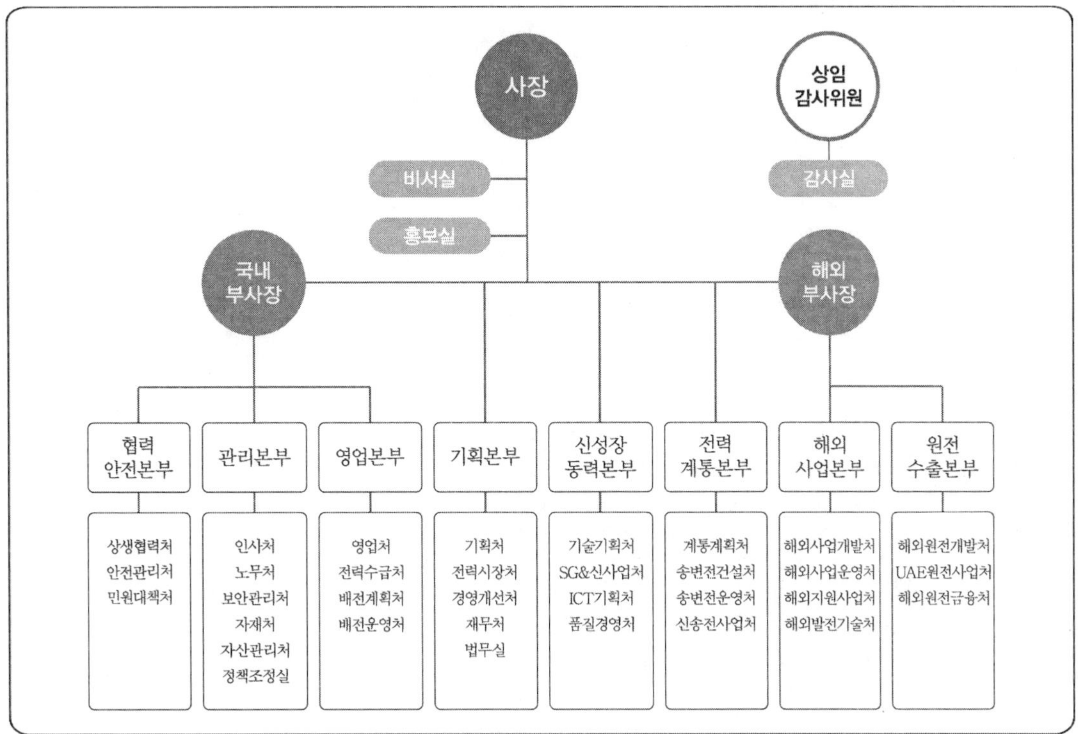

㉠ 사장직속으로는 3개 본부, 13개 처, 2개 실로 구성되어 있다.
㉡ 국내·해외부사장은 각 3개의 본부를 이끌고 있다.
㉢ 감사실은 다른 부서들과는 별도로 상임 감사위원 산하에 따로 소속되어 있다.
㉣ 노무처와 재무처는 서로 업무협동이 있어야 하므로 같은 본부에 소속되어 있다.

① ㉠
② ㉢
③ ㉡㉢
④ ㉢㉣

✔ 해설 ㉠ 사장직속으로는 3개 본부, 12개 처, 3개 실로 구성되어 있다.
㉡ 해외부사장은 2개의 본부를 이끌고 있다.
㉣ 노무처는 관리본부에, 재무처는 기획본부에 소속되어 있다.

Answer 24.④ 25.③ 26.②

27 다음은 기업용 소프트웨어를 개발 · 판매하는 A기업의 조직도와 사내 업무협조전이다. 주어진 업무협조전의 발신부서와 수신부서로 가장 적절한 것은?

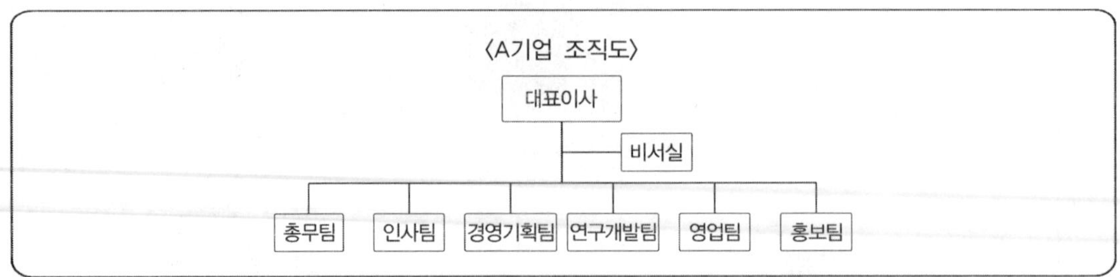

업무협조전

제목 : 콘텐츠 개발에 따른 적극적 영업 마케팅 협조

내용 : 2014년 경영기획팀의 요청으로 저희 팀에서 제작하기 시작한 업무매니저 "한방에" 소프트웨어가 모두 제작 완료되었습니다. 하여 해당 소프트웨어 5종에 관한 적극적인 마케팅을 부탁드립니다.

"한방에"는 거래처관리 소프트웨어, 직원/급여관리 소프트웨어, 매입/매출관리 소프트웨어, 증명서 발급관리 소프트웨어, 거래/견적/세금관리 소프트웨어로 각 분야별 영업을 진행하시면 될 것 같습니다.

특히나 직원/급여관리 소프트웨어는 회사 직원과 급여를 통합적으로 관리할 수 있는 프로그램으로 중소기업에서도 보편적으로 이용할 수 있도록 설계되어 있기 때문에 적극적인 영업 마케팅이 더해졌을 때 큰 이익을 낼 수 있을 거라 예상됩니다.

해당 5개의 프로그램의 이용 매뉴얼과 설명서를 첨부해드리오니 담당자분들께서는 이를 숙지하시고 영업에 효율성을 가지시기 바랍니다.

첨부 : 업무매니저 "한방에" 매뉴얼 및 설명서

	발신	수신		발신	수신
①	경영기획팀	홍보팀	②	연구개발팀	영업팀
③	총무팀	인사팀	④	영업팀	연구개발팀

✔ 해설 발신부서는 소프트웨어를 제작하는 팀이므로 연구개발팀이고, 발신부서는 수신부서에게 신제품 개발에 대한 대략적인 내용과 함께 영업 마케팅에 대한 당부를 하고 있으므로 수신부서는 영업팀이 가장 적절하다.

28 H전자 1공장의 공장장 및 관리자들은 작년에 비해 눈에 띄게 늘어난 불량률 때문에 골머리를 앓고 있다. 마땅한 해결책이 없어 생산부원들과 함께 회의를 진행하였다. 주어진 의사결정 과정에 대한 도표의 각 과정에 대한 질문이 가장 적절하게 연결된 것은?

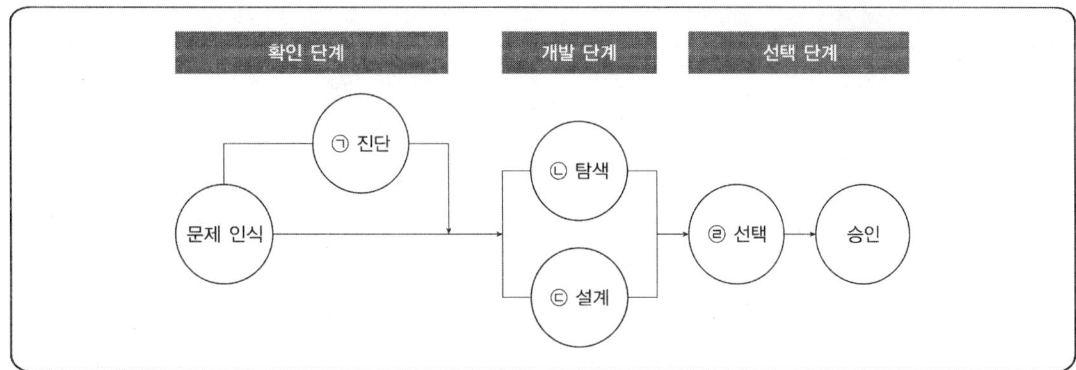

① ㉠ : 작년에 대비하여 불량률이 얼마나 증가하였는가?
② ㉡ : 불량률이 증가한 이유는 무엇인가?
③ ㉢ : 기존에 우리 공장에서 불량률을 줄이기 위해 사용했던 방안은 무엇인가?
④ ㉣ : 그 외에 새로운 방안에는 어떤 것들이 있겠는가?

해설 ② 진단 ③ 탐색 ④ 설계

※ 의사결정의 과정

㉠ 확인 단계
- 문제인식 : 의사결정이 필요한 문제를 인식한다. 이는 외부 환경이 변화하거나 내부에서 문제가 발생했을 때에 발생한다.
- 진단 : 문제를 인식하면 이를 구체화하기 위하여 정보를 얻는 단계이다. 진단단계는 문제의 심각성에 따라서 체계적으로 이루어지기도 하며, 비공식적으로 이루어지기도 한다. 또한 문제를 신속히 해결할 필요가 있는 경우에는 진단시간을 줄이고 즉각적인 대응이 필요하다.

㉡ 개발 단계
- 탐색 : 먼저 조직 내의 기존 해결 방법 중에서 새로운 문제의 해결 방법을 찾는 과정. 이는 조직 내 관련자와의 대화나 공식적인 문서 등을 참고하여 이루어질 수 있다.
- 설계 : 이전에 없었던 새로운 문제의 경우 이에 대한 해결안을 설계해야 한다. 이 경우에는 의사결정자들이 모호한 해결방법만을 가지고 있기 때문에 다양한 의사결정 기법을 통하여 시행착오적 과정을 거치면서 적합한 해결방법을 찾아나간다.

㉢ 선택단계
- 선택 : 해결방안을 마련하면 실행가능한 해결안을 선택한다. 선택을 위한 방법은 3가지로 이루어질 수 있다. 이는 한 사람의 의사결정권자의 판단에 의한 선택, 경영과학 기법과 같은 분석에 의한 선택, 이해관계집단의 토의와 교섭에 의한 선택이 있다.
- 승인 : 조직 내에서 공식적인 승인절차를 거친 후 실행된다.

Answer 27.② 28.①

▌29~30▐ 인사팀에 근무하는 S는 2017년도에 새롭게 변경된 사내 복지 제도에 따라 경조사 지원 내역을 정리하는 업무를 담당하고 있다. 다음을 바탕으로 물음에 답하시오.

❒ 2017년도 변경된 사내 복지 제도

종류	주요 내용
주택 지원	• 사택 지원(가~사 총 7동 175가구) 최소 1년 최장 3년 • 지원 대상 – 입사 3년 차 이하 1인 가구 사원 중 무주택자(가~다동 지원) – 입사 4년 차 이상 본인 포함 가구원이 3인 이상인 사원 중 무주택자(라~사동 지원)
경조사 지원	• 본인/가족 결혼, 회갑 등 각종 경조사 시 • 경조금, 화환 및 경조휴가 제공
학자금 지원	• 대학생 자녀의 학자금 지원
기타	• 상병 휴가, 휴직, 4대 보험 지원

❒ 2017년도 1/4분기 지원 내역

이름	부서	직위	내역	변경 전	변경 후	금액(천원)
A	인사팀	부장	자녀 대학진학	지원 불가	지원 가능	2,000
B	총무팀	차장	장인상	변경 내역 없음		100
C	연구1팀	차장	병가	실비 지급	추가 금액 지원	50 (실비 제외)
D	홍보팀	사원	사택 제공(가-102)	변경 내역 없음		-
E	연구2팀	대리	결혼	변경 내역 없음		100
F	영업1팀	차장	모친상	변경 내역 없음		100
G	인사팀	사원	사택 제공(바-305)	변경 내역 없음		-
H	보안팀	대리	부친 회갑	변경 내역 없음		100
I	기획팀	차장	결혼	변경 내역 없음		100
J	영업2팀	과장	생일	상품권	기프트 카드	50
K	전략팀	사원	생일	상품권	기프트 카드	50

29 당신은 S가 정리해 온 2017년도 1/4분기 지원 내역을 확인하였다. 다음 중 잘못 구분된 사원은?

지원 구분	이름
주택 지원	D, G
경조사 지원	B, E, H, I, J, K
학자금 지원	A
기타	F, C

① B
② D
③ F
④ H

✔해설 지원 구분에 따르면 모친상과 같은 경조사는 경조사 지원에 포함되어야 한다. 따라서 F의 구분이 잘못 되었다.

30 S는 2017년도 1/4분기 지원 내역 중 변경 사례를 참고하여 새로운 사내 복지 제도를 정리해 추가로 공시하려 한다. 다음 중 S가 정리한 내용으로 옳지 않은 것은?

① 복지 제도 변경 전후 모두 생일에 현금을 지급하지 않습니다.
② 복지 제도 변경 후 대학생 자녀에 대한 학자금을 지원해드립니다.
③ 변경 전과 달리 미혼 사원의 경우 입주 가능한 사택동 제한이 없어집니다.
④ 변경 전과 같이 경조사 지원금은 직위와 관계없이 동일한 금액으로 지원됩니다.

✔해설 ③ 2017년 변경된 사내 복지 제도에 따르면 1인 가구 사원에게는 가~사 총 7동 중 가~다동이 지원된다.

Answer 29.③ 30.③

01 금융상식

02 경제상식

PART 04

금융경제상식

CHAPTER

01 금융상식

1 다음에서 설명하고 있는 것은?

> 개인이 받은 주택담보대출 이외에도 신용대출, 카드론 등 금융권에서 받은 대출정보를 합상한 금액에서 연간 원리금을 연소득으로 나눈 비율이다. 대출을 원하는 사람의 소득에 대비하여 전체 금융부채에 대한 대출상환능력이 적절한지를 심사하기 위한 것이다.

① 유동비율 ② 당좌비율
③ 주택담보대출비율 ④ 총부채원리금상환비율

해설 ④ 총부채원리금상환비율(DSR) : 대출 원리금을 포함하여 기타 다른 대출금과 이자를 모두를 합산하여 원리금 상환액으로 대출 상환능력을 심사하기 위한 것이다.
① 유동비율 : 유동자산의 유동부채에 대한 비율을 의미한다.
② 당좌비율 : (당좌자산÷유동부채)×100으로 구하는 백분율로 단기지급능력을 측정하기 위한 지표에 해당한다.
③ 주택담보대출비율(LTV) : 주택을 담보로 대출을 할 때 인정받을 수 있는 자산가치 비율을 의미한다.

2 ELS, ELD, ELF 비교로 옳지 않은 것은?

① ELS의 발행기관은 증권사이다.
② ELD는 정기예금 형태이다.
③ ELF는 펀드 상품으로 원금이 보장되지 않는다.
④ 주가지수연동예금은 이자를 파생상품으로 운용한다.

해설 주가연계펀드(ELF : Equity Linked Fund)
㉠ 투자금의 상당액을 채권으로 운용하면서 여기에서 발생하는 이자로 증권사가 발행하는 ELS 워런트에 투자한다.
㉡ 주가나 주가지수의 변동과 연계되어 수익이 결정된다.
㉢ 환매가 자유롭고 소액 투자가 가능하다. 만기 시점까지 기초자산 가격이 손실구간 밑으로 떨어지지 않으면 원리금과 이자를 돌려받는다는 점에서 수익구조는 ELS와 거의 차이가 없다.

3 퇴직연금 확정급여(DB)형의 특징으로 옳지 않은 것은?

① 회사가 매년 연간 임금총액의 일정비율을 적립하고 근로자가 직접 운용한다.
② 회사가 직접 외부 금융회사에 적립하여 운용한다.
③ 근로자가 퇴직 시 정해진 금액을 지급한다.
④ 퇴직급여의 금액은 기존의 퇴직금 금액과 같다.

해설 퇴직연금의 종류

㉠ 확정급여형(DB ; Defined Benefit)
- 회사가 근로자의 퇴직연금 재원을 외부 금융회사에 적립하여 운용하고, 근로자 퇴직 시 정해진 금액을 지급하도록 하는 제도이다.
- DB형의 퇴직급여 금액은 기존의 퇴직금 금액과 동일하다.
- 근무 마지막 연도의 임금을 기준으로 지급되므로 임금상승률이 높고 장기근속이 가능한 기업의 근로자에게 유리하다.

㉡ 확정기여형(DC ; Defined Contribution)
- 회사가 매년 연간 임금총액의 일정비율을 적립하고, 근로자가 적립금을 운용하는 방식이다.
- 회사가 근로자 퇴직급여계좌에 매년 일정액을 납입하고 근로자가 직접 운용하므로 파산위험 및 임금체불 위험이 있는 회사에 근무하는 근로자나 임금상승률이 낮은 근로자 등에게 유리하다.

㉢ 개인형 퇴직연금(IRP ; Individual Retirement Pension) : 퇴직한 근로자가 퇴직 시 수령한 퇴직급여를 운용하거나 재직 중인 근로자가 DB나 DC 이외에 자신의 비용 부담으로 추가로 적립하여 운용하다가 연금 또는 일시금으로 수령할 수 있는 계좌이다.

4 두렵고 피하고 싶었던 상황에 처해 있다는 것을 갑자기 깨닫게 되는 순간을 무엇이라 하는가?

① 블랙스완
② 코요테 모멘트
③ 베어마켓랠리
④ 불마켓

해설 코요테 모멘트 … 두렵고 피하고 싶었던 상황에 처해 있다는 것을 갑자기 깨닫게 되는 순간을 의미한다. 증권시장에서는 증시의 갑작스러운 붕괴나, 지난 2008년 세계 금융위기가 초래한 부동산 거품 붕괴 등을 일컫는다. 최근에는 신종 코로나바이러스 감염증(코로나19) 쇼크를 코요테 모멘트로 지목하며 경기 침체를 예고하기도 했다.

Answer 1.④ 2.③ 3.① 4.②

5 뮤추얼 펀드에 대한 설명으로 옳지 않은 것은?

① 예금자보호를 받을 수 있는 상품이다.
② 안정적인 자산증식을 원하는 대다수 소액투자자들이 운용한다.
③ 간접투자이다.
④ 투자대상은 유가증권이 주를 이룬다.

✔해설 뮤추얼 펀드(Mutual Fund)
㉠ 투자자들의 자금을 모아 하나의 페이퍼컴퍼니를 설립하여 주식이나 채권 파생상품 등에 투자한 후 그 운용 수익을 투자자들에게 배당의 형태로 돌려주는 펀드이다.
㉡ 안정적인 자산증식을 원하는 대다수 소액투자자들이 포트폴리오 수단으로 활용된다.
㉢ 펀드 전문가가 운용해 주는 간접투자라는 점이 특징이다. 운용 실적대로 배당이 이뤄지며 투자손익에 대한 책임도 투자자들이 진다.
㉣ 투자대상은 주식과 채권, 기업어음(CP), 국공채 등 유가증권이 주를 이룬다.

6 자금세탁 방지제도의 구성으로 볼 수 없는 것은?

① 혐의거래보고 ② 고액현금거래보고
③ 소액현금거래보고 ④ 고객확인제도

✔해설 자금세탁 방지제도는 자금의 위험한 출처를 숨겨 적법한 것처럼 위장하는 과정을 말하며, 불법재산의 취득 · 처분 사실을 가장하거나 재산을 은닉하는 행위 및 탈세 목적으로 재산의 취득 · 처분 사실을 가장하거나 그 재산을 은닉하는 행위를 말한다.
※ 자금세탁 방지제도는 혐의거래보고, 고액현금거래보고, 고객확인제도, 고객알기절차, 강화된 고객확인제도 절차를 걸쳐 자금세탁의심거래를 가려낸다.

7 기준금리에 대한 설명으로 옳지 않은 것은?

① 자금조정 예금 및 대출 등의 기준이 되는 정책금리이다.
② 한국은행에 설치된 금융통화위원회에 의해 결정된다.
③ 물가 동향, 국내외 경제 상황 등을 고려하여 연 8회 기준금리를 결정한다.
④ 각 일반은행에서 기준금리를 결정한다.

✔해설 ④ 한국의 중앙은행의 최고결정기구인 금융통화위원회에서 기준금리를 결정한다.
※ 기준금리는 금융기관과 환매조건부증권(RP) 매매, 자금조정 예금 및 대출 등의 거래를 할 때 기준이 되는 정책금리이다. 물가 동향, 국내외 경제 상황, 금융시장 여건 등을 종합적으로 고려하여 연 8회 기준금리를 결정하고 있다. 이렇게 결정된 기준금리는 콜금리, 장단기 시장금리, 예금 및 대출 금리 등의 변동으로 이어져 실물경제에 영향을 미친다.

8 다음에서 설명하고 있는 주식시장의 명칭은?

> (　　)은 성장단계에 있는 중소, 벤처기업들이 원활히 자금을 조달할 수 있도록 비상장 벤처기업들의 자금난을 해소하는 창구가 되고 있다.

① KRX　　② AMEX
③ NYSE　　④ Free Board

✔해설 ④ 프리보드(Free Board)는 유가증권과 코스닥시장에 상장되지 않은 종목을 모아 거래하는 제3시장의 이름이다.

9 다음 (　　) 안에 들어갈 용어로 적절한 것이 차례로 짝지어진 것은?

> • (㉠) – 장래의 특정 시점에 인도할 것을 약정하는 계약
> • (㉡) – 장래의 일정기간 동안 미리 정한 가격으로 산출된 금전 등을 교환할 것을 약정하는 계약
> • (㉢) – 당사자 어느 한 쪽의 의사표시에 의하여 산출된 금전 등을 수수하는 거래를 성립시킬 수 있는 권리를 부여하는 것을 약정하는 계약

	㉠	㉡	㉢
①	옵션	선물	스왑
②	옵션	스왑	선물
③	스왑	옵션	선물
④	선물	옵션	스왑

✔해설 파생상품의 정의

㉠ 선물 : 기초자산이나 기초자산의 가격 · 이자율 · 지표 · 단위 또는 이를 기초로 하는 지수 등에 의하여 산출된 금전 등을 장래의 특정시점에 인도할 것을 약정하는 계약

㉡ 옵션 : 장래의 일정기간 동안 미리 정한 가격으로 기초자산이나 기초자산의 가격 · 이자율 · 지표 · 단위 또는 이를 기초로 하는 지수 등에 의하여 산출된 금전 등을 교환할 것을 약정하는 계약

㉢ 스왑 : 당사자 어느 한 쪽의 의사표시에 의하여 기초자산이나 기초자산의 가격 · 이자율 · 지표 · 단위 또는 이를 기초로 하는 지수 등에 의하여 산출된 금전 등을 수수하는 거래를 성립시킬 수 있는 권리를 부여하는 것을 약정하는 계약

Answer 5.① 6.③ 7.④ 8.④ 9.④

10 다음에서 설명하는 개념은 무엇인가?

> 증권회사 등이 투자자의 자산규모와 투자성향 및 위험수용도 등을 분석하여 투자자의 자산을 적당한 금융상품 등에 투자해주고 일정한 수수료를 받는 것을 말한다.

① 단기금융집합투자기구
② 랩어카운트
③ 대안투자상품
④ late trading

해설 랩어카운트(Wrap Account) … 랩(Wrap)과 어카운트(Account)의 조합어로 고객의 투자성향을 파악하여 이에 따른 총체적인 자산종합관리 서비스의 제공을 통해 일정한 수수료를 수취하는 자산종합계좌를 말한다.

11 선물저평가(백워데이션 ; back-wardation)에 대한 설명으로 옳지 않은 것은?

① 선물가격이 현물보다 낮아지는 현상을 말한다.
② 역조시장(逆調市長)이라고도 한다.
③ 일반적으로 선물가격이 현물보다 높은 까닭은 기회비용 때문이다.
④ 반대 현상을 콘탱고(contango)라고 한다.

해설 ③ 일반적으로 선물(先物)가격이 현물(現物)가격보다 높은 이유는 미래 시점에 받을 상품을 사는 것이므로 그에 대한 이자와 창고료, 보험료 같은 보유비용이 다 포함되어 있기 때문이다.

12 다음 중 저축목적과 그에 적합한 금융상품의 연결이 옳지 않은 것은?

① 자녀교육비마련 – 교육보험
② 주택자금마련 – 장기주택마련저축
③ 노후자금마련 – 종신보험
④ 대출을 위한 저축 – 신용부금

해설 ③ 종신보험은 생활의 안정성을 확보하기 위한 목적에 적합하다.

13 다음 중 현재 우리나라의 통화지표로 사용하지 않는 것은?

① M1

② M2

③ M3

④ L

✔ 해설 통화지표는 시중에 유통되고 있는 통화의 크기와 변동을 나타내는 척도로 통화신용 정책의 기초 자료가 된다. 우리나라는 M1(협의통화), M2(광의통화), Lf(금융기관유동성), L(광의유동성)을 편제하고 있다.

㉠ M1 : 가장 일반적인 지불수단인 민간보유 현금과 은행의 요구불예금(예금주의 요구가 있을 때 언제든지 지급할 수 있는 예금)의 합계를 가리킨다. 즉 M1은 현재 가지고 있는 현금처럼 지급을 요구하면 바로 빼 쓸 수 있는 요구불예금, 수시 입출식 저축성예금 등의 양을 의미하는 것이다.

㉡ M2 : M1에 저축성예금과 거주자외화예금을 합계한 것을 말한다. 저축성예금이란 이자율은 높으나 약정기간이 경과해야 현금 인출이 가능한 예금을 말하며, 거주자외화예금은 우리나라 사람이 가진 외화를 예금한 것을 의미한다. M2는 시중유동성을 가장 잘 파악할 수 있는 지표로 활용된다.

㉢ Lf : 과거 M3로 불렸던 것으로 M2에 만기 2년 이상 장기금융상품과 생명보험계약준비금, 증권금융 예수금을 더한 것이다. M2에 비해 만기가 길어 저축의 성격도 강하지만 필요하면 쉽게 현금화할 수 있다는 공통점이 있다.

㉣ L : 가장 넓은 의미의 지표로 정부와 기업이 발행한 각종 채권과 어음 등이 총망라된 것이다. 금융기관이 공급하는 유동성만을 포괄하고 있는 Lf를 포함한 한 나라 경제가 보유하고 있는 전체 유동성의 크기를 재는 지표이다.

14 다음 중 금리(이자율)의 기능을 모두 고르면?

㉠ 자금배분	㉡ 경기전망
㉢ 경기조절	㉣ 물가조정

① ㉠, ㉡, ㉢　　② ㉠, ㉡, ㉣

③ ㉠, ㉡, ㉢, ㉣　　④ ㉠, ㉢, ㉣

✔ 해설 금리의 기능 … 자금배분기능, 경기조절기능, 물가조정기능

Answer 10.② 11.③ 12.③ 13.③ 14.④

15 금리에 관련된 설명으로 옳지 않은 것은?

① 금리가 오를 경우에는 경제 전체적으로 자금을 효율적으로 배분하는 기능을 하게 된다.
② 금리가 오를 경우 소비가 줄어들게 된다.
③ 금리가 하락하면 투자가 증가하게 된다.
④ 금리가 오르면 항상 물가가 상승한다.

> ✔ 해설 ④ 금리는 원가에 포함되기 때문에 금리상승은 제품가격을 올리는 요인이 되며 또한 기업의 투자활동과 가계의 소비가 위축되는 등 경제전반적으로 수요가 감소하여 물가를 하락시킬 수도 있다. 따라서 금리가 물가에 미치는 영향은 서로 상반되는 요인 중 어느 쪽 영향이 더 큰가에 따라 달라질 수 있다.

16 다음 내용이 설명하는 것은 무엇인가?

> 중앙은행인 한국은행이 경기상황이나 물가수준, 금융·외환시장 상황, 세계경제 흐름 등을 종합적으로 고려하여 시중의 풀린 돈의 양을 조절하기 위해 금융통화위원회 의결을 거쳐 인위적으로 결정하는 정책금리를 말한다.

① 실질금리
② 명목금리
③ 기준금리
④ 시장금리

> ✔ 해설 지문의 내용은 기준금리의 내용이다. 모든 금리의 출발점이자 나침반 역할을 하는 기준금리는 금융통화위원회의 의결을 거쳐 결정되는 정책금리이다. 일반적으로 기준금리를 내리면 시중에 돈이 풀려 정체된 경기가 회복되고 물가가 상승하며, 기준금리를 올리면 시중에 돈이 말라 과열된 경기가 진정되고 물가가 하락한다.

17 다음에서 설명하는 것은 무엇인가?

> 환율, 금리 또는 다른 자산에 대한 투자 등을 통해 보유하고 있는 위험자산의 가격변동을 제거하는 것을 말하며, 확정되지 않은 자산을 확정된 자산으로 편입하는 과정이라 할 수 있다. 주로 선물 옵션과 같은 파생상품을 이용한다. 이를 통해 가격변동에 대한 리스크를 줄일 수 있다.

① 레버리지
② 랩어카운트
③ 풀링
④ 헤징

해설 ① 타인의 자본을 빌려 자기 자본의 이익률을 높이는 것
② 주식, 채권 등의 자금을 한꺼번에 싸서 투자전문가에게 운용서비스 및 부대서비스를 포괄적으로 받는 계약
③ 금융회사가 여러 투자자로부터 자산을 모아 집합시키는 일

18 다음에서 설명하고 있는 내용은 무엇인가?

> 금융과 통신의 대표적인 서비스 융합사례로서 장소의 제약을 받지 않고 자유롭게 이용할 수 있다.

① 인터넷뱅킹
② 텔레뱅킹
③ 모바일뱅킹
④ CD/ATM서비스

해설 지문에 대한 내용은 모바일뱅킹이다. 휴대전화나 스마트기기 등을 수단으로 무선인터넷을 이용하여 금융서비스를 받는 전자금융서비스로 인터넷뱅킹 서비스에 포함되는 것으로 보이지만 공간적 제약과 이동성 면에서 차이가 있다.

Answer 15.④ 16.③ 17.④ 18.③

19 다음 빈칸에 들어갈 내용으로 바르게 짝지어진 것은?

> 위험은 사건발생에 연동되는 결과에 따라서 구분할 수 있다. (㉠)은 손실이 발생하거나 손실이 발생하지 않는 불확실성에 대한 리스크이며, (㉡)은 이익이 발생하는 불확실성에 대한 리스크이다.

	㉠	㉡
①	정태적 위험	동태적 위험
②	순수 위험	투기적 위험
③	동태적 위험	순수 위험
④	투기적 위험	동태적 위험

✔ 해설 위험은 사건발생에 연동되는 결과에 따라서 구분되는 순수 위험과 투기적 위험, 위험의 발생상황에 따라서 구분되는 정태적 위험과 동태적 위험이 있다.

㉠ 순수 위험 : 조기사망, 교통사고와 같이 손실이 발생하거나 발생하지 않는 불확실성에 대한 리스크로 원칙적으로 보험상품의 대상이 되는 위험이다.

㉡ 투기적 위험 : 주식투자, 도박과 같이 손실이 발생하거나 이익이 발생할 수 있는 불확실성에 대한 리스크이다.

㉢ 정태적 위험 : 사회 · 경제적 변화와 관계없이 발생하는 화재, 방화 등의 개인적인 위험으로 개별적 사건 발생은 우연적이나, 대수의 법칙에 의해 예측이 가능하므로 보험상품의 대상이 되는 위험이다.

㉣ 동태적 위험 : 산업구조의 변화, 물가변동 등 위험의 영향범위와 확률을 측정하기 어렵고 경제적 손실 가능성과 동시에 이익 창출의 기회를 가지기 때문에 보험의 대상이 되기 어렵다.

20 다음에서 설명하고 있는 금융상품으로 알맞은 것은?

> 종합금융회사가 고객의 예탁금을 어음 및 국공채 등에 운용하여 그 수익을 고객에게 돌려주는 실적배당 금융상품으로서, 예탁금에 제한이 없고 수시 입출금이 가능한 상품

① CMA(Cash Management Account)

② CD(Certificate of Deposit)

③ RP(Repurchase Agreement)

④ MMDA(Money Market Deposit Account)

✔ 해설 ② 양도성예금증서 : 은행이 양도성을 부여하여 무기명 할인식으로 발행한 정기예금증서
③ 환매조건부채권 : 금융기관이 보유하고 있는 국공채 등 채권을 고객이 매입하면 일정기간이 지난 뒤 이자를 가산하여 고객으로부터 다시 매입하겠다는 조건으로 운용되는 단기 금융상품
④ 시장금리부 수입출금식예금 : 고객이 우체국이나 은행에 맡긴 자금을 단기금융상품에 투자하여 얻은 이익을 이자로 지급하는 구조로 되어 있어 시장실세금리에 의한 고금리가 적용되고 입출금이 자유로우며 각종 이체 및 결제기능이 가능한 단기상품

21 다음의 현상을 의미하는 용어는?

> 은행은 고객의 예금이 들어오면 일정비율의 지급준비금만을 남기고 나머지는 대출에 사용을 한다. 이 대출금이 또 다시 은행에 예금으로 돌아오면 그 금액의 일정부분을 지급준비금으로 남기고 또 다시 대출로 사용이 된다. 이와 같이 은행이 대출와 예금을 통해서 최초 예금액의 몇 배 이상으로 예금통화를 창출하는 현상을 (　　)라고 한다.

① 그렉시트　　② 신용창조
③ 시뇨리지　　④ 사모발행

✔ 해설 예금과 대출이 꼬리에 꼬리를 물면서 당초 100만 원이었던 통화량은 100만 원을 훌쩍 넘는 큰 액수로 증대된다. 이와 같이 시중의 통화량이 한국은행이 발행한 통화량 이상으로 증가하는 현상을 예금창조 또는 신용창조라고 한다.

22 일반 은행이 예금자의 인출 요구에 언제나 응할 수 있도록 예금의 일정 비율을 중앙은행에 예치하는 것을 무엇이라 하는가?

① 지급준비금　　② 예치금
③ 손실보전금　　④ 미납금

✔ 해설 은행은 예금 중 일부를 지급준비금으로 한국은행에 예치해 두었다가 필요할 때 찾고, 한국은행으로부터 대출을 받기도 한다. 한국은행은 금융기관이 일시적으로 자금이 부족하여 예금자의 예금 인출 요구에 응하지 못할 경우에는 긴급자금을 지원한다.

Answer 19.② 20.① 21.② 22.①

23 은행 등이 예금자의 귀중품 · 유가증권 등을 요금을 받고 보관하는 행위를 무엇이라 하는가?

① 보호예수 ② 상호부금
③ 지급대행 ④ 팩토링

✔ 해설 보호예수 … 은행 등이 예금자의 귀중품 · 유가증권 등을 요금을 받고 보관하는 행위를 말한다. 보호예수에는 목적물의 내용을 명시하여 보관하는 개봉예수와 봉함한 채로 보관하는 봉함예수가 있으며, 은행이 금고의 일부를 열쇠와 함께 빌려주는 대여금고도 은행업무상 보호예수에 포함되어 있으나, 법률적으로는 임대차계약으로 보호예수와는 성질이 다르다.

24 한 나라의 화폐 액면가를 가치변동 없이 동일한 비율의 낮은 숫자로 끌어내리거나, 아예 통화 단위와 호칭을 변경하는 조치를 나타내는 용어는?

① 리디노미네이션 ② 인플레이션
③ 스태그플레이션 ④ 인스타제이션

✔ 해설 리디노미네이션 … 화폐 단위를 변경하는 것으로 통용되는 모든 지폐와 동전의 액면을 1,000 대 1 또는 100 대 1 등과 같이 동일한 비율의 낮은 숫자로 변경하는 것을 뜻한다. 리디노미네이션을 단행할 경우 실질적인 의미에서 가치가 변동하거나 자산 규모가 줄어드는 것은 아니므로 리디노미네이션은 돈의 여러 가지 기능 중에서 가치척도 기능인 표시 단위를 변경하는 정책이라고 할 수 있다. 한편 리디노미네이션을 할 때 화폐의 호칭을 바꾸지 않으면 경제생활에 혼란이 일어날 수 있기 때문에 보통 화폐의 호칭도 함께 변경을 한다.

25 다음 중 국제금융시장에서 단기금리의 대표적인 지표로 사용되는 것은?

① 공정금리 ② 리보금리
③ T－bill ④ 키보금리

✔ 해설 ① 중앙은행이 일반은행에 자금을 빌려줄 때 적용하는 금리로 공정할인율과 함께 시중 할인율과 각종 금리를 좌우하며 통화공급을 조절하는 정책수단으로 활용되고 있다.
② 국제금융시장의 중심지인 영국 런던의 은행 등 금융기관끼리 단기자금을 거래할 때 적용하는 금리로, 유로달러 시장이 국제금융에 커다란 역할을 하고 있어 이 금리는 세계 각국의 금리결정에 주요 기준이 되고 있다.
③ 만기가 1년 이하인 국채. 원래 미국의 재무부가 정부를 대신해 발행하는 단기 국채를 뜻했으나 요즘은 미국의 국채뿐 아니라 모든 국가의 단기 재정증권을 포괄하는 개념으로 사용되고 있다
④ 좁게는 서울, 넓게는 한국 시중은행 사이에서 이루어지는 금리로, 아시아통화기금(AMF) 창설, 통화스와프 체결, 아시아 공동화폐 도입 등이 논의되는 과정에서 제기되었다.

26 BIS에 대한 설명으로 옳지 않은 것은?

① 중앙은행들의 중앙은행
② BIS 자기자본비율은 국제결제은행이 정한 기준
③ 은행 유지 최저 수준 8%
④ 세계에서 두 번째로 오래된 국제금융기구

✔ 해설 국제결제은행(BIS:Bank for Internal Settlements)
㉠ 1930년 헤이그협정을 모체로 설립되었다.
㉡ 세계에서 가장 오래된 국제금융기구로서 중앙은행 간 정책협력을 주요기능으로 하고 있다.
㉢ 국제금융거래의 원활화를 위한 편의 제공, 국제결제업무와 관련한 수탁자 및 대리인으로서의 역할도 수행하고 있으며 중앙은행들의 중앙은행이라고도 한다.
㉣ 최고의사결정기관인 총회, 운영을 담당하는 이사회, 일반 업무를 관장하는 집행부로 구성되어 있다.
㉤ 중앙은행 간 정보교환기능 제고를 위해 총재회의, 특별회의, 각종 산하 위원회 회의 등을 수시로 개최하고 있다.
㉥ 아시아 지역과 아메리카 지역 중앙은행과의 관계를 증진하기 위하여 홍콩 및 멕시코시티에 지역사무소를 개설하였고, 한국은행은 1997년 정식회원으로 가입하였다.

27 1,000원인 주식을 2주 합쳐 2,000원 1주로 만들고, 주식 수를 줄이는 것은?

① 무상감자
② 액면분할
③ 액면병합
④ 유상증자

✔ 해설 액면병합…액면가를 높이는 것으로 낮아진 주가를 끌어올리기 위해 사용된다. 주식수가 줄어든다는 측면에서는 감자와 비슷하지만 자본금에 변화가 없으며 주주들의 지분 가치에도 변함이 없다는 점이 다르다. 예를 들면 500원인 주식을 합쳐 5,000원으로 만드는 것을 의미한다.

Answer 23.① 24.① 25.② 26.④ 27.③

28 스트래들 전략에 관한 설명으로 옳지 않은 것은?

① 동일한 주식에 대해 동일한 만기와 행사가격을 갖는 콜옵션 1개와 풋옵션 1개로 구성된다.
② 주가가 향후 큰 변동을 보일 것으로 예상되나 방향이 불확실할 때 유용하다.
③ 만기일의 주가가 행사가격과 동일할 경우 손실이 발생한다.
④ 만기일의 주가가 행사가격보다 올라가는 경우 콜옵션 행사를 통해 이익을 얻는다.

✔ 해설 ③ 만기일의 주가가 행사가격과 동일할 경우 손실도 이익도 발생하지 않게 된다.

29 벌처 펀드에 대한 설명으로 옳지 않은 것은?

① 투자대상은 최근 3년 이내에 1회 이상 부도를 내거나 파산 등을 신청한 기업이다.
② 부실기업이나 정크본드를 주요 투자대상으로 한다.
③ 제일은행을 인수한 뉴브리지캐피탈도 벌처 펀드 성격이 강하다.
④ 운용대상에 제한 없이 자유로운 운용이 가능하다.

✔ 해설 벌처 펀드(Vulture Fund)

㉠ 파산한 기업이나 경영위기에 처한 기업 혹은 부실채권을 저가에 인수하여 경영을 정상화 시킨 후 고가에 되팔아 단기간에 차익을 내는 회사 또는 그 자금을 말한다.
㉡ 투자대상은 최근 3년 이내에 1회 이상 부도를 내거나 파산 등을 신청한 기업, 부채비율이 업종 평균 1.5배를 넘는 기업들이다.
㉢ 부실기업이나 정크본드를 주요 투자대상으로 하기 때문에 고위험, 고수익이다.
㉣ 미국 투자은행 로스차일드사가 운영하는 벌처 펀드가 한라그룹에 투자한 사례 등이 이에 속한다. 제일은행을 인수한 뉴브리지캐피탈, 대한생명 인수를 추진했던 파나콤 등도 모두 벌처 펀드의 성격이 강하다.
㉤ 영업 형태는 직접 경영권을 인수하여 되파는 방법과 부실기업의 주식 또는 채권에 투자하여 주주로서 권리행사를 통해 간접 참여하는 방법 등이 있다.

30 사과가격이 현재 시장에서 2,000원에서 2,100원으로 올랐다. 이 경우 기초자산 가격과 옵션가격과의 관계에 대해 바르게 설명한 것은?

① 콜 옵션 매입자와 풋 옵션 매도자는 이익을 얻게 된다.
② 콜 옵션 매수자와 풋 옵션 매도자는 이익을 얻게 된다.
③ 콜 옵션 매입자와 풋 옵션 매수자는 이익을 얻게 된다.
④ 콜 옵션 매입자와 풋 옵션 매수자는 손해를 본다.

✔ 해설 ① 현재 가격이 오르면 행사가격이 한 달 뒤에 2,000원 아래로 떨어질 가능성이 낮아지므로 콜 옵션 매입자와 풋 옵션 매도자는 이익을 얻게 된다.

Answer 28.③ 29.④ 30.①

CHAPTER

02 경제상식

1 공급곡선이 오른쪽으로 이동할 경우 이동 요인으로 알맞은 것은?

① 생산요소의 가격 상승

② 생산량의 감소

③ 기술 수준의 발달

④ 공급량 감소

해설 공급변화 요인

㉠ 생산 요소의 가격 변동 : 생산요소의 가격이 상승하면 공급자의 수익성이 감소하므로 생산량이 감소하여 공급곡선이 왼쪽으로 이동한다.

㉡ 기술 수준 발달 : 기술이 발달하면 생산비용이 낮아지게 되므로 공급이 증가하여 공급곡선은 오른쪽으로 이동한다.

㉢ 대체재 및 보완재의 가격변동

- 대체재 관계의 재화 중 하나의 재화 가격이 상승하면 다른 재화는 공급이 감소하여 공급곡선이 왼쪽으로 이동한다.
- 보완재 관계의 재화 중 하나의 재화가격이 상승하면 다른 재화는 공급이 증가하여 공급곡선이 오른쪽으로 이동한다.

㉣ 판매자의 수 및 가격 예상 등

2 수요의 가격탄력성에 영향을 주는 요인으로 옳지 않은 것은?

① 대체재의 유무(有無)　　② 시장의 범위

③ 재화 경쟁　　④ 재화의 성격

③ 공급의 가격탄력성 결정요인에 해당한다.

※ 수요의 가격탄력성 결정요인

㉠ 대체재의 유무(有無)

㉡ 기간의 장단(長短)

㉢ 시장 범위

㉣ 재화의 성격

3 최고가격제와 최저가격제가 바르게 비교된 것은?

① 최고가격제는 균형가격을 위로 설정한다.
② 최고가격제는 물가안정 및 노동자를 보호하기 위한 목적이다.
③ 최고가격제는 초과수요로 인해 암시장이 형성된다.
④ 최저가격제는 균형가격 아래로 설정한다.

✔ 해설 최고가격제와 최저가격제 비교

구분	최고가격제	최저가격제
가격 설정	균형가격 아래로 설정	균형가격 위로 설정
목적	물가안정 및 소비자 보호	공급자(생산자 및 노동자) 보호
예시	임대료 및 이자율 규제 등	최저임금제 등
암시장 형성	초과수요로 인해 재화 부족 → 높은 가격으로 거래	초과공급으로 인해 재화 및 노동 포화 → 낮은 가격으로 거래

4 시장실패 원인으로 옳은 것은?

① 정부의 개입
② 정보의 비대칭
③ 균등한 소득분배
④ 소비자의 시장지배력

✔ 해설 시장실패의 원인
㉠ 시장지배력 : 생산물이나 생산요소의 공급자가 시장지배력을 가지면 비효율이 발생한다.
㉡ 외부효과 : 시장에 의한 자원배분이 비효율적으로 이루어진다.
㉢ 정보의 비대칭 : 정보의 부족은 경쟁시장의 비효율성을 발생시킨다.

Answer 1.③ 2.③ 3.③ 4.②

5 비자발적 실업으로 옳지 않은 것은?

① 마찰적 실업
② 경기적 실업
③ 계절적 실업
④ 기술적 실업

✔ 해설 ②③④ 비자발적 실업에 해당한다.
※ 자발적 실업 … 일할 능력은 있지만 임금 및 근로 조건이 자신의 욕구와 맞지 않아 일할 의사가 없는 상태를 의미한다.
㉠ 탐색적 실업 : 기존의 직장보다 더 나은 직장을 찾기 위해 실업상태에 있는 것을 말한다.
㉡ 마찰적 실업 : 직장을 옮기는 과정에서 일시적으로 실업상태에 놓여있는 것을 말한다.

6 GDP에서 G의 뜻으로 옳은 것은?

① Genetically
② Global
③ General
④ Gross

✔ 해설 GDP(국내총생산)의 뜻은 Gross Domestic Product이다.

7 다음에서 설명하고 있는 개념은 무엇인가?

> 두 재화가 서로 비슷한 용도를 지녀 한 재화 대신 다른 재화를 소비하더라도 만족에 별 차이가 없는 관계를 말한다. 서로 경쟁적인 성격을 띠고 있어 경쟁재라고도 하며 소비자의 효용 즉, 만족감이 높은 쪽을 상급재, 낮은 쪽을 하급재라 한다. 만약 두 재화 A, B가 대체재라면 A재화의 가격이 상승(하락)하면 A재화의 수요는 감소(증가)하고 B재화의 수요는 증가(감소)한다.

① 대체재
② 보완재
③ 독립재
④ 정상재

✔ 해설 ② 한 재화씩 따로 소비하는 것보다 두 재화를 함께 소비하는 것이 더 큰 만족을 주는 재화의 관계를 말한다.
③ 한 재화의 가격이 다른 재화의 수요에 아무런 영향을 주지 않는 재화의 관계를 말한다.
④ 우등재 또는 상급재라고도 하며 소득이 증가(감소)하면 수요가 증가(감소)하여 수요곡선 자체가 우상향(좌상향)으로 이동한다.

8 다음의 사례와 가장 관련성 깊은 경제적 개념을 고르면?

> 지구상에는 수없이 많은 종류의 커피가 존재한다. 그 중 인도네시아에서 생산되는 루왁커피는 다양한 종류의 커피 중 가장 맛이 좋고 향 또한 일반 커피와는 비교할 수 없을 정도로 특이한 최고의 커피라 인정받고 있다. 루왁커피는 특이한 과정을 거쳐 만들어지는데 커피의 익은 열매를 긴 꼬리 사향 고양이가 먹으면 익은 부드러운 커피 열매 껍질은 소화가 되고 나머지 딱딱한 씨 부분, 즉 우리가 커피로 사용하는 씨 부분은 소화되지 않은 커피 알 상태 그대로 유지된 채로 배설된다. 다시 말하면 루왁커피는 긴 꼬리 사향 고양이의 배설물인 것이다. 이런 특이한 발효 과정에서 태어난 커피는 롭스타(Robustar) 혹은 아라비카(Arabica)와 같은 고급 커피와도 비교할 수 없는 가격으로 거래되고 있는데, 보통 1파운드당 미화 $400 ~ $450에 미국이나 일본으로 판매되고 있다.

① 기회비용
② 희소성의 원칙
③ 비교우위
④ 효율성의 원칙

해설 희소성의 원칙 … 무한한 인간의 욕구에 비해 이를 충족시킬 수 있는 자원은 상대적으로 부족한 현상을 말한다.

9 다음의 내용을 보고 계란의 수요 및 공급에 미치게 될 영향을 바르게 추론한 것은?

> • 닭 사료의 가격하락
> • 닭의 보완재인 베이컨의 가격 하락
> • 미디어를 통한 계란이 인체에 미치는 악영향에 대한 보도

① 계란이 인체에 미치는 악영향이 보도되면 계란의 가격이 하락하여 계란에 대한 수요가 증가한다.
② 사료의 가격이 하락하면 닭의 생산과 공급이 감소하여 계란의 공급은 감소하게 된다.
③ 베이컨 가격의 하락은 베이컨에 대한 수요를 증가시키고 계란의 수요도 증가시킨다.
④ 보도에 의해 계란에 대한 수요가 감소하게 되면 균형거래량은 증가하게 된다.

해설 ①④ 계란이 인체에 미치는 악영향이 보도되면 계란에 대한 수요가 감소하고 가격이 하락하며 균형거래량이 감소하게 된다.
② 사료의 가격이 하락하면 닭의 생산 · 공급이 모두 증가하여 계란의 공급은 증가하게 된다.

Answer 5.① 6.④ 7.① 8.② 9.③

10 사과의 가격이 한 개당 500원일 때 수요의 가격탄력성이 1.5로 추정되었다. 어느 날 사과장수가 한 개당 500원의 가격으로 400개의 사과를 판매하였다. 만약 이 사과장수가 사과의 가격을 480원으로 낮추어 팔았다면 몇 개나 더 팔 수 있었을까?

① 16개　　② 20개

③ 24개　　④ 30개

✔ 해설 수요의 가격탄력성을 이용하면 가격 변화(ΔP)에 따른 생산량의 변화(ΔQ)를 알 수 있는데, 이 관계를 도출해보면 다음과 같다.

$$\epsilon_x = \frac{Q_x\text{의 변화율}}{P_x\text{의 변화율}} = \frac{\Delta Q_x / Q_x}{\Delta P_x / P_x} = \frac{\Delta Q_x}{\Delta P_x} \cdot \frac{P_x}{Q_x}$$

$$\Delta Q = \epsilon \cdot \frac{Q}{P} \times \Delta P$$

이 공식에서 사과수요의 가격탄력성이 1.5이고 가격이 500원일 때 400개의 사과를 판매하였으므로

$$\Delta Q = 1.5 \cdot \frac{400}{500} \times \Delta P \rightarrow \Delta Q = 1.2 \Delta P$$

따라서 사과가격이 20원 하락하면 사과판매량은 $\Delta Q = 1.2 \times 20 = 24$이다.

11 막대한 태풍피해를 입은 A지역 주민들을 정부가 도와주려 한다. 도와주는 방법으로는 일정액의 보조금을 직접 지원해 주는 현금보조, 쌀이나 라면 같이 정부가 직접 현물을 구입하여 이를 나눠주는 현물보조, 어떠한 제품을 구입할 때 가격을 깎아주는 방식인 가격보조를 고려하고 있다. 세 가지 방법 중 ㉠은 ㉡보다 효용의 크기가 크거나 같고 ㉢이 제일 작다고 할 때, 효율성에 따라 ㉠, ㉡, ㉢에 옳게 들어간 것은?

	㉠	㉡	㉢
①	현금보조,	가격보조,	현물보조
②	현금보조,	현물보조,	가격보조
③	가격보조,	현금보조,	현물보조
④	가격보조,	현물보조,	현금보조

✔ 해설 일반적 소비자의 경우 현금보조와 현물보조의 차이가 없다. 하지만 극단적 소비자의 경우 효용측면에서 현금보조가 우월하고 소비량의 측면에서는 현물보조가 우월하다.

㉠ 효율성(수혜자 효용) : 현금보조≥현물보조>가격보조

㉡ 재정안정도 : 현금보조, 현물보조>가격보조

㉢ 가치욕구(특정재화의 소비촉진) : 가격보조≥현물보조≥현금보조

12 다음은 전세계약 만료를 앞둔 부부의 대화이다. 다음 중 남편이 모르고 있는 경제학의 개념은?

> 남편 : 우리 전세계약이 다음 달에 끝나는데 이사를 안 할 수는 없나?
> 아내 : 마침 역전세난이라고 전세 보증금이 내린 모양이야, 보증금 변동 없이 계약을 연장하자고 해 볼까?
> 남편 : 우리가 모아놓은 돈이 있는데 차라리 전세 보증금을 올려주면 어때? 어차피 돌려받을 거 아니야?
> 아내 : ???

① 희소성
② 한계효용
③ 규모의 경제
④ 기회비용

✔해설 기회비용 … 무엇을 얻기 위해 포기한 그 무엇을 말한다. 즉, 하나의 재화를 생산하기 위하여 다른 재화를 포기한다고 볼 수 있다. 여기서 남편이 아내에게 모아놓은 전세보증금을 올려주자고 했는데 이는 이 돈을 다른 곳에 투자해서 얻을 수 있는 수익의 기회를 포기한다고 볼 수 있다.

13 가격이 상승할 때 수요가 감소할 가능성이 가장 큰 재화는?

① 다른 재화로 대체하기 쉽고, 소득이 감소할 때 수요가 증가하는 재화
② 다른 재화로 대체하기 쉽고, 소득이 감소할 때 수요가 감소하는 재화
③ 다른 재화로 대체하기 어렵고, 소득이 감소할 때 수요가 증가하는 재화
④ 다른 재화로 대체하기 어렵고, 소득이 감소할 때 수요가 감소하는 재화

✔해설 ② 가격이 상승하면 실질소득이 감소하므로 다른 재화로 대체하기 쉬울수록, 소득이 감소할 때 수요가 감소하는 재화일수록 수요가 큰 폭으로 감소한다.

Answer 10.③ 11.② 12.④ 13.②

14 다음 중 빈칸에 공통적으로 들어갈 개념으로 적절한 것은?

> 국민소득 중 지출측면의 특성을 강조한 것으로 종래의 GNP에 해당한다. 생산과 소득의 구분 필요성에 따라 우리나라도 1995년부터 소득지표로 GNP 대신 ______을/를 사용하고 있다. ______은/는 한 나라의 국민이 생산 활동에 참여하여 벌어들인 총소득의 합계로서 기존의 GDP에 대외 교역조건의 변화를 반영한 소득지표라 할 수 있다.

① GDI ② GNI

③ GNP ④ GDP

✔ 해설 ① 한 나라의 거주민이 국내외 생산요소들을 결합하여 생산 활동을 수행한 결과 발생한 소득을 의미하며 생산 활동을 통하여 획득한 소득의 실질구매력을 나타내는 지표이다.

③ 한 나라 국민이 국내 또는 해외에서 1년 동안 새로이 생산한 재화와 서비스의 시장 가치를 합산한 것을 의미한다.

④ 국민 소득을 나타내는 가장 일반적인 지표로서 한 나라 안에서 그 나라의 국민과 외국인이 1년 동안 새로이 생산한 재화와 서비스의 시장 가치를 합산한 것을 의미한다.

15 다음에서 설명하고 있는 개념은 무엇인가?

> 저축의 증가는 총수요를 감소시키고 총수요의 감소는 국민소득을 감소시켜 경제의 총저축은 오히려 감소한다는 것을 말한다. 이 개념은 저축이 증가하더라도 투자기회가 부족하여 저축이 투자로 연결되지 않는 나라에서 성립한다.

① 수요의 역설 ② 소비의 역설

③ 절약의 역설 ④ 공급의 역설

✔ 해설 절약의 역설 … 저축을 늘리는 것이 개인의 입장에서는 부를 축적하고 미래 소득을 증가시키나, 사회 전체적으로는 증가한 저축만큼 소비가 줄고 기업의 매출이 감소하면서, 이것이 개인의 소득 감소로 이어져 사회 전체 저축 수준은 이전과 같거나 낮아지는 경제현상

16 다음 빈칸에 들어갈 개념으로 적절한 것은?

> ______은/는 중앙은행이 물가상승률 목표를 명시적으로 제시하고 정책금리 조정 등을 통해 이를 직접 달성하려고 하는 통화정책 운영방식이다. 이 방식은 경제의 지속적 성장을 위해서는 임금, 가격 등의 결정에 큰 영향을 미치는 장래 예상물가의 안정이 무엇보다 중요하다는 인식을 바탕으로 중앙은행이 물가목표를 사전에 제시하고 달성해 나감으로써 일반 국민들의 기대인플레이션이 동 목표 수준으로 수렴하도록 하는 데 주안점을 두고 있다.

① 공개시장조작정책
② 재할인율정책
③ 지급준비율정책
④ 물가안정목표제

✔ 해설 ① 공개시장에서 국공채를 매입·매각함으로써 통화량과 이자율을 조정하는 것을 말한다.
② 예금은행이 중앙은행으로부터 차입할 때 적용받는 이자율인 재할인율을 조정함으로써 통화량과 이자율을 조절하는 정책이다.
③ 법정지급준비율을 변화시킴으로써 통화승수의 변화를 통하여 통화량과 이자율을 조절하는 정책이다.

17 다음에서 설명하고 있는 제도는 무엇인가?

> 근로자에 대하여 임금의 최저수준을 보장하여 근로자의 생활안정과 노동력의 질적 향상을 꾀함으로써 국민경제의 건전한 발전에 이바지하게 함을 목적으로 한다. 우리나라에서는 1953년에 '근로기준법'을 제정하면서 이 제도의 실시 근거를 두었으나, 실질적으로는 1986년에 관련법을 제정·공포하고 1988년부터 실시하게 되었다. 2000년 11월 24일부터 근로자를 사용하는 모든 사업 또는 사업장에 적용되고 있다.

① 주식거래제도
② 매매거래제도
③ 기업공시제도
④ 최저임금제도

✔ 해설 최저임금제는 시장의 균형임금수준보다 높은 수준으로 임금이 정해진 것으로 노동시장의 초과공급을 야기시키고 기업의 노동수요를 감소시킨다.

Answer 14.② 15.③ 16.④ 17.④

18 다음 빈칸에 공통적으로 들어갈 개념으로 적절한 것은?

> 물가가 지속적으로 상승하는 경제현상으로 총수요의 증가와 생산비 상승이 주요 원인이다. ________로/으로 명목임금은 올라도 실질임금은 낮아져 임금소득자에게는 불리한 소득의 재분배가 이루어지며, 채무자에게는 유리하고 채권자에게는 불리한 부의 재분배 현상도 발생한다. ________은/는 이렇게 생산과정을 통하지 않고 사회구성원 사이에 소득과 부를 재분배하고, 경제적 효율성을 낮춰 경제성장에 악영향을 미친다.

① 인플레이션
② 디플레이션
③ 본원통화
④ 통화창조

해설 빈칸에 들어갈 개념은 인플레이션이다.
※ 인플레이션의 발생원인
㉠ 통화량의 과다증가로 화폐가치가 하락한다.
㉡ (과소비 등으로) 생산물수요가 늘어나서 수요초과가 발생한다.
㉢ 임금, 이자율 등 요소가격과 에너지 비용 등의 상승으로 생산비용이 오른다.

19 다음에서 설명하고 있는 개념은 무엇인가?

> 한 나라의 경제가 보유하고 있는 전체 유동성의 크기를 측정하는 지표를 말한다. 금융기관유동성에 정부 및 기업 등이 발행한 유동성 시장금융상품(증권회사 RP, 여신전문기관의 채권, 예금보험공사채, 자산관리공사채, 자산유동화전문회사의 자산유동화증권, 국채, 지방채, 기업어음, 회사채 등)을 더한 개념이다. 나라 경제 유동성 측정 지표가 M1<M2<Lf<L의 구조를 이룬다고 보면 된다.

① 협의통화
② 광의통화
③ 실질화폐잔고
④ 광의유동성

해설 ① 현금통화(민간보유현금)+요구불예금+수시입출금식 저축성예금
② 협의통화+기간물 정기 예·적금+실적배당형 상품+기타(투신사 증권저축, 종금사 발행어음) [단, 장기(만기 2년 이상)금융상품 제외]
③ 실제로 구입할 수 있는 재화 및 용역의 양으로 나타낸 통화량

20 다음 중 주요 거시경제지표와 개념이 바르게 설명된 것은?

① 실질GDP – 당해 연도의 생산물수량에 당해 연도의 시장가격을 곱해서 얻은 GDP

② 국민총소득 – 한 나라의 국민이 국내에 제공한 생산요소에 의해 발생한 소득의 합계

③ 고용률 – 경제활동가능인구수를 취업자 수로 나누어 산출

④ 생산자물가지수 – 생산자의 국내시장 출하단계에서 재화 및 서비스의 평균적인 가격변동을 측정

✔ 해설 ① 실질GDP : 당해 연도의 생산물수량에 기준연도의 가격을 곱해서 얻은 GDP
② 국민총소득 : 한 나라의 국민이 국내외에 제공한 생산요소에 의해 발생한 소득의 합계
③ 고용률 : 취업자 수를 경제활동인구수로 나누어 산출

21 다음과 같은 $IS-LM$ 모형에서 균형국민소득의 크기는? (단, Y는 국민소득, Y_d는 가처분소득, C는 소비지출, G는 정부지출, T는 세금, R은 이자율, I는 투자지출, M_d는 화폐수요, M_s는 화폐공급이다)

- $C=125+0.5Y_d$
- $Y_d=Y-T$
- $T=0.2Y$
- $I=100-100R$
- $G=40$ • $M_d=50+0.5Y-200R$
- $M_s=200$

① 300 ② 400

③ 500 ④ 600

✔ 해설 균형국민소득은 생산물시장의 균형에서 도출되는 IS곡선과 화폐시장의 균형에서 도출되는 LM곡선의 교점을 구함으로 산출할 수 있다. 다음은 IS곡선과 LM곡선의 계산식이다.

㉠ IS곡선 : $Y=C+I+G$이므로

$Y=125+0.5(Y-0.2Y)+100-100R+40$

$=0.4Y-100R+265$

$0.6Y=-100R+265$

㉡ LM곡선 : $M_d=M_s$ 이므로

$50+0.5Y-200R=200$

$0.5Y=200R+150$

㉢ 두 곡선의 교점 : $2\times0.6Y+0.5Y=-200R+530+200R+150$

$1.7Y=680$

$\therefore\ Y=400$

Answer 18.① 19.④ 20.④ 21.②

22 농부가 밀을 생산하여 500원을 받고 제분업자에게 판매하였고, 제분업자는 구입한 밀을 제분한 뒤 850원을 받고 제빵업자에게 밀가루를 판매하였으며, 제빵업자는 구입한 밀가루로 빵을 만들어 소비자에게 1,000원에 판매하였다. 이 과정에서의 요소소득을 계산해본 결과 전체요소소득이 650원이었다. 그러면 이 과정에서 증가된 부가가치의 합은 얼마이겠는가?

① 350원

② 400원

③ 500원

④ 650원

해설 부가가치(value added) … 어떤 생산자가 생산과정에서 새로 부가한 가치를 말하며, 생산액에서 원재료에 소요된 금액과 기계설비의 감가상각을 공제한 액수이다. 부가치의 계산식은 다음과 같다.

부가가치 = 총산출 − 중간소비 − 감가상각 = 임금 + 지대 + 이자 + 이윤 = 요소소득의 합

23 어떤 사람이 자신의 거주자외화예금에서 1,000만 원을 원화로 인출하여 500만 원은 현금으로 보유하고 나머지 500만 원은 정기예금으로 은행에 예금한다고 하자. 이 경우에 협의통화(M1)와 광의통화(M2)의 변화는?

① 협의통화는 500만 원 증가하고 광의통화는 변화가 없다.

② 협의통화는 500만 원 증가하고 광의통화도 500만 원 증가한다.

③ 협의통화와 광의통화 모두 변화가 없다.

④ 협의통화는 변화가 없고 광의통화는 500만 원 증가한다.

해설 통화량 지표

㉠ 협의통화(M1) : 현금통화(민간보유현금) + 요구불예금 + 수시입출금식 저축성예금

㉡ 광의통화(M2) : M1 + 기간물 정기 예 · 적금 + 실적배당형 상품 + 기타(투신사 증권 저축, 종금사 발행어음)

㉢ 금융기관 유동성(Lf) : M2 + 만기 2년 이상 정기 예 · 적금 및 금융채+증권금융 예수금+생명보험회사 보험계약준비금 등

24 재정정책의 효과에 대한 설명으로 바르지 않은 것은?

① 케인지언은 정부지출이 증가할 때 민간투자의 감소효과가 정부지출의 증대효과를 완전히 상쇄하지 못하는 불완전한 구축효과가 발생함으로써 총수요관리정책은 효과가 있다고 본다.

② 고전학파는 재정정책의 고용과 생산증대효과가 미미한 것으로 파악하고 있다.

③ 자동적 재정정책은 재정정책의 자동안정화장치에 의존하여 경제를 안정화시키고자 하는 재정정책을 말한다.

④ 조세의 증가 또는 국공채발행 모두 시중금리의 하락을 초래함으로써 투자지출을 활성화시킬 수 있다.

✔ 해설 ④ 조세증가 또는 국공채발행을 통한 정부지출의 증가는 민간 자금사정의 악화를 초래하여 시중금리를 상승시킴으로써 민간의 투자지출을 감소시킬 수 있다.

25 어느 나라의 명목 GDP가 작년 1,000억 원에서 올해 2,600억 원으로 증가하였고, GDP 디플레이터는 같은 기간 100에서 200으로 증가하였다. 그렇다면 해당기간 동안의 경제성장률은 얼마인가?

① 10% ② 15%

③ 20% ④ 30%

✔ 해설 ④ 실질 GDP의 증가율로 경제성장률을 나타낼 수 있으므로,
작년 실질 GDP는 $1,000/100\times100=1,000$이고 올해 실질 GDP는 $2,600/200\times100=1,300$이다.
따라서 $\frac{1,300-1,000}{1,000}\times100=30\%$이다.

26 총공급곡선이 우상향하는 일반적인 형태이고, *IS*곡선과 *LM*곡선도 일반적인 형태라고 한다면 양적완화 축소로 통화공급이 감소할 때, 이자율과 소비는 어떤 모습을 보이겠는가?

① 이자율 : 하락, 소비 : 불변

② 이자율 : 상승, 소비 : 불변

③ 이자율 : 하락, 소비 : 증가

④ 이자율 : 상승, 소비 : 감소

✔ 해설 ④ 통화공급이 감소하면 *LM*곡선이 왼쪽으로 이동하므로 이자율은 상승하고 국민소득은 감소한다. 소득의 감소는 소비의 감소로 이어진다.

Answer 22.④ 23.① 24.④ 25.④ 26.④

27 대기업에 다니는 직장인은 5년 전보다 현재 2배 이상의 연봉을 더 받고 있다. 하지만 현재의 소비는 5년 전과 크게 달라진 것이 없다고 할 때, 이러한 사례를 설명할 수 있는 가설은 무엇인가?

① 예비적 저축가설
② 상대소득가설
③ 절대소득가설
④ 생애주기가설

✔해설 생애주기가설 … 소비자는 소비를 선택함에 있어서 현재소득 뿐만 아니라 자산과 미래소득도 함께 고려해야 하며, 변동이 큰 소득에 비해 소비는 별 변동 없이 완만하게 움직이려는 소비의 완만성을 지닌다.

28 다음에서 설명하고 있는 개념으로 옳은 것은?

> 이 개념은 외국의 생산자 또는 수출자가 정상가격 이하로 부당하게 가격을 저렴하게 판매하는 덤핑으로부터 국내산업을 보호하기 위하여 부과하는 관세를 말한다.
> 외국의 물품이 정상가격 이하로(즉 덤핑) 수입되어 국내산업이 실질적인 피해를 받거나 받을 우려가 있는 경우 혹은 국내산업의 발전이 실질적으로 지연된 경우 등 실질적 피해로 조사를 통하여 확인되고 당해 국내 산업을 보호할 필요가 있다고 인정되는 때에는 그 물품과 공급자 또는 공급국을 지정하여 당해 물품에 대하여 정상가격과 덤핑가격과의 차액에 상당하는 금액 이하의 관세를 추가하여 부과할 수 있다.

① 상계관세
② 덤핑방지관세
③ 보복관세
④ 긴급관세

✔해설 ① 수출국이 수출품에 장려금이나 보조금을 지급하는 경우 수입국이 이에 의한 경쟁력을 상쇄시키기 위하여 부과하는 누진관세
③ 자국 상품에 대해 불리한 대우를 하는 나라의 상품에 대한 보복의 성격을 띤 관세
④ 중요 국내산업의 긴급한 보호, 특정물품 수입의 긴급한 억제 등의 필요가 있을 때 특정물품의 관세율을 높여서 부과하는 관세

29 다음에서 설명하고 있는 개념은 무엇인가?

> 가격이 계절에 따라 현저하게 차이가 있는 물품으로서 동종물품·유사물품 또는 대체물품의 수입으로 국내시장이 교란되거나 생산기반이 붕괴될 우려가 있는 때에는 계절구분에 따라 당해 물품의 국내외가격차에 상당하는 율의 범위 안에서 기본세율보다 높게 관세를 부과하거나 100분의 40의 범위 안의 율을 기본세율에서 감하여 관세를 부과할 수 있다.

① 계절관세
② 편익관세
③ 상계관세
④ 할당관세

✔해설 계절관세는 농산물 등과 같이 가격이 계절에 따라 현저하게 차이가 있는 물품으로서 동종물품, 유사물품 또는 대체물품의 수입으로 국내시장이 교란되거나 생산기반이 붕괴될 우려가 있을 때는 계절 구분에 따라 해당 물품의 국내외 가격차에 상당하는 비율의 범위에서 할증 또는 할인 부과하는 관세이다.

30 원 – 달러 환율이 1,000원에서 1,500원으로 올랐다. 어떤 상황이 예상되는가?

① 소비자 물가 하락
② 외채부담 감소
③ 수입물가 상승
④ 국제수지 악화

✔해설 환율이란 양국 통화간의 교환비율을 말하는 것으로 특정 국가와 비교한 자국 화폐의 가치를 나타낸다고 볼 수 있다. 원 – 달러 환율의 예측방향을 알면 주가 방향을 파악하는데 매우 유용하며 기본적으로 환율은 외국 화폐의 수요와 공급에 의하여 결정된다.

※ 평가절상과 평가절하

㉠ 평가절상(환율하락)
- 수입증가(수출감소)
- 국내경기 침체가능성
- 외채부담 감소
- 국제수지 악화

㉡ 평가절하(환율상승)
- 수출증가(수입감소)
- 인플레이션 발생가능성
- 외채부담 증가
- 국제수지 개선

Answer 27.④ 28.② 29.① 30.③

가볍게! 빠르게! 확인하는 용어사전 시리즈
가볍게! 빠르게! 한눈에 보는
시사용어 사전 1228
가볍게! 빠르게! 한눈에 보는
경제용어 사전 1050
가볍게! 빠르게! 한눈에 보는
부동산용어 사전 1310
시사용어사전 | 경제용어사전 | 부동산용어사전
시사용어사전 1228
매일 접하는 각종 기사와 정보! 공기업/언론사/기업체/공무원 채용을 준비하는 수험생과
현대인이 꼭 알아야 할 최신 시사상식을 쏙쏙 뽑아 이해하기 쉽도록 영역별로 정리
경제용어사전 1050
주요 경제용어는 거의 다 실었다! 금융권/공기업/언론사/기업체/공무원 채용을 준비하기 전에,
경제 공부를 시작하기 전에 읽어보면 경제가 쉬워지도록 사전식으로 구성
부동산용어사전 1310
부동산에 대한 이해를 높이고 부동산의 개발과 활용, 투자 및 부동산 용어 학습에도
적극적으로 이용할 수 있는 교재, 공인중개사 출제용어도 수록

자격증

한번에 따기 위한 서원각 교재

한 권에 준비하기 시리즈 / 기출문제 정복하기 시리즈를 통해 자격증 준비하자!